Minimalismo Digital

Título original:
Digital Minimalism. Choosing a Focused Life in a Noisy World

AUTOR
Cal Newport

CONJUNTURA ACTUAL EDITORA
Sede: Rua Fernandes Tomás, 76-80, 3000-167 Coimbra
Delegação: LEAP CENTER – Espaço Amoreiras
Rua D. João V, n.º 24, 1.03
1250-091 Lisboa – Portugal
e-mail: editoras@grupoalmedina.net

TRADUÇÃO
Pedro Carvalho e Guerra

REVISÃO
Inês Castelhano

CAPA
Paper Talk
Imagem de capa: © Getty Images

PAGINAÇÃO
João Jegundo

IMPRESSÃO E ACABAMENTO:
ACD Print, S.A.
Outubro, 2019

DEPÓSITO LEGAL
462581/19

Biblioteca Nacional de Portugal – Catalogação na Publicação

NEWPORT, Cal, 1982-

Minimalismo digital: viver melhor com menos tecnologia. – (Fora de coleção)
ISBN 978-989-694-421-6
CDU 159.923

Minimalismo Digital

Viver melhor com menos tecnologia

Cal Newport

ACTUAL

Para a Julie:
minha parceira, minha musa,
a minha voz da razão

ÍNDICE

INTRODUÇÃO

Em setembro de 2016, o influente *blogger* e comentador Andrew Sullivan escreveu um ensaio com 7000 palavras para a revista *New York* intitulado «*I Used to Be a Human Being*» (Eu costumava ser um ser humano). O subtítulo era alarmante: «*An endless bombardment of news and gossip and images has rendered us manic information addicts. It broke me. It might break you, too.*» (O infindável bombardeamento de notícias[1], mexericos e imagens transformou-nos em loucos viciados em informação. Deu cabo de mim. Também pode dar cabo de si.)

O artigo foi amplamente partilhado. No entanto, admito que, quando o li pela primeira vez, não compreendi plenamente o aviso de Sullivan. Sou um dos poucos da minha geração a nunca ter tido uma conta nas redes sociais e não tenho tendência a passar muito tempo a navegar na Internet. Consequentemente, o telefone desempenha um papel relativamente menor na minha vida – um facto que me deixa fora da principal corrente que este artigo aborda. Por outras palavras, eu sabia que as inovações da era da Internet estavam a desempenhar um papel intrusivo crescente na vida de muitas pessoas, mas não tinha uma compreensão *visceral* do que isso significava. Isto, até tudo ter mudado.

No início de 2016, publiquei um livro intitulado *Deep Work – A concentração máxima num mundo de distrações*. Abordava o valor subestimado da concentração intensa e de como a ênfase do mundo profissional em ferramentas comunicacionais perturbadoras estava a impedir as pessoas de produzirem o seu melhor trabalho. À medida que o livro foi conquistando o público, comecei a ter mais *feedback* por parte dos meus leitores. Alguns enviavam-me mensagens, outros encurralavam-me após eventos públicos, mas muitos colocavam-me a mesma questão: então e as suas vidas pessoais? Concordavam com as minhas afirmações acerca das distrações no escritório, mas, como explicavam em seguida, sentiam-se indiscutivelmente mais distraídos pelo modo como novas tecnologias pareciam estar a retirar sentido e satisfação do tempo passado fora do local de trabalho. Isto chamou-me a atenção e fez-me entrar, inesperadamente, num curso intensivo acerca das promessas e perigos da vida digital moderna.

Quase toda a gente com quem falei acreditava no poder da Internet e presumia que podia e devia ser uma força que melhorasse as suas vidas. Não queriam, necessariamente, desistir do Google Maps nem abandonar o Instagram, mas também sentiam que a atual relação com a tecnologia era insustentável – a ponto de, se nada mudasse em breve, darem cabo das próprias vidas.

Um termo comum que ouvi durante estas conversas acerca da vida digital moderna foi *exaustão*. Não se tratava de uma qualquer aplicação ou página na Internet ser particularmente má quando avaliada isoladamente. Tal como muitas pessoas esclareceram, o problema é o impacto geral de ter *tantas* luzes diferentes a atraírem com tanta insistência a sua atenção e a manipularem os estados de espírito. O problema desta atividade frenética tem menos que ver com os seus pormenores do que com o facto de se encontrar cada vez mais fora do seu controlo. Poucos querem passar tanto tempo online, mas estas ferramentas têm a capacidade de cultivar vícios comportamentais. A urgência em consultar o Twitter ou atualizar o Reddit transforma-se numa compulsão nervosa que desfaz o tempo ininterrupto em pedaços demasiado pequenos para suportarem a presença necessária para uma vida consciente.

Como vim a descobrir na minha pesquisa subsequente, e abordarei no próximo capítulo, algumas destas propriedades viciantes são acidentais (poucos previram em que medida o envio de mensagens escritas podia dominar a sua atenção), mas muitas são intencionais (utilização compulsiva é a base de muitos planos de negócio das redes sociais). Mas qualquer que seja a sua fonte, esta atração irresistível para os ecrãs está a levar as pessoas a sentirem-se como se estivessem a ceder cada vez mais da sua autonomia quando têm de decidir como deverão direcionar a sua atenção. Ninguém, claro está, aderiu a esta perda de controlo. Descarregaram as aplicações e abriram contas por boas razões, só para descobrirem, com uma triste ironia, que estes serviços estavam a começar a comprometer os valores que, precisamente, as haviam tornado apelativas num primeiro momento: aderiram ao Facebook para se manterem em contacto com os amigos espalhados pelo país e acabaram incapazes de manter uma conversa sem interrupções com o amigo sentado do outro lado da mesa.

Também fiquei a conhecer o impacto negativo da atividade na Internet sem restrições no bem-estar psicológico. Muitas pessoas com quem falei sublinharam a capacidade das redes sociais para manipularem os seus humores. A exposição constante dos retratos cuidadosamente selecionados das vidas dos amigos gera sentimentos de inadequação – especialmente em períodos em que já se sentem em baixo – e, para os adolescentes, representa um modo cruelmente eficaz de serem socialmente excluídos.

Além disso, tal como foi demonstrado nas eleições presidenciais americanas de 2016 e no seu rescaldo, as conversas na Internet parecem acelerar a mudança das pessoas para extremos emocionalmente carregados e extenuantes. O filósofo tecnológico Jaron Lanier[2] defende, de um modo convincente, que a primazia da raiva e do ultraje na Internet é, de algum modo, um traço inevitável do meio de comunicação: num mercado aberto da atenção, as emoções mais sombrias atraem um maior número de olhares do que pensamentos positivos e construtivos. Para os grandes consumidores da Internet, a interação repetida com esta escuridão pode transformar-se numa fonte de negatividade extenuante – um preço elevado que muitos nem se apercebem que estão a pagar para sustentar a sua ligação compulsiva.

Encontrar este conjunto de preocupações desconcertantes – da utilização extenuante e viciante destas ferramentas à sua capacidade em reduzir a autonomia, diminuir a felicidade, alimentar instintos mais sombrios e afastar de atividades mais valiosas – abriu-me os olhos para a relação preocupante que muitas pessoas têm agora com as tecnologias que dominam a nossa cultura. Por outras palavras, proporcionou-me uma compreensão muito melhor daquilo que Andrew Sullivan queria dizer quando lamentou: «Eu costumava ser um ser humano.»[1]

Esta experiência de falar com os meus leitores convenceu-me de que o impacto da tecnologia nas vidas das pessoas merecia uma análise mais profunda. Comecei a investigar com maior seriedade e a escrever acerca deste tópico, tentando conhecer melhor os contornos e procurando exemplos raros daqueles que conseguem retirar grande valor destas novas tecnologias sem perderem o controlo.*

Uma das primeiras coisas que ficaram claras ao longo desta análise é a de que a relação da nossa cultura com estas ferramentas é complicada pelo facto de misturarem malefícios e benefícios. Os *smartphones*, a omnipresente Internet sem fios, as plataformas digitais que ligam milhares de milhões de pessoas são inovações triunfantes! Poucos comentadores sérios acreditam que faríamos melhor em retrocedermos a uma era tecnológica inicial. Ao mesmo tempo, as pessoas estão cansadas de se sentirem escravas dos seus dispositivos. Isto cria um panorama emocional desordenado em que se pode, em simultâneo, valorizar a capacidade de descobrir fotografias inspiradoras no Instagram, enquanto se preocupa com a capacidade desta aplicação em invadir as horas noturnas que costumava passar a conversar com amigos ou a ler.

A resposta mais comum a estas complicações é sugerir alterações e dicas simples. Se houver um sabat digital, se mantiver o telefone longe da cama à noite ou desligar as notificações e decidir estar mais presente, talvez consiga manter todas as coisas boas que começaram por atraí-lo para estas novas tecnologias, enquanto continua a minimizar os seus piores impactos. Compreendo a atração desta abordagem moderada porque alivia a necessidade de tomar decisões difíceis acerca da sua vida digital – e não tem de desistir de nada, perder quaisquer benefícios, aborrecer amigos ou sofrer inconvenientes sérios.

---

* Para algumas pessoas, o facto de eu não poder recorrer a um poço profundo de experiência pessoal é um risco. «Como pode criticar as redes sociais se nunca as utilizou?» é uma das queixas mais comuns que ouço como resposta à minha abordagem pública desta temática. Há um fundo de verdade nesta afirmação, mas tal como reconheci em 2016, quando dei início a esta investigação, o meu estatuto de *outsider* também se verificou vantajoso. Ao abordar a nossa cultura tecnológica a partir de uma nova perspetiva, talvez esteja mais capacitado para distinguir a suposição da verdade e a utilização útil da manipulação.

Como se tem vindo a tornar cada vez mais claro para aqueles que tentaram este tipo de correções menores, a força de vontade, os conselhos e as resoluções vagas não são, por si só, suficientes para dominar a capacidade de as novas tecnologias invadirem a sua paisagem cognitiva – o potencial de dependência da sua conceção e a força das pressões culturais que os sustentam são demasiado fortes para uma abordagem *ad hoc* ter sucesso. Na minha investigação deste tópico, fiquei convencido de que, em vez disso, é necessária uma franca *filosofia de utilização de tecnologia*, assente nos seus valores profundos, que ofereça respostas claras às questões de que ferramentas se devem utilizar e, igualmente importante, que lhe permita ignorar com confiança tudo o resto.

Existem muitas filosofias que podem satisfazer estes objetivos. Num extremo, existem os neoluditas, que defendem o abandono da maior parte das tecnologias. No outro extremo, temos os entusiastas do *Quantified Self**, que integram cuidadosamente os aparelhos digitais em todos os aspetos da vida com o objetivo de otimizar a sua existência. Contudo, das diferentes filosofias que estudei, houve uma, em particular, que sobressaiu enquanto resposta superior para aqueles que procuravam prosperar no nosso momento atual de sobrecarga tecnológica. Chamo a isso *minimalismo digital* e aplica a crença de que *menos pode ser mais* na nossa relação com as ferramentas digitais.

Esta ideia não é nova. Muito antes de Henry David Thoreau ter exclamado «simplicidade, simplicidade, simplicidade»[3], Marco Aurélio perguntou: «Vê as poucas coisas que tem de fazer para viver uma vida satisfatória e reverente?»[4] O minimalismo digital adapta, simplesmente, esta perceção clássica ao papel da tecnologia nas nossas vidas modernas. No entanto, o impacto desta simples adaptação pode ser profundo. Neste livro, irá encontrar muitos exemplos de minimalistas digitais que passaram por enormes mudanças positivas ao reduzirem implacavelmente o tempo passado na Internet para se concentrarem num pequeno número

* Movimento que incorpora o autoconhecimento através do autorrastreamento. A lista de coisas que podemos medir sobre nós próprios é interminável: a frequência cardíaca, a respiração, as horas dormidas, o número de espirros num dia, entre outras. O *Quantified Self* gira em torno de encontrar um significado pessoal nos seus dados pessoais. *[N. do E.]*

de atividades de elevado valor. Dado que os minimalistas digitais passam muito menos tempo ligados do que os seus pares, é fácil pensar no seu estilo de vida como sendo extremo, mas os minimalistas argumentariam que esta perceção é retrógrada: o que é extremo é o tempo que *todos os outros* passam a olhar para os ecrãs.

Aprenderam que o segredo para prosperar no nosso mundo tecnológico é passar muito menos tempo a utilizar a tecnologia.

O objetivo deste livro é defender o minimalismo digital, incluindo uma análise mais detalhada do que exige e por que razão resulta; depois ensina como adotar esta filosofia se decidir que esta se lhe adequa.

Para o fazer, dividi o livro em duas partes. Na Parte 1, descrevo os fundamentos filosóficos do minimalismo digital, começando com uma análise próxima das forças que estão a tornar a vida digital de tantas pessoas cada vez mais intolerável, antes de avançar para um debate detalhado acerca da filosofia do minimalismo digital, incluindo o meu argumento para ser a solução *indicada* para estes problemas.

A Parte 1 é concluída com a apresentação do método que sugiro para adotar esta filosofia: *o desatafulhar digital*. Como defendi, é necessária uma ação radical para transformar de um modo fundamental a sua relação com a tecnologia. O desatafulhar digital oferece esta ação radical.

Este processo exige que se afaste das atividades opcionais online durante 30 dias. Durante este período, irá livrar-se dos ciclos de dependência que muitas ferramentas digitais podem incutir e começar a redescobrir as atividades analógicas que lhe proporcionam maior satisfação. Irá realizar caminhadas, conversar presencialmente com os seus amigos, envolver-se com a sua comunidade, ler e olhar para o céu. Mais importante, este desatafulhar dá-lhe espaço para redefinir a sua compreensão das coisas que mais aprecia. No final dos 30 dias, irá adicionar um pequeno número de atividades online cuidadosamente selecionadas que acredita que irão oferecer um benefício enorme às coisas que valoriza. Daqui para a frente, irá dar o seu melhor para fazer dessas atividades intencionais o centro da sua vida online – deixando para trás a maior parte dos comportamentos perturbadores que costumavam fragmentar o seu tempo e desviar a sua atenção. O desatafulhar tem por função ser um reinício dissonante: o leitor inicia o processo como maximalista exausto e conclui-o como minimalista consciente.

Neste último capítulo da Parte 1, irei orientar o leitor através da implementação do próprio desatafulhar digital. Ao fazê-lo, recorrerei bastante a uma experiência que conduzi no início do inverno de 2018, na qual mais de 1600 pessoas concordaram em executar uma redução digital sob a minha orientação e relatando a sua experiência. Irá assistir às histórias destes participantes e aprender que estratégias funcionaram bem e que armadilhas encontraram que deve evitar.

A segunda parte deste livro analisa mais de perto algumas das ideias que o ajudarão a cultivar um estilo de vida minimalista digital sustentável. Nestes capítulos, analiso temas como a importância da solidão e a necessidade de cultivar um ócio de elevada qualidade para substituir o tempo que é agora mais dedicado à utilização consciente de dispositivos. Proponho e defendo a – talvez controversa – afirmação de que as suas relações irão *fortalecer-se* se deixar de fazer «Gosto» ou comentários em publicações das redes sociais e se tornar mais difícil contactá-lo através de mensagens escritas. Apresento igualmente uma visão detalhada sobre a *resistência da atenção* – um movimento vagamente organizado de indivíduos que utilizam ferramentas de alta tecnologia e procedimentos de atuação estritos para retirar valor dos produtos da economia da atenção digital, enquanto evitam tornar-se vítimas da sua utilização compulsiva.

No fim de cada capítulo da Parte 2 existe um conjunto de *práticas*, que são táticas concretas concebidas para o ajudar a atuar sobre as grandes ideias do capítulo. Enquanto minimalista digital iniciante, pode ver as práticas da Parte 2 como uma caixa de ferramentas com o intuito de auxiliar os seus esforços para construir um estilo de vida minimalista que se adapte às suas circunstâncias particulares.

Em *Walden*, Thoreau escreveu: «A esmagadora maioria dos homens leva uma vida de desespero silencioso.»[5] Menos citada, contudo, é a réplica otimista que se segue no próximo parágrafo:

> Eles acreditam sinceramente que não têm outra escolha. Mas a natureza desperta e saudável relembra que o sol nasceu.
>
> Nunca é tarde demais para desistir dos nossos preconceitos.[6]

A nossa relação atual com as tecnologias deste mundo hiperligado é inadequada e está a levar-nos ao desespero silencioso que Thoreau observou há tantos anos. Mas Thoreau lembra-nos: «o sol nasce» e ainda temos a capacidade de mudar este estado de coisas.

No entanto, para o fazer, não podemos permitir passivamente que o emaranhado selvagem de ferramentas, entretenimentos e distrações oferecidos pela era da Internet dite como passamos o tempo ou como nos sentimos. Devemos, em vez disso, dar passos no sentido de extrair o que estas tecnologias têm de bom, enquanto evitamos o que têm de mau. Exigimos uma filosofia que coloque as nossas aspirações e valores uma vez mais à frente das nossas experiências quotidianas, enquanto destrona os caprichos primordiais e os modelos de negócio de Silicon Valley do seu atual domínio deste papel; uma filosofia que aceite novas tecnologias, desde que o preço não seja a desumanização para que Andrew Sullivan chama a atenção; uma filosofia que dá prioridade ao sentido a longo prazo em vez da satisfação a curto prazo.

Uma filosofia, por outras palavras, como o minimalismo digital.

PARTE 1

FUNDAMENTOS

CAPÍTULO 1
UMA CORRIDA ÀS ARMAS DESIGUAL

Não era isto que procurávamos

Lembro-me da primeira vez que dei de caras com o Facebook: primavera de 2004; estava no último ano da universidade e comecei a reparar num número crescente de amigos a falarem acerca de uma página na Internet chamada thefacebook.com. A primeira pessoa a mostrar-me um perfil do Facebook foi a Julie, que, na época, era minha namorada, e agora é minha esposa.

«A minha recordação disso foi que se tratava de uma novidade», disse-me recentemente. «Tinha-nos sido vendido como sendo uma versão virtual do nosso diretório dos caloiros impresso, algo que poderíamos ver para procurar os namorados ou as namoradas das pessoas que conhecíamos.»

A palavra-chave nesta recordação é *novidade*. O Facebook não chegou ao nosso mundo com uma promessa para transformar radicalmente os ritmos das nossas vidas sociais e cívicas; era apenas uma diversão entre muitas. Na primavera de 2004 era quase certo que as pessoas que eu sabia que tinham aderido ao thefacebook.com passavam mais tempo a jogar *Snood* (um quebra-cabeças ao estilo do *Tetris*, que, inexplicavelmente, era popular) do que a aprimorar os seus perfis ou a meter-se com os amigos virtuais.

«Era interessante», resumiu Julie, «mas não parecia certamente que fosse algo que viesse a consumir muito do nosso tempo.»

Três anos depois, a Apple lançou o *iPhone*, desencadeando a revolução móvel. Contudo, o que muitos esqueceram foi que a «revolução» original prometida por este aparelho era também muito mais modesta do que o impacto que acabou por criar. No nosso momento atual, os *smartphones* redefiniram o modo como as pessoas vivem o mundo, oferecendo uma ligação sempre presente a uma matriz ruidosa de conversas e distração. Em janeiro de 2007, quando Steve Jobs revelou o *iPhone* durante a sua famosa palestra na MacWorld, a visão era muito menos grandiosa.

Uma das grandes vantagens do *iPhone* original foi o facto de integrar o *iPod* com o telemóvel, evitando ter de andar com dois aparelhos no bolso. (É, sem dúvida, deste modo, que me lembro de pensar nos benefícios do *iPhone* quando foi anunciado inicialmente.) Da mesma maneira, quando Jobs fez uma demonstração com um *iPhone* em palco durante a palestra, passou os primeiros oito minutos a percorrer as características multimédia, concluindo: «É o melhor *iPod* que alguma vez fizemos!»[1]

Outro importante argumento de venda do equipamento aquando do lançamento foram os modos diversos como melhorava a experiência de realizar chamadas telefónicas. Na altura, foi uma grande notícia o facto de a Apple ter obrigado a AT&T a abrir o seu sistema de caixa de correio para possibilitar uma melhor ligação com o *iPhone*. No palco, Jobs também estava claramente apaixonado pela facilidade com que podia percorrer os números de telefone e o facto de o teclado surgir no ecrã em vez de ter botões em plástico permanentes.

«A grande vantagem é realizar chamadas!»[2], exclamou Jobs, ao som de aplausos durante a palestra. Somente depois de 33 minutos da aclamada apresentação é que começou a realçar outras funcionalidades, como as mensagens de texto melhoradas e o acesso à Internet móvel, que domina atualmente o modo como utilizamos estes equipamentos.

Para confirmar que esta visão limitada não era um qualquer capricho do guião da palestra de Jobs, falei com Andy Grignon, membro da equipa original do *iPhone*. «Era suposto ser um *iPod* que efetuava chamadas telefónicas»[3], confirmou. «A nossa missão central era reproduzir música e fazer chamadas». Como Grignon me explicou então, Steve Jobs desdenhou inicialmente a ideia de que o *iPhone* se aproximaria mais de um computador móvel polivalente capaz de correr uma variedade de aplicações de diferentes terceiros. «Quando permitirmos que algum programador idiota escreva algum código que o possa *crashar*», disse, certa vez, Jobs a Grignon, «será o momento de telefonarem para o 112».

Quando o primeiro *iPhone* foi lançado, em 2007, não existia a AppStore, notificações de redes sociais, fotografias instantâneas para o Instagram, não havia qualquer razão para, dissimuladamente, olhar para ele uma dúzia de vezes durante o jantar – e Steve Jobs e os milhões que compraram o primeiro *smartphone* na altura não tinham qualquer problema com isso. Tal como os utilizadores pioneiros do Facebook, poucos previram o quanto a nossa relação com esta nova ferramenta reluzente se transformaria nos anos que se seguiram.

É amplamente aceite que as novas tecnologias como as redes sociais e os *smartphones* alteraram imenso o modo como vivemos no século XXI. Existem vários modos de retratar esta mudança. Creio que o crítico social, Laurence Scott, o faz bastante bem ao descrever a existência moderna hiperligada como «um momento que pode parecer estranhamente vazio se existir apenas em si.»[4]

No entanto, o objetivo das observações anteriores é realçar o que muitos também esqueceram, ou seja, que estas mudanças, além de serem enormes e transformadoras, também são inesperadas e não planeadas. Um finalista universitário que abriu uma conta no thefacebook.com em 2004 para olhar para os colegas de turma, provavelmente, não previu que a média de utilização do utilizador moderno seria de cerca de duas horas *por dia* nas redes sociais e serviços de mensagens a elas associados, com perto de metade desse tempo a ser dedicado apenas aos produtos do Facebook. Do mesmo modo, o primeiro utilizador que pegou num *iPhone* em 2007 pelas características musicais ficaria menos entusiasmado se lhe dissessem que dentro de menos de uma década estaria, provavelmente, a consultar, compulsivamente, o aparelho 85 vezes por dia – uma «característica» que sabemos que Steve Jobs nunca teve em consideração ao preparar a sua famosa palestra.

Estas alterações chegaram, sorrateiras e velozes, antes de termos tido a oportunidade de recuar e perguntar o que *queríamos verdadeiramente* dos rápidos avanços da última década. Acrescentámos novas tecnologias à periferia da nossa experiência por motivos irrelevantes, depois acordámos, certa manhã, e descobrimos que tinham colonizado o centro da nossa vida quotidiana. Por outras palavras, não aderimos ao mundo digital em que nos encontramos atualmente entrincheirados; parece que tropeçámos e caímos nele.

Esta *nuance* é, muitas vezes, esquecida no nosso diálogo cultural em torno destas ferramentas. Por experiência própria, quando as preocupações acerca das novas tecnologias são debatidas publicamente, os defensores das tecnologias são rápidos a ripostar, orientando a discussão para a questão da utilidade – mostrando casos de estudo, por exemplo, de um artista em dificuldades que encontra uma audiência através das redes sociais,* ou uma ligação por WhatsApp de um soldado em missão com a sua família em casa. Concluem, então, que é incorreto ignorar estas tecnologias com base no argumento de que são inúteis, uma tática que é normalmente suficiente para encerrar o debate.

Os defensores da tecnologia têm razão no que dizem, mas não estão a perceber a questão. A perceção da utilidade destas ferramentas não é a base sobre a qual assenta a nossa crescente desconfiança. Se perguntar a um utilizador das redes sociais comum, por exemplo, por que razão utiliza o Facebook, o Instagram ou o Twitter, este poderá dar-lhe respostas razoáveis. Cada um destes serviços oferece-lhe, provavelmente, algo de útil que seria difícil de encontrar noutro lugar: a capacidade, por exemplo, de acompanhar as fotografias do bebé de um irmão ou utilizar um *hashtag* para seguir um movimento popular.

---

* Este exemplo advém de uma experiência pessoal. No outono de 2016, compareci num programa nacional de rádio da emissora CBC, no Canadá, para abordar uma coluna do *New York Times* que escrevi pondo em causa os benefícios das redes sociais na progressão na carreira. O apresentador surpreendeu-me no início da entrevista ao juntar à conversa um convidado não anunciado: um artista que promove o seu trabalho através das redes sociais. Curiosamente, pouco depois do início da entrevista, o artista admitiu (espontaneamente) que considerava que as redes sociais o distraíam demasiado e que agora faz longas pausas dessas mesmas redes sociais para conseguir trabalhar.

A origem do nosso desconforto não é clara nestes casos de estudo demasiado restritos, só se tornando visível quando nos confrontamos com a dura realidade de como estas tecnologias, como um todo, conseguiram expandir-se para lá dos papéis secundários para os quais as adotámos inicialmente. Cada vez mais, ditam como nos comportamos e como nos sentimos e, de certo modo, obrigam-nos a usá-las mais do que acreditamos ser saudável, muitas vezes às custas de outras atividades que julgamos serem mais valiosas. O que nos incomoda, por outras palavras, é esta sensação de *perda de controlo* – uma sensação que é representada num sem-número de modos a cada dia, como quando nos desligamos, fitando o telemóvel, durante a hora do banho dos nossos filhos ou perdemos a capacidade de desfrutar de um momento agradável sem o impulso frenético de o documentar para uma audiência virtual.

Não tem que ver com a utilidade, mas sim com a autonomia.

A questão óbvia seguinte é: «Como viemos parar a esta confusão?». Por experiência própria, quase todas as pessoas que sentem dificuldades com a vertente virtual da sua vida não têm pouca vontade própria nem são estúpidas. Em vez disso, são profissionais de sucesso, estudantes com muito bom aproveitamento, pais extremosos; são organizadas e estão habituadas a lutar por objetivos difíceis. No entanto, sem saberem muito bem como, as aplicações e as páginas na Internet que acenam por trás do ecrã do telefone e do *tablet* – único entre as muitas tentações a que resistem com sucesso diariamente – conseguiram metastizar-se de um modo nada saudável muito para lá dos seus papéis originais.

Uma grande parte da resposta acerca de como isto aconteceu é que muitas destas novas ferramentas não são tão inocentes como poderiam parecer à primeira vista. As pessoas não sucumbem aos ecrãs porque são preguiçosas, mas sim porque foram investidos milhares de milhões de dólares para tornar este desfecho inevitável. Anteriormente, comentei que parece que tropeçámos, ao recuar, numa vida digital à qual não aderimos. Tal como argumentarei a seguir, é provavelmente mais exato dizer que fomos *empurrados* para ela pelas empresas de equipamentos de gama alta e pelos conglomerados da economia da atenção que descobriram que existem enormes fortunas a serem feitas numa cultura dominada pelas engenhocas e pelas aplicações.

Agricultores de tabaco em t-shirt

Bill Maher termina todos os episódios do seu programa na HBO, *Real Time*, com um monólogo. Os temas são, normalmente, políticos. Não foi este o caso, contudo, a 12 de maio de 2017, quando Maher olhou para a câmara e disse:

> Os magnatas das redes sociais têm de deixar de fingir que são amigáveis deuses cromos a construírem um mundo melhor e admitirem que são apenas agricultores de tabaco em t-shirt a venderem um produto viciante a crianças. Porque, convenhamos, verificar os seus «gostos» é a nova versão de fumar.[5]

A preocupação de Maher com as redes sociais foi despertada por um excerto do programa *60 Minutos* que tinha sido transmitido um mês antes. O excerto intitulava-se *Brain Hacking* (*Piratear o Cérebro*) e começava com Anderson Cooper a entrevistar um engenheiro magro e ruivo, com a barba cuidadosamente aparada, popular entre jovens de Silicon Valley. O seu nome é Tristan Harris, antigo fundador de uma *start-up* e engenheiro na Google que se afastou do seu caminho comum pelo mundo da tecnologia para se transformar em algo decididamente mais raro neste mundo fechado: um delator.

– Esta coisa é uma *slot machine*[6] – disse Harris no início da entrevista, enquanto segurava um *smartphone*.

– Em que medida é isso uma *slot machine*? – perguntou Cooper.

– Bem, cada vez que olho para o telefone estou a puxar o braço da *slot machine* para ver «O que recebi eu?» – respondeu Harris. – Há todo um manual de técnicas que são utilizadas [pelas empresas de tecnologia] e que nos põem a usar o produto durante o máximo tempo possível.

– Estará Silicon Valley a programar aplicações ou pessoas? – perguntou Cooper.

– Estão a programar pessoas» – respondeu Harris. – Existe sempre esta narrativa de que a tecnologia é neutra. E cabe-nos a nós escolher como a iremos utilizar. Isso, simplesmente, não é verdade...

– A tecnologia não é neutra? – interrompeu Cooper.

– Não é neutra. Eles querem que a utilize de um determinado modo e durante longos períodos porque é assim que ganham dinheiro.

Bill Maher, por seu lado, pensou que aquela entrevista lhe parecia familiar. Depois de passar um excerto para a sua audiência na HBO, ironizou: «Onde é que eu já ouvi isto?» Então, mostrou a famosa entrevista de 1995 de Mike Wallace a Jeffrey Wigand – o delator que confirmou ao mundo o que a maioria já desconfiava: que as grandes empresas de tabaco produziam cigarros mais viciantes.

«Philip Morris só queria os seus pulmões», concluiu Maher. «A AppStore quer a sua alma.»

A conversão de Harris em delator é excecional, em parte, porque a sua vida até aí era absolutamente normal, de acordo com os padrões de Silicon Valley. Harris, que na altura em que escrevi este livro se encontrava na casa dos 30, cresceu em Bay Area. Tal como muitos engenheiros, cresceu a piratear o seu Macintosh e a escrever códigos informáticos. Estudou Ciências Informáticas em Stanford e, depois de se formar, iniciou um mestrado enquanto trabalhava no famoso Persuasive Technology Lab, de BJ Fogg – que explora como utilizar a tecnologia para mudar o modo como as pessoas pensam e agem. Em Silicon Valley, Fogg é conhecido como o «criador de milionários», uma referência às muitas pessoas que passaram pelo seu laboratório e depois replicaram o que aprenderam de modo a erguer novas empresas tecnológicas lucrativas (um grupo que inclui, entre outras luminárias do .com, o cofundador do Instagram, Mike Krieger). Seguindo este trajeto já estabelecido, Harris, uma vez suficientemente disciplinado na arte da interação do dispositivo com a mente, desistiu do programa de mestrado para fundar a Apture, uma empresa tecnológica inovadora que utilizava *pop-up* com curiosidades para aumentar o tempo que os utilizadores passavam nos websites.

Em 2011, a Google adquiriu a Apture e Harris começou a trabalhar com a equipa da caixa de entrada do Gmail. Foi na Google que Harris, a trabalhar agora em produtos que podiam ter impacto sobre os comportamentos de centenas de milhares de pessoas, começou a ficar cada vez mais preocupado. Depois de uma experiência que lhe abriu a mente no Burning Man, Harris, numa jogada saída diretamente de um guião de Cameron Crowe, escreveu um manifesto de 144 *slides* intitulado «A Call to Minimize Distraction & Respect Users' Attention» (Um apelo para minimizar a distração e respeitar a atenção dos utilizadores). Harris enviou o manifesto a um pequeno grupo de amigos na Google. Rapidamente se disseminou por milhares dentro da empresa, incluindo o coCEO Larry Page, que chamou Harris para uma reunião com vista a abordarem as ideias ousadas. Page nomeou Harris para a recém-criada posição de «filósofo de produto.»

E depois? Nada mudou significativamente. Num perfil de 2016 em *The Atlantic*, Harris culpou a falta de mudança à «inércia» da organização e a uma falta de clareza acerca daquilo que ele defendia. A principal fonte de atrito, claro, será decerto mais simples: minimizar a distração e respeitar a atenção do utilizador iria reduzir as receitas. A utilização compulsiva vende, algo que Harris reconhece agora quando afirma que a economia da atenção leva as empresas como a Google a entrarem numa «corrida até ao fundo do tronco cerebral.»[7]

Portanto, Harris demitiu-se, fundou uma organização sem fins lucrativos chamada Time Well Spent, com a missão de exigir tecnologia que «nos sirva, sem publicidade»[8], e tornou públicos os seus avisos acerca de até onde as empresas de tecnologia estão a ir para «desviarem» as nossas mentes.

Em Washington, onde vivo, é bem sabido que os maiores escândalos políticos são aqueles que confirmam algo negativo que a maioria das pessoas já desconfia ser verdade. Este conhecimento talvez explique o fervor com que saudaram as revelações de Harris. Pouco depois de tornar públicas estas revelações, surgiu na capa da revista *The Atlantic*, foi entrevistado no *60 Minutos* e no *PBS NewsHour* e foi convidado a dar uma *TED talk*. Durante anos, aqueles que invetivavam contra o aparente à-vontade com que algumas pessoas se tornavam escravas dos seus *smartphones* tinham sido ignorados e considerados alarmistas. Mas, depois, chegou Harris e confirmou o que muitos desconfiavam cada vez mais ser verdade: estas aplicações e estas páginas da Internet brilhantes não eram, como dizia Bill Maher, ofertas de «deuses cromos a construírem um mundo melhor». Em vez disso, eram concebidas para colocarem *slot machines* nos nossos bolsos.

Harris teve a coragem moral para nos avisar acerca dos perigos ocultos dos nossos equipamentos. Contudo, se quisermos contrariar os seus piores efeitos, temos de compreender melhor como foram tão facilmente capazes de subverter as melhores intenções que tínhamos para as nossas vidas. Felizmente, no que diz respeito a este objetivo, temos um bom guia. Ao que parece, durante os mesmos anos em que Harris se debatia com o impacto ético da tecnologia viciante, um jovem professor de Marketing da Universidade de Nova Iorque voltou a sua concentração prodigiosa para a compreensão acerca de como funciona verdadeiramente este vício pela tecnologia.

Antes de 2013, Adam Alter mostrara pouco interesse na tecnologia enquanto elemento de investigação.[9] Sendo professor de Gestão com um doutoramento de Princeton em Psicologia Social, Alter estudou a ampla questão de como aspetos do mundo à nossa volta influenciam os nossos pensamentos e comportamento.

A tese de doutoramento de Alter, por exemplo, estuda como as ligações coincidentes entre o leitor e outra pessoa podem ter impacto em como se sentem acerca de cada um. «Se descobrir que faz anos no mesmo dia de alguém que fez algo de terrível», explicou-me Alter, «odiará ainda mais essa pessoa do que se desconhecesse essa informação».

O seu primeiro livro, *Drunk Tank Pink*, enumerava vários casos semelhantes em que fatores aparentemente pequenos criam grandes alterações no comportamento. O título, por exemplo, refere-se a um estudo que mostrava que os detidos fortemente embriagados da prisão naval de Seattle ficavam francamente calmos depois de passarem apenas 15 minutos numa cela pintada no tom de rosa particular do Pepto-Bismol*, tal como os estudantes canadianos quando têm aulas numa sala da mesma cor. O livro também revela que vestir uma camisa vermelha num perfil de encontros despertará um interesse mais significativo do que qualquer

* Medicamento de ação antiácida para tratar afeções e desconfortos temporários do estômago e do trato gastrointestinal, como, por exemplo, a diarreia, a indigestão, a azia e a náusea. [*N. do E.*]

outra cor e que quanto mais fácil for dizer o seu nome, mais depressa progredirá numa profissão do sistema legal.

O que fez de 2013 um ponto de viragem na carreira de Alter foi um voo de Nova Iorque para Los Angeles. «Tinha grandes planos para dormir e trabalhar um pouco», disse-me. «Mas, quando começámos a acelerar para descolar, comecei a jogar um simples jogo de estratégia no telemóvel chamado *2048*. Quando aterrámos, seis horas depois, ainda estava a jogar.»

Depois de publicar *Drunk Tank Pink*, Alter tinha começado a investigar um novo tema – uma busca que o conduzia constantemente a uma questão fulcral: «Qual é o maior fator isolado que dá forma às nossas vidas?» A sua experiência de jogar compulsivamente durante o voo de seis horas tornou subitamente clara a resposta: *os nossos ecrãs*.

Nesta altura, claro, outros tinham já começado a colocar questões fundamentais acerca da nossa relação aparentemente pouco saudável com as novas tecnologias como os *smartphones* e jogos de vídeo, mas o que distinguiu Alter foi a sua formação em Psicologia. Em vez de abordar o assunto enquanto fenómeno cultural, concentrou-se nas suas raízes psicológicas. Esta nova perspetiva levou Alter, inevitável e inequivocamente, numa direção desconcertante: a ciência do vício.

Para muitas pessoas, *vício* é uma palavra assustadora. Na cultura popular, conjura imagens de toxicodependentes a roubarem as joias da mãe. Mas, para os psicólogos, o vício tem uma definição prudente, à qual são retirados estes elementos mais lúgubres. Segue-se um exemplo representativo:

> Vício é uma condição em que uma pessoa se envolve no consumo de uma substância ou de um comportamento em relação ao qual os efeitos de recompensa oferecem um incentivo irresistível, apesar das consequências nefastas.[10]

Até recentemente, presumia-se que o vício apenas se aplicava ao álcool e às drogas: substâncias que incluem componentes psicoativos que podem alterar diretamente a química do cérebro. No entanto, à medida que o século XX foi dando lugar ao século XXI, um número crescente de estudos começou a sugerir que comportamentos que não envolviam a ingestão de substâncias se podiam tornar viciantes no sentido técnico acima referido. Um importante trabalho de investigação de 2010, por exemplo, publicado no *American Journal of Drug and Alcohol Abuse*, concluiu que «indícios crescentes sugerem que os vícios comportamentais se assemelham aos vícios de substâncias em muitos domínios»[11]. O artigo aponta para os vícios patológicos do jogo e da Internet como sendo dois exemplos particularmente bem estabelecidos destes distúrbios. Quando a Associação Americana de Psiquiatria publicou a 5.ª edição do *Manual de Diagnóstico e Estatística das Perturbações Mentais* (*DSM-5*), em 2013, incluía, pela primeira vez, vícios comportamentais como problema diagnosticável.

Isto leva-nos, uma vez mais, a Adam Alter. Depois de rever a literatura relevante da área da Psicologia e de entrevistar pessoas relevantes do mundo da tecnologia, duas coisas ficaram claras. Primeiro, as nossas novas tecnologias são particularmente adequadas a fomentar vícios comportamentais. Tal como Alter admite, os vícios comportamentais com ligação à tecnologia tendem a ser «moderados» quando comparados com as fortes dependências químicas criadas pelas drogas e cigarros. Se eu o obrigar a desistir do Facebook, é pouco provável que sofra de sérios sintomas de abstinência ou que vá às escondidas, a meio da noite, até um cibercafé para conseguir uma dose. Por outro lado, estes vícios podem ser bastante nocivos para o seu bem-estar. Poderá não sair às escondidas para aceder ao Facebook, mas se a aplicação estiver a apenas um toque de distância no telefone que tem no bolso, um vício comportamental, ainda que moderado, tornará verdadeiramente difícil resistir à tentação de verificar a sua conta uma e outra vez ao longo do dia.

A segunda coisa que ficou clara para Alter ao longo da sua pesquisa é ainda mais perturbadora. Tal como Tristan Harris preveniu, em muitos casos, estas propriedades viciantes das novas tecnologias não são acidentes, mas funcionalidades cuidadosamente desenvolvidas.

A pergunta complementar natural às conclusões de Alter é: o que torna, especificamente, as novas tecnologias adequadas a fomentar vícios comportamentais? No seu livro de 2017, *Irresistible*, que detalha o seu estudo sobre este tema, Alter explora os muitos «ingredientes» diferentes que levam a que uma dada tecnologia tenha grande probabilidade de prender o nosso cérebro e cultivar uma utilização pouco saudável. Quero concentrar-me, por um instante, nas duas forças deste tratamento a longo prazo, que não só parecem particularmente relevantes para o nosso tema, mas, como verá em breve, surgiram repetidamente na minha própria investigação acerca do modo como as empresas de tecnologia incentivam os vícios comportamentais: *reforço positivo intermitente* e *desejo de obter aprovação social.*

Os nossos cérebros são altamente suscetíveis a estas forças. Isto é significativo porque muitas das aplicações e páginas na Internet que mantêm as pessoas a olhar, compulsivamente, para os seus *smartphones* e a abrirem os motores de busca alavancam muitas vezes estes iscos para os tornarem quase impossíveis de resistir. Para compreender esta afirmação, vamos abordá-los rapidamente.

Comecemos pela primeira força: o reforço intermitente positivo. Os cientistas sabem, desde as experiências com as bicadas dos pombos de Michael Zeiler, na década de 1970, que as recompensas entregues de modo imprevisível são muito mais aliciantes do que aquelas que são entregues através de um padrão conhecido.[12] Há algo acerca da imprevisibilidade que liberta mais dopamina – um neurotransmissor fundamental para regular a sensação de ansiedade. A experiência original de Zeiler tinha pombos a dar bicadas num botão que libertava um pouco de comida de modo imprevisível. Como realça Adam Alter, este mesmo comportamento básico é reproduzido nos botões de resposta que acompanham a maioria das publicações nas redes sociais desde que o Facebook apresentou o ícone «Gosto», em 2009.

«É difícil exagerar o quanto o botão "Gosto" mudou a psicologia da utilização do Facebook»[13], escreveu Alter. «Aquilo que começou como um modo passivo de seguir as vidas dos seus amigos era, agora, profundamente interativo e precisamente com o tipo de comentário imprevisível que motivava os pombos de Zeiler.» Alter prossegue ao descrever os utilizadores como sendo «jogadores» sempre que publicam algo numa plataforma de rede social: irá ter Gostos (ou corações ou *retweets*) ou irá definhar sem comentários? O primeiro cria o que um engenheiro da Facebook chama «mossas brilhantes de pseudo-prazer»[14], enquanto o último o faz sentir mal. De qualquer dos modos, o desfecho é difícil de prever, o que, tal como a psicologia do vício nos ensina, torna toda a atividade de publicação e verificação exasperadamente apelativa.

Contudo, a resposta das redes sociais não é a única atividade na Internet com esta propriedade de reforço imprevisível. Muitas pessoas têm a experiência de visitar conteúdos na Internet com um intuito específico – digamos, por exemplo, consultar uma página na Internet de um jornal para ver a previsão do estado do tempo – e, depois, dão consigo, passados 30 minutos, a seguir descuidadamente os trilhos de ligações, passando de um título para outro. Este comportamento também pode ser desencadeado por uma resposta imprevisível: a maioria dos artigos acabam em insucessos, mas, extemporaneamente, acabará por chegar a um que cria uma forte emoção, quer seja a raiva justa ou o riso. Cada título apelativo clicado ou ligação intrigante aberta num separador diferente é um novo acionar do mecanismo de uma *slot machine*.

As empresas de tecnologia, claro, reconhecem o poder desta resposta positiva e imprevisível e ajustam os seus produtos com isso em mente, de modo a tornar o seu apelo ainda mais forte. Tal como o delator Tristan Harris explica: «As aplicações e as páginas na Internet espalham recompensas intermitentes variáveis por todos os seus produtos porque é bom para o negócio»[15]. Emblemas nas notificações para chamar a sua atenção ou a satisfação por um simples deslizar do dedo lhe poder trazer a próxima publicação potencialmente interessante são muitas vezes cuidadosamente adaptados para provocar respostas fortes. Tal como Harris realça, o símbolo de notificação para o Facebook era originalmente azul, para corresponder à gama de cores de toda a página na Internet, «mas ninguém o utilizava»[16]. Portanto, alteraram a cor para vermelho – uma cor de aviso – e o número de utilizações disparou em flecha.

Na que talvez seja a maior confissão de todas, no outono de 2017, Sean Parker, presidente fundador da Facebook, falou candidamente num evento acerca da engenharia da atenção utilizada pela sua antiga empresa:

> O processo de pensamento que era canalizado para a conceção destas aplicações, sendo o Facebook a primeiro entre elas, (...) abordava: «Como podemos consumir tanto do seu tempo e da sua atenção consciente quanto possível?» E isso significa que temos de desvendar como dar-lhe uma pequena dose de dopamina de vez em quando, porque alguém gostou ou comentou uma fotografia ou uma publicação ou seja o que for.[17]

Toda a dinâmica das redes sociais de publicar comentários, e depois ver o *feedback* a chegar de modo imprevisível, parece ser fundamental para estes serviços, mas tal como realça Tristan Harris, é apenas uma opção arbitrária entre muitas de como poderiam atuar. Recorde as primeiras funcionalidades das páginas de redes sociais com muito pouco *feedback* – as suas operações concentravam-se, em vez disso, em publicações e em encontrar informação. Tende a ser a estas antigas funcionalidades, anteriores à era do *feedback*, que as pessoas se referem quando explicam o porquê de as redes sociais serem tão importantes nas suas vidas. Quando justificam a utilização do Facebook, por exemplo, muitas pessoas apontam para algo como a capacidade para descobrirem quando o bebé de um amigo nasce, o que é uma transferência de sentido único de informação que não requer resposta (está implícito que as pessoas «Gostam» desta novidade).

Por outras palavras, não existe nada de fundamental acerca da resposta imprevisível que domina a maioria dos serviços das redes sociais. Se retirasse estas funcionalidades, não diminuiria, provavelmente, o valor que delas retira. A razão pela qual esta dinâmica específica é tão universal é porque funciona verdadeiramente bem para manter os seus olhos colados aos ecrãs. Estas forças psicológicas fortes são uma parte considerável do que Harris tinha em mente quando ergueu um *smartphone* no programa *60 Minutos* e disse a Anderson Cooper «esta coisa é uma *slot machine*».

Agora, consideremos a segunda força que incentiva o vício comportamental: a ânsia de aprovação social. Tal como Adam Alter escreveu:

«Somos seres sociais que não podem ignorar por completo o que as outras pessoas pensam de nós.»[18] Este comportamento, claro, é adaptável. Na era do Paleolítico, era importante que se gerisse cuidadosamente a posição social com outros membros da tribo porque a sobrevivência dependia disso. Contudo, no século XXI, as novas tecnologias sequestraram este impulso profundo para criar vícios comportamentais lucrativos.

Consideremos, uma vez mais, os botões de resposta das redes sociais. Além de darem respostas imprevisíveis, como foi anteriormente abordado, estas respostas também dizem respeito à aprovação de outras pessoas. Se muitas pessoas clicarem no pequeno coração por baixo da sua última publicação no Instagram, parece que a tribo está a mostrar-lhe aprovação – o que estamos formatados para desejar fortemente.* O outro lado deste negócio evolutivo, claro, é que uma falta de resposta positiva cria uma sensação de aflição. Isto é algo sério para o cérebro paleolítico e, como tal, este pode desenvolver uma necessidade premente de monitorizar, continuamente, esta informação «essencial».

O poder deste desejo de aprovação social não devia ser subestimado. Leah Pearlman, que foi gestora de produto na equipa que desenvolveu o botão «Gosto» do Facebook (foi a autora da publicação em blogue que anunciava a funcionalidade, em 2009), tornou-se tão desconfiada do caos que provoca que agora, na pele de proprietária de um pequeno negócio, contrata um gestor de redes sociais para lidar com a sua conta de Facebook, para evitar a exposição à manipulação do impulso social humano do serviço. «Quer haja uma notificação ou não, a sensação que sentimos não é assim tão boa»[19], disse Pearlman acerca da sensação de verificar as respostas das redes sociais. «O que quer que seja que está à espera de ver, nunca atinge as expectativas».

Um impulso semelhante para regular a aprovação social ajuda a explicar a obsessão atual entre adolescentes de manterem as «sequências» do Snapchat com os amigos, dado que as sequências não quebradas de comunicações diárias representam uma confirmação satisfatória de que a relação é forte. Também explica a necessidade universal para

* Para uma boa introdução à evolução de instintos «grupais» nos seres humanos e ao seu papel central em como percebemos o mundo, consulte o livro *The Righteous Mind*, de Jonathan Haidt (Pantheon, 2012).

responder imediatamente a uma mensagem, mesmo nas condições mais impróprias ou perigosas (a saber: atrás do volante). O nosso cérebro paleolítico classifica o ignorar de uma mensagem recentemente recebida como o equivalente de desprezar um membro da tribo que tenta chamar a sua atenção junto da fogueira da comunidade: uma *gaffe* potencialmente perigosa.

A indústria da tecnologia tornou-se perita na exploração deste instinto da busca de aprovação. As redes sociais, em particular, estão agora sintonizadas para lhe oferecerem um fluxo rico de informação acerca do que os seus amigos estão a pensar de si de momento. Tristan Harris sublinha o exemplo de identificar pessoas em fotografias em serviços como o Facebook, Snapchat e Instagram.[20] Quando publica uma fotografia utilizando estes serviços, pode «identificar» os outros utilizadores que também surgem na fotografia. Este processo de identificação envia ao alvo da identificação uma notificação. Agora, tal como Harris explicou, estes serviços tornam este processo quase automático, utilizando algoritmos de reconhecimento facial avançados para descobrir quem se encontra nas suas fotografias e oferecendo-lhe a possibilidade de as identificar apenas com o pressionar de um botão – uma oferta normalmente realizada sob a forma de uma pergunta simples de sim/não («quer identificar...?»), à qual responderá, quase de certeza, «sim».

O simples pressionar do botão não requer quase esforço nenhum da sua parte, mas, para o utilizador a ser identificado, a notificação consequente cria uma sensação socialmente gratificante em que *estava a pensar nele*. Tal como afirma Harris, estas empresas não investiram os imensos recursos necessários a aperfeiçoar esta funcionalidade de identificação automática porque era, de um modo geral, essencial para a sua utilidade enquanto rede social. Em vez disso, fizeram este investimento para poderem aumentar, significativamente, a quantidade de migalhas viciantes de aprovação social que as suas aplicações conseguem apresentar aos utilizadores.

Tal como Sean Parker confirmou ao descrever a filosofia da conceção por trás destas funcionalidades: «É um ciclo de *feedback* de validação social... exatamente o tipo de coisa que um pirata informático como eu inventaria, porque está a explorar uma vulnerabilidade da psicologia humana.»[21]

Recuemos um pouco para vermos onde nos encontramos. Nas secções anteriores, detalhei a explicação angustiante do porquê de tantas pessoas se sentirem como se tivessem perdido o controlo das suas vidas digitais: as apelativas novas tecnologias que surgiram na última década adequam-se, particularmente, ao estímulo de comportamento viciante, levando as pessoas a utilizá-las muito mais do que acreditam ser útil ou saudável. De facto, tal como foi revelado por delatores e investigadores como Tristan Harris, Sean Parker, Leah Pearlman e Adam Alter, estas tecnologias são, em muitos casos, concebidas *especialmente* para desencadear este comportamento viciante. A utilização compulsiva, neste contexto, não é o resultado de uma falha de carácter, mas sim a perceção de um plano de negócios extraordinariamente lucrativo.

Não quisemos aderir às vidas digitais que agora temos. Estas foram, antes, criadas, em grande medida, por conselhos de administração para servir os interesses de um grupo restrito de investidores em tecnologia.

Uma corrida às armas desigual

Como já referi, o nosso atual mal-estar em relação às novas tecnologias não está verdadeiramente relacionado com a sua utilidade. Está relacionado com a autonomia. Aderimos a estes equipamentos e comprámo-los por razões menores – para ver o estado das relações de amigos ou eliminar a necessidade de transportar um *iPod* e um telemóvel em separado – e demos connosco, anos mais tarde, cada vez mais dominados pela sua influência, atribuindo-lhes um controlo cada vez maior sobre como usamos mais do nosso tempo, como nos sentimos e como nos comportamos.

O facto de a nossa humanidade ter sido desbaratada por estas ferramentas ao longo da última década não devia ser uma surpresa. Tal como acabei de explicar, temos estado a travar uma corrida às armas desigual, na qual as tecnologias que invadem a nossa autonomia estavam a aproveitar-se com cada vez maior precisão de vulnerabilidades profundamente enraizadas nos nossos cérebros, enquanto ainda acreditávamos, ingenuamente, que estávamos apenas a perder tempo com ofertas divertidas oferecidas pelos deuses cromos.

Quando Bill Maher brincou com o facto de que a AppStore vinha reclamar as nossas almas, pressentia, verdadeiramente, alguma coisa. Tal como Sócrates explicou a Fedro na famosa alegoria da carruagem de Platão, a nossa alma pode ser compreendida como o condutor da carruagem que luta por controlar os dois cavalos, um que representa a nossa melhor natureza e o outro os nossos impulsos mais básicos. Quando cedemos cada vez mais autonomia ao mundo digital, alimentamos o último cavalo e tornamos o esforço do condutor da carruagem cada vez maior – uma diminuição da autoridade da nossa alma.

Quando visto desta perspetiva, torna-se evidente que é uma batalha que devemos travar. Mas, para o fazer, necessitamos de uma estratégia mais séria, algo personalizado para acompanhar as forças especiais que nos manipulam em direção aos vícios comportamentais e que oferece um plano concreto acerca de como colocar à disposição novas tecnologias *para* as nossas melhores aspirações e não *contra* elas. O minimalismo digital é uma dessas estratégias. É para os seus pormenores que voltamos agora a nossa atenção.

CAPÍTULO 2
MINIMALISMO DIGITAL

Uma solução minimalista

Na altura em que comecei a trabalhar neste capítulo, um colunista do *New York Post* publicou um editorial intitulado «How I Kicked the Smartphone Addiction - and You Can Too» (Como larguei o vício do *smartphone* – e você também o pode fazer). O segredo? Desativou as notificações de 112 aplicações diferentes no *iPhone*. «É relativamente fácil recuperar o controlo»[1], concluiu, com otimismo.

Este tipo de artigos é comum no mundo do jornalismo de tecnologia. O autor descobriu que a sua relação com as ferramentas digitais se tornou disfuncional. Alarmado, implementou um truque inteligente, depois relatou com entusiasmo que as coisas pareciam estar muito melhores. Eu fico sempre cético em relação a estas fórmulas de solução rápida. Pela minha experiência na abordagem destes tópicos, é difícil reformar permanentemente a sua vida digital somente através da utilização de dicas e truques.

O problema é que as pequenas mudanças não são suficientes para resolver os nossos grandes problemas com as novas tecnologias. Os comportamentos subjacentes que esperamos solucionar encontram-se entranhados na nossa cultura e, tal como defendi no capítulo anterior, são apoiados por forças psicológicas poderosas que fortalecem os nossos instintos básicos. Para restabelecer o controlo, temos de ultrapassar os ajustes e, em vez deles, restabelecer a nossa relação com a tecnologia, utilizando os nossos valores profundamente enraizados como base.

Por outras palavras, o colunista do *New York Post* supracitado deveria ter olhado para lá das configurações de notificação nas 112 aplicações e colocado a questão mais importante: o porquê de utilizar tantas aplicações. Aquilo de que necessita – aquilo de que todos os que sentem dificuldades nestes assuntos necessitam – é de uma *filosofia da utilização da tecnologia*, algo que abranja da base ao topo que ferramentas digitais podemos permitir na nossa vida, por que razões e sob que constrangimentos. Na ausência desta introspeção, ficaremos a debater-nos num remoinho de ciberbugigangas viciantes e apelativas, esperando orgulhosamente que a mistura adequada de truques pontuais nos salve.

Tal como referi na introdução, tenho uma dessas filosofias a propor:

> **Minimalismo digital**
> Uma filosofia da utilização da tecnologia segundo a qual concentra o seu tempo na Internet num número reduzido e cuidadosamente selecionado de atividades otimizadas que apoiam fortemente coisas que valoriza e depois ignora alegremente tudo o resto.

Os chamados minimalistas digitais[2] que seguem esta filosofia realizam constantemente análises de custo/benefício. Se uma nova tecnologia oferece pouco mais do que uma diversão secundária ou uma conveniência trivial, o minimalista ignorá-la-á. Mesmo nos casos em que uma tecnologia nova promete apoiar algo que o minimalista valoriza, terá, primeiro, de passar por um teste mais estrito: será este o *melhor* modo de utilizar a tecnologia para apoiar esse valor? Se a resposta for não, o minimalista lançar-se-á ao trabalho de modo a otimizar a tecnologia ou procurará uma melhor opção.

Ao recuar dos seus valores profundos para as escolhas ao nível da tecnologia, os minimalistas digitais transformam estas inovações de uma fonte de distração em ferramentas que sustentam uma vida bem vivida. Ao fazê-lo, quebram o feitiço que levou tantas pessoas a sentirem-se como se estivessem a perder o controlo para os seus ecrãs.

Repare, a filosofia minimalista contrasta fortemente com a filosofia maximalista que a maior parte das pessoas utiliza por defeito – uma mentalidade em que um *qualquer* potencial para a obtenção de benefícios é suficiente para começar a utilizar uma tecnologia que lhe chame a atenção. Um maximalista fica muito incomodado com a ideia de que qualquer pessoa poderá sentir falta de qualquer coisa que seja minimamente interessante ou valiosa. De facto, quando comecei a escrever publicamente acerca do facto de nunca ter utilizado o Facebook, as pessoas nos meus círculos profissionais ficaram estupefactas exatamente por esta razão. «E tenho de utilizar o Facebook porquê?» perguntava. «Não consigo dizer-te exatamente porquê», respondiam, «mas e se houver ali algo de útil para ti de que não estás a usufruir?».

Esta afirmação parece absurda aos minimalistas digitais, porque acreditam que a melhor vida digital é composta através de uma escolha cuidadosa das suas ferramentas de modo a obter benefícios enormes e inequívocos. Tendem a ser incrivelmente cautelosos relativamente às atividades de baixo valor que possam preencher o seu tempo e a sua atenção e acabar por prejudicar mais do que ajudar. Dito de outro modo: os minimalistas não se importam por perderem pequenas coisas; o que os preocupa muito mais é reduzir as coisas grandes que *sabem de antemão* que tornam uma boa vida boa.

Para tornar estas ideias abstratas mais concretas, consideremos alguns exemplos de minimalistas digitais do mundo real que descobri durante a minha pesquisa desta filosofia emergente. Para alguns destes minimalistas, o requisito de que uma nova tecnologia apoia fortemente valores profundos leva à rejeição de ferramentas e de serviços que a nossa cultura vulgarmente acredita serem obrigatórios. Tyler, por exemplo, aderiu, inicialmente, aos serviços padrão das redes sociais por razões normais: para ajudar a sua carreira, para o manter ligado e para se entreter. No entanto, quando abraçou o minimalismo digital, apercebeu-se de que, embora valorizasse os três objetivos, a sua utilização compulsiva das redes sociais oferecia, na melhor das hipóteses, benefícios secundários e não cumpria o requisito de ser o *melhor* modo para utilizar a tecnologia com estes fins. Assim, abandonou todas as redes sociais para seguir caminhos mais diretos e eficazes de ajudar a carreira, ligar-se a outras pessoas e divertir-se.

Conheci o Tyler cerca de um ano depois da sua decisão minimalista de deixar as redes sociais. Estava claramente entusiasmado com o modo como a sua vida tinha mudado neste período. Tinha começado a fazer voluntariado perto de casa, fazia exercício regularmente, estava a ler três ou quatro livros por mês, começou a aprender a tocar *ukulele* e disse-me que, agora que já não tinha o telemóvel colado à mão, estava mais próximo do que nunca da esposa e dos filhos. Em termos profissionais, o aumento da concentração que alcançou depois de abandonar estes serviços valeu-lhe uma promoção. «Alguns dos meus clientes reparam numa mudança em mim e perguntam-me o que estou a fazer de diferente», disse-me. «Quando lhes digo que abandonei as redes sociais, respondem-me: "Gostava de poder fazer isso, mas, simplesmente, não posso." No entanto, a realidade é que não têm uma razão em especial para marcar presença nas redes sociais!»

Como Tyler admite rapidamente, não pode atribuir todas estas coisas boas exclusivamente à sua decisão específica de abandonar as redes sociais. Teoricamente, continuava a poder aprender a tocar o *ukulele* ou a passar mais tempo com a esposa e os filhos enquanto mantinha uma conta no Facebook. No entanto, a decisão de abandonar estes serviços é algo mais do que um ajuste aos hábitos digitais; foi um gesto simbólico que reforçou o seu novo compromisso para com a filosofia minimalista de regressão a partir destes valores profundamente enraizados quando decide como viver a sua vida.

Adam dá outro bom exemplo desta filosofia que conduz à rejeição de uma tecnologia que nos tinham dito ser fundamental. Adam gere um pequeno negócio e a capacidade em permanecer ligado aos seus funcionários é importante para a sua atividade. Contudo, recentemente, começou a preocupar-se com o exemplo que estava a dar aos filhos, de 9 e 13 anos. Podia falar com eles acerca da importância de viver a vida longe de um ecrã brilhante, é certo, mas a mensagem não seria ouvida até o verem demonstrar este comportamento na própria vida. Portanto, fez algo radical: livrou-se do *smartphone* e substituiu-o por um telemóvel básico em formato de concha.

«Foi o melhor momento de ensinamento na minha vida», contou-me acerca da sua decisão. «Os meus filhos sabem que o meu negócio depende de um equipamento inteligente e viram o quanto o usava, e ali estava eu a desistir dele?! Consegui explicar porquê *e eles perceberam*!»

Tal como Adam admite, a ausência do *smartphone* tornou algumas coisas da sua vida mais entediantes. Nomeadamente, depende imenso das mensagens escritas para coordenar com o seu pessoal e rapidamente redescobriu como é difícil escrever nos pequenos botões de plástico de um telemóvel obsoleto. Mas é um minimalista digital, o que significa que maximizar a conveniência tem uma prioridade muito inferior a utilizar tecnologia que sustente os seus valores. Enquanto pai, ensinar aos filhos uma lição importante acerca de como abraçar uma vida para lá do ecrã era muito mais importante do que escrever depressa.

Nem todos os minimalistas digitais acabam por rejeitar completamente ferramentas comuns. Para muitos, a questão central de «será este o *melhor* modo de utilizar a tecnologia para sustentar este valor?» leva-os a, cuidadosamente, otimizar serviços que a maior parte das pessoas utiliza sem prestar atenção.

Por exemplo, Michal decidiu que a sua obsessão com as redes sociais estava a provocar mais mal do que bem. Consequentemente, restringiu a entrada de informação digital a cerca de duas subscrições de *newsletter* e a uma mão-cheia de blogues que visita «menos de uma vez por semana». Disse-me que estes *feeds* cuidadosamente selecionados ainda lhe satisfazem o apetite por ideias e informações estimulantes, sem dominarem o tempo e perturbarem o seu estado de espírito.

Outro minimalista digital chamado Charles contou-me uma história semelhante. Fora viciado no Twitter antes de adotar esta filosofia. Desde então, abandonou esse serviço e, em vez disso, recebe as notícias através de uma coleção seleta de revistas online, que visita uma vez por dia, na parte da tarde. Disse-me que se sente mais bem informado do que estava nos seus dias de Twitter, enquanto, felizmente, se libertava das verificações e atualizações viciantes que os utilizadores do Twitter são encorajados a realizar.

Os minimalistas digitais também são apologistas da remoção de funcionalidades supérfluas de novas tecnologias que lhes permitam aceder às funções que interessam, enquanto evitam distrações desnecessárias. Por exemplo, a Carina pertence ao conselho executivo de uma organização estudantil que utiliza um grupo do Facebook para coordenar as atividades. De modo a evitar que este serviço absorva a sua atenção sempre que acede para tratar de assuntos relacionados com o conselho, reduziu o grupo de amigos às outras 14 pessoas que compõem o conselho executivo e, depois, deixou de as seguir. Isto preserva a sua capacidade de coordenação no grupo do Facebook, mantendo o *feed* vazio.

Emma encontrou uma abordagem diferente para um fim semelhante quando descobriu que podia colocar no marcador o ecrã de notificações do Facebook, permitindo-lhe saltar diretamente para a página que exibe as publicações de um grupo de alunos de pós-graduação que segue – contornando as funcionalidades do serviço que mais a distraem. Blair fez algo semelhante: incluiu no marcador a página de eventos do Facebook para poder verificar eventos comunitários futuros enquanto ignorava «[todo o] lixo que compõe o Facebook». Blair disse-me que manter-se a par dos eventos locais através desta página incluída no marcador demora cinco minutos, uma ou duas vezes por semana. Carina e Emma relatam períodos igualmente minúsculos despendidos a utilizar o serviço. Em *média*, um utilizador do Facebook utiliza, pelo contrário, os produtos da empresa pouco mais de 50 minutos por dia. Estas otimizações poderão parecer pequenas, mas geram uma diferença significativa nas vidas quotidianas destes minimalistas digitais.

Um exemplo particularmente comovente de minimalismo digital a desbloquear novo valor é a história de Dave, diretor criativo e pai de três. Depois de abraçar o minimalismo, Dave reduziu a utilização persistente das redes sociais para um único serviço, o Instagram, aquele que considerava que oferecia benefícios significativos ao seu interesse profundo em arte. Contudo, na verdadeira senda do minimalismo, Dave não se contentou em optar por «usar» apenas o Instagram; em vez disso, ponderou acerca do *melhor* modo de integrar esta ferramenta na sua vida. No final, contentou-se em publicar uma fotografia por semana de um qualquer projeto artístico pessoal em que, por acaso, esteja a trabalhar. «É muito bom para mim ter um arquivo visual dos meus projetos», explicou. Também segue um número reduzido de contas, todas pertencentes a artistas cujos trabalhos o inspiram – tornando a experiência de verificar este fluxo de notícias tanto rápida como significativa.

No entanto, aquilo de que mais gosto na história de Dave prende-se com o que a sua decisão de diminuir significativamente a utilização destes serviços permitiu. Tal como Dave me explicou, o pai escrevera-lhe uma mensagem à mão por semana ao longo do seu primeiro ano na universidade. Ainda comovido pelo gesto, Dave criou o hábito de fazer todas as noites um desenho para colocar na lancheira da filha mais velha. Os seus dois filhos mais novos observavam este ritual com interesse. Quando chegaram à idade de usar lancheiras, ficaram entusiasmadas por também começarem a receber os seus desenhos diários. «Avançando alguns anos e dedico um bocado de tempo significativo, todas as noites, a fazer três desenhos!», disse-me Dave, com um orgulho óbvio. «Isto não seria possível se eu não protegesse o modo como passo o tempo.»

Os princípios do minimalismo digital

Até aqui, neste capítulo, defendi que o melhor método para combater a tirania do digital na sua vida é abraçar uma filosofia de utilização da tecnologia com base nos seus valores mais profundos. Depois, propus o minimalismo digital como sendo uma dessas filosofias e dei exemplos dele em ação. Antes de lhe pedir que experimente o minimalismo digital na sua vida, tenho, em primeiro lugar, de lhe apresentar uma explicação muito mais minuciosa do *porquê* de funcionar. A minha argumentação para a eficácia desta filosofia assenta nos três princípios centrais seguintes:

- **Princípio n.º 1:** *O desatafulhar é dispendioso.*
  Os minimalistas digitais reconhecem que atafulharem o seu tempo e atenção com demasiados equipamentos, aplicações e serviços cria um custo geral negativo que pode inundar os pequenos benefícios que cada artigo individual oferece isoladamente.
- **Princípio n.º 2:** *A otimização é importante.*
  Os minimalistas digitais acreditam que concluir que uma tecnologia em particular sustenta algo que valorizam é apenas o primeiro passo. Para extrair verdadeiramente todo o seu benefício potencial, é necessário pensar meticulosamente acerca de *como* utilizarão a tecnologia.
- **Princípio n.º 3:** *A intencionalidade gera satisfação.*
  Os minimalistas digitais retiram uma satisfação significativamente maior do seu empenho geral em terem maior propósito acerca de como se envolvem com as novas tecnologias. Esta fonte de satisfação é independente das decisões específicas que tomam e é uma das principais razões pelas quais o minimalismo tende a ter um enorme significado para quem o pratica.

A validade do minimalismo digital ficará patente mal aceite estes três princípios. Com isto em mente, o resto deste capítulo será dedicado a provar que são verdadeiros.

Um argumento para o princípio n.º 1: a nova economia de Thoreau

Perto do final do mês de março em 1845, Henry David Thoreau pediu um machado emprestado[3] e dirigiu-se ao bosque perto de Walden Pond. Derrubou pinheiros-brancos jovens, que cortou na forma de tachas, vigas e soalho. Utilizando ferramentas emprestadas, entalhou malhetes e uniões em espiga e uniu estas peças, dando forma à estrutura de uma modesta cabana.

Thoreau não se precipitou nestes esforços. Todos os dias, levava o almoço, composto por pão e manteiga, embrulhado em jornal, e depois de comer lia a folha de jornal. Encontrou tempo durante este agradável processo de construção para tirar notas detalhadas acerca da natureza que o rodeava. Observava as propriedades do gelo tardio no lago e a fragrância do pinhal. Certa manhã, enquanto mergulhava uma cunha de nogueira na água fria do lago, viu uma cobra às riscas entrar no lago e instalar-se no fundo, completamente imóvel. Observou-a durante mais de um quarto de hora.

Em julho, Thoreau mudou-se para a cabana onde viveria durante os dois anos seguintes. Na obra *Walden*, escreveu acerca desta experiência, tendo descrito a sua motivação como se segue: «Fui até ao bosque porque queria viver propositadamente para enfrentar apenas os factos essenciais da vida e ver se conseguia aprender o que tinha para ensinar sem que, ao chegar a morte, descobrisse que não tinha vivido».[4]

Ao longo das décadas seguintes, enquanto as ideias de Thoreau eram difundidas através da cultura popular e as pessoas foram desenvolvendo uma menor probabilidade de confrontarem o seu texto, a experiência de Walden Pond foi assumindo um toque poético. (De facto, os alunos do internato em busca de paixões d'*O Clube dos Poetas Mortos*, de 1989, iniciavam os seus encontros de leitura de poesia secretos recitando «a vida deliberada» de *Walden*.) Thoreau, imaginamos, procurava ser transformado pela experiência subjetiva de viver deliberadamente – planeando abandonar o bosque mudado pela sua transcendência. Existe um fundo de verdade nesta interpretação, mas não capta todo o outro lado da experiência de Thoreau. Este também tinha estado a trabalhar numa nova teoria económica que tentava repelir os efeitos mais degradantes da industrialização. Para ajudar a validar a sua teoria, necessitava de mais dados e o tempo passado junto ao lago fora projetado, em grande parte, para se tornar fonte dessa informação tão necessária. É importante para o nosso propósito compreender este lado mais pragmático de *Walden*, ainda que, muitas vezes, Thoreau negligenciasse a teoria económica, apresenta uma forte justificação do nosso primeiro princípio do minimalismo: o de que mais pode ser menos.

O primeiro, e mais longo, capítulo de *Walden* intitula-se «Economia». Contém muitos floreados poéticos com a assinatura de Thoreau acerca da natureza e da condição humana. Contudo, também contém um número surpreendente de tabelas de despesas insípidas[5], que registam os custos ao cêntimo, tal como se segue:

Casa	$28,12 ½
Quinta: um ano	14,72 ½
Alimentação: oito meses	8,74
Roupas, etc.: oito meses	8,40 ¾
Petróleo, etc.: oito meses	2,00
Total	$61,99 ¾

O objetivo de Thoreau com estas tabelas é captar de modo preciso (não poético ou filosófico) quanto custava sustentar a sua vida em Walden Pond – um estilo de vida que, afirma extensamente no seu primeiro capítulo, satisfaz todas as necessidades básicas humanas: alimentação, abrigo, calor e por aí em diante. Depois, Thoreau compara estes custos com os salários por hora que poderia auferir com o seu trabalho para chegar ao valor final que pretendia: quanto do seu *tempo* teria de ser sacrificado para sustentar aquele estilo de vida minimalista? Depois de trabalhar os números reunidos durante a experiência, concluiu que contratar os seus serviços apenas um dia por semana seria suficiente.

Este truque de magia de mudar unidades de medida de dinheiro para tempo é a novidade central daquilo a que o filósofo Frédéric Gros chama «nova economia» de Thoreau[6], uma teoria que assenta no seguinte axioma, que Thoreau estabelece logo no início de *Walden*: «O custo de uma coisa é a quantidade do que chamarei vida que é necessário trocar por ela, no imediato ou a longo prazo»[7].

Esta nova economia oferece uma reconsideração radical da cultura consumista que começava a surgir na época de Thoreau. A teoria económica tradicional concentra-se em desfechos monetários. Se trabalhar um hectare de terra enquanto agricultor lhe dá a ganhar 1 dólar por ano de lucro e trabalhar 60 hectares lhe dá 60 dólares, então, deve, se for possível, trabalhar 60 hectares – em rigor, produz mais dinheiro.

A nova teoria de Thoreau considera essa matemática lamentavelmente incompleta, ao deixar de fora o custo de *vida* necessário a atingir esses 59 dólares suplementares em lucro monetário. Tal como refere em *Walden*, produzir numa propriedade agrícola grande, como muitos dos seus vizinhos de Concord faziam, exigia hipotecas, avultadas e stressantes, a necessidade de manter vários equipamentos e um trabalho infinito e exigente. Descreve estes vizinhos agricultores como «esmagados e asfixiados sob [a sua] carga»[8] e fá-los desaparecer na «massa de homens que conduzem vidas de desespero silencioso».[9]

Em seguida, Thoreau pergunta que benefícios estes agricultores desgastados retiram do lucro suplementar que obtêm. Tal como provou na sua experiência em Walden, este trabalho suplementar não está a levar a que os agricultores fujam destas condições selvagens: Thoreau conseguiu satisfazer todas as necessidades básicas de modo muito confortável com o equivalente a um dia de trabalho por semana. O que estes agricultores estão verdadeiramente a retirar de toda a vida que sacrificam são coisas ligeiramente mais simpáticas: estores, uma panela de cobre de melhor qualidade, talvez uma carroça elegante para viajar para trás e para a frente até à cidade de modo mais eficiente.

Quando analisada pelo prisma da nova economia de Thoreau, esta troca pode ser vista como mal concebida. Quem poderia justificar a troca de uma vida inteira de trabalho stressante e extenuante por melhores estores? Será que uma janela mais bonita vale verdadeiramente tanto da sua vida? Do mesmo modo, por que razão acrescentaria horas de trabalho suplementar nos campos para conseguir uma carroça? É verdade que demora mais tempo a caminhar até à cidade do que numa carroça, observa Thoreau, mas estas caminhadas ainda exigirão menos tempo do que as horas de trabalho suplementar necessárias para poder adquirir a carroça. Foi exatamente este tipo de cálculos que levou Thoreau a comentar, em tom irónico: «Vejo jovens, meus concidadãos, cujo infortúnio foi terem herdado quintas, casas, celeiros, gado e alfaias agrícolas; pois foi mais fácil adquiri-los do que livrarem-se deles».[10]

A nova economia de Thoreau foi desenvolvida numa era industrial, mas os seus conhecimentos básicos também se aplicam ao nosso contexto digital atual. O primeiro princípio do minimalismo digital anteriormente apresentado neste capítulo declara que o atafulhar é dispendioso. A nova economia de Thoreau ajuda a explicar porquê.

Quando as pessoas têm em consideração ferramentas ou comportamentos específicos nas suas vidas digitais, tendem a concentrar-se apenas no valor que cada um produz. Manter uma presença ativa no Twitter, por exemplo, poderá, ocasionalmente, abrir uma nova ligação interessante ou expô-lo a uma ideia que ainda não tenha ouvido. O pensamento padrão da economia afirma que tais benefícios são bons e quanto mais receber, melhor. Por conseguinte, faz sentido atafulhar a sua vida digital com todas as pequenas fontes de valor que conseguir encontrar, tal como fizera sentido para o agricultor de Concord cultivar todos os hectares de terra que pudesse pagar de hipoteca.

Contudo, a nova economia de Thoreau exige que pese este lucro contra os custos avaliados em termos «da sua vida». Quanto do seu tempo e atenção, perguntaria ele, têm de ser sacrificados para obter um pequeno lucro de ligações ocasionais e novas ideias conquistadas ao cultivar uma presença significativa no Twitter? Por exemplo, suponha que o seu vício do Twitter consome, de facto, 10 horas por semana. Thoreau observaria que este custo é quase certamente demasiado elevado para os benefícios limitados que gera. Se valoriza novas ligações e a exposição a ideias interessantes, poderia ele argumentar, porque não adotar o hábito de marcar presença numa tertúlia interessante ou num evento mensal e obrigar-se a conversar com, pelo menos, três pessoas enquanto ali estiver? Isto produziria tipos semelhantes de valor, mas consumiria apenas algumas horas da sua vida por mês, deixando-o com 37 horas suplementares para se dedicar a outras demandas significativas.

Claro, estes custos também tendem a ser cumulativos. Quando conjuga uma presença ativa no Twitter com uma dúzia de outros comportamentos online que exigem atenção, o custo para a sua vida torna-se extremo. Tal como os agricultores de Thoreau, acabará «esmagado e asfixiado» pelas exigências do seu tempo e atenção e, no final, o que receberá em troca de ter sacrificado tanto da sua vida serão algumas bagatelas simpáticas – o equivalente digital aos estores do agricultor ou à panela de melhor qualidade –, muitas das quais, tal como foi demonstrado no exemplo do Twitter apresentado acima, poderiam, provavelmente, ser alcançadas com um custo muito inferior ou eliminadas sem qualquer impacto negativo significativo.

É por esta razão que o atafulhar é perigoso. É fácil sermos seduzidos pelas quantidades reduzidas de benefícios oferecidos pelas últimas aplicações ou serviços, mas depois esquecemo-nos do seu custo em relação ao recurso mais importante que temos: os minutos da nossa vida. É também isto o que torna a nova economia de Thoreau tão relevante para o nosso momento atual. Como afirma Frédéric Gros:

> O mais chocante no caso de Thoreau não é o real conteúdo da afirmação. Apesar de tudo, os sábios no início da Antiguidade já tinham proclamado o seu desdém pela posse... O que me impressiona é a forma da afirmação, pois a obsessão de Thoreau pelo cálculo é profunda... Ele diz: continua a calcular, continua a pesar. O que ganho ou perco, exatamente?[11]

A obsessão de Thoreau com o cálculo ajuda-nos a ultrapassar o sentido vago e subjetivo de que existem compromissos inerentes ao desatafulhar digital e obriga-nos, pelo contrário, a confrontá-los com maior precisão. Pede-nos que tratemos os minutos da nossa vida como uma substância concreta e valiosa – sem dúvida, a substância mais valiosa que possuímos – e que consideremos sempre o quanto desta vida trocamos pelas várias atividades que permitimos que se apoderem do nosso tempo. Quando confrontamos os nossos hábitos por esta perspetiva, chegamos à mesma conclusão que Thoreau chegou na sua época: na maior parte das vezes, o custo acumulado das coisas não essenciais com que enchemos as nossas vidas pode ultrapassar, em muito, os pequenos benefícios que cada pedaço de acumulação individual promete.

Um argumento para o princípio n.º 2: a curva de rendimento

A lei do rendimento decrescente é conhecida de todos os que estudam economia. Aplica-se à melhoria dos processos de produção e diz, a um nível elevado, que investir mais recursos num processo pode não melhorar o seu desempenho eternamente – no final, aproximar-se-á de um limite natural e começará a sentir cada vez menos benefícios devido ao investimento contínuo.

Um exemplo clássico retirado dos manuais de economia diz respeito aos trabalhadores de uma hipotética linha de montagem de automóveis. A princípio, ao aumentar o número de trabalhadores, gerará grandes aumentos no ritmo a que automóveis acabados saem da linha. No entanto, se continuar a contratar mais trabalhadores para a linha, essas melhorias serão reduzidas. Isso pode acontecer por muitas razões. Por exemplo, pode começar a ficar sem espaço para acrescentar novos trabalhadores, e outros fatores limitadores, como a velocidade máxima da correia transportadora, entram na equação.

Se delinear esta lei para um qualquer processo e recurso, com valor realizado no eixo Y e a quantidade de recurso investido no eixo X, deparar-se-á com uma curva conhecida. A princípio, à medida que o aumento dos recursos vai gerando melhorias rápidas na produção, a curva sobe rapidamente, mas, com o passar do tempo, à medida que o rendimento decresce, a curva estagna. Os parâmetros exatos desta *curva de rendimento* variam entre processos e recursos diferentes, mas a sua forma geral é partilhada por muitos cenários – uma realidade que tornou esta lei uma componente fundamental da teoria económica moderna.

A razão pela qual estou a apresentar esta ideia retirada da economia neste capítulo acerca do minimalismo digital é a seguinte: se estiver disposto a aceitar alguma flexibilidade na sua definição de «processo produtivo», a lei de rendimento decrescente pode ser aplicada sobre os diversos modos como utilizamos as novas tecnologias para produzir valor nas nossas vidas pessoais. A partir do momento em que virmos estes *processos tecnológicos pessoais* por esta perspetiva de rendimentos decrescentes, adquiriremos o vocabulário exato de que necessitamos para compreender a validade do segundo princípio de minimalismo, que prevê que otimizar como utilizamos a tecnologia é tão importante como o modo como decidimos que tecnologias utilizar.

Ao considerar os processos tecnológicos pessoais, concentremo-nos, em especial, na energia depositada na tentativa de melhorar o valor do rendimento desses processos na sua vida, por exemplo, através de uma melhor seleção de ferramentas ou na adaptação de melhores estratégias para a utilização de ferramentas. Se aumentar a quantidade de energia que deposita nesta otimização, aumentará a quantidade de valor que o processo rende. A princípio, esses aumentos serão grandes. Contudo, tal como a lei de rendimentos decrescentes nos diz, no final esses aumentos diminuirão à medida que se aproximar de um limite natural.

Para tornar isto mais concreto, vamos percorrer um breve exemplo hipotético. Partamos do princípio que julga importante estar informado acerca de eventos atuais. As novas tecnologias podem, certamente, ajudá-lo a atingir este objetivo. Talvez, a princípio, o processo que implementa seja o de ver apenas as ligações que surgem no *feed* das suas redes sociais. Este processo realiza algum valor ao mantê-lo mais informado do que se não estivesse a utilizar a Internet de todo com este propósito, mas deixa imenso espaço para melhoria.

Com isto em mente, parta do princípio de que investe alguma energia para identificar um conjunto cuidadosamente selecionado de páginas noticiosas online para seguir e para encontrar uma aplicação, como o Instapaper, que lhe permite recortar artigos desses websites e lê-los todos juntos numa interface simpática onde não existem anúncios perturbadores. Este processo tecnológico pessoal melhorado para se manter informado está agora a produzir ainda mais valor na sua vida pessoal. Talvez, enquanto último passo nesta otimização, possa descobrir por tentativa e erro que consegue absorver melhor artigos complexos quando os recorta ao longo da semana e depois se senta a lê-los todos numa manhã de sábado num *tablet*, num café local.

Por esta altura, os seus esforços de otimização aumentaram exponencialmente o valor que retira deste processo pessoal de tecnologia por se manter informado. Poderá, agora, manter-se atualizado de um modo agradável que limite o impacto no seu tempo e atenção durante a semana. No entanto, tal como a lei do rendimento decrescente nos diz, estará, provavelmente, a aproximar-se do limite natural, após o qual melhorar este processo será cada vez mais difícil. Dito de um modo mais técnico: atingiu a última parte da curva de retorno.

A razão pela qual o segundo princípio do minimalismo é tão importante é o facto de a maioria das pessoas investirem muito pouca energia neste tipo de otimizações. Para usar a terminologia económica adequada, os processos tecnológicos pessoais da maioria das pessoas existem, atualmente, no *início* da curva de retorno – a localização onde as tentativas adicionais de otimização resultarão numa melhoria da produtividade enorme. É esta realidade que leva os minimalistas digitais a abraçarem o segundo princípio e a concentrarem-se não só nas tecnologias que adotam, mas também em *como* as utilizam.

O exemplo que dei acima era hipotético, mas encontrará casos semelhantes de otimizações que apresentam elevados retornos ao estudar as histórias de minimalistas digitais do mundo real. Por exemplo, Gabriella aderiu à Netflix como melhor (e mais barata) fonte de entretenimento por cabo. No entanto, tornou-se suscetível de assistir a séries em catadupa, o que prejudicou a sua produtividade profissional e a deixou a sentir-se frustrada. Depois de mais algumas experiências, Gabriella adotou uma otimização para este processo: não podia ver Netflix sozinha.* A restrição ainda lhe permite desfrutar do valor que a Netflix proporciona, mas para o fazer de um modo mais controlado que limita o seu potencial para abusos e que reforça outra coisa que valoriza: a sua vida

* Gabriella não se encontra sozinha nesta otimização. Fiquei surpreendido ao descobrir vários minimalistas digitais (normalmente pessoas jovens) que encontraram um bom equilíbrio ao restringirem o entretenimento por *streaming* a situações sociais.

social. «Agora [os programas em *streaming*] são uma atividade social em vez de uma atividade isoladora», disse-me.

Outra otimização comum entre os minimalistas digitais que estudei foi a remoção das aplicações de redes sociais dos telemóveis. Dado que ainda podem aceder a estas páginas através dos motores de busca dos computadores, não perdem nenhum dos benefícios de elevado valor que os mantêm ligados a estes serviços. Contudo, ao removerem as aplicações dos telemóveis, eliminam a possibilidade de mergulharem nas suas contas numa resposta reflexa ao tédio. O resultado é que estes minimalistas reduziram drasticamente o tempo que passavam envolvidos com estes serviços todas as semanas, enquanto estes mal reduziam o valor que ofereciam às suas vidas – um processo pessoal tecnológico muito melhor do que tocar e arrastar acefalamente com o dedo num ecrã e nestas aplicações ao longo do dia sempre e quando o capricho surge.

Existem duas razões principais para tão poucas pessoas se incomodarem em adotar uma tendência na direção da otimização exibida por Gabriella ou pelos minimalistas que racionalizaram a sua experiência nas redes sociais. A primeira é que quase todas estas tecnologias ainda são relativamente novas. Devido a esta realidade, o seu papel na sua vida pode parecer uma novidade e ser divertido, ofuscando questões mais sérias acerca do valor específico que proporcionam. Esta frescura, claro está, começa a desvanecer-se à medida que o *smartphone* e a era das redes sociais avançam para lá dos seus primeiros anos inebriantes, o que levará as pessoas a tornarem-se cada vez mais impacientes com as insuficiências dos seus processos ainda em bruto. Tal como o autor Max Brooks ironizou numa aparição televisiva em 2017, «Temos de reavaliar [a nossa atual relação com] a informação presente na Internet, mais ou menos como reavaliámos o amor livre na década de 1980».[12]

A segunda razão pela qual tão poucos pensam em otimizar a sua utilização da tecnologia é mais essencial: os grandes conglomerados da economia da atenção que nos apresentaram muitas destas novas tecnologias não querem que pensemos em otimização. Estas empresas ganham tanto mais dinheiro quanto mais tempo passar envolvido com os seus produtos. Por conseguinte, querem que o leitor pense nas suas ofertas como uma espécie de ecossistema divertido, em que perde tempo e coisas interessantes acontecem. Esta mentalidade de utilização genérica torna mais fácil para esses grupos explorarem as suas vulnerabilidades psicológicas.

Por outro lado, se vir estes serviços como ofertas de um conjunto de funcionalidades que poderá ponderadamente colocar ao serviço de valores específicos, então, quase certamente, passará muito menos tempo a utilizá-los. É por isso que as empresas de redes sociais são propositadamente vagas na descrição dos produtos. Nas suas linhas de conduta, por exemplo, o Facebook descreve o seu objetivo como «dar às pessoas o poder de edificar uma comunidade e aproximar mais o mundo»[13]. Este objetivo é genericamente positivo, mas como se utiliza exatamente o Facebook para o conseguir não é explicado. Insinuam que tem apenas de se ligar ao ecossistema deles e começar a partilhar e a ligar-se e, mais cedo ou mais tarde, acontecerão coisas boas.

Contudo, mal se liberte desta mentalidade e comece a ver as novas tecnologias apenas como ferramentas a que pode dar uso seletivamente, conseguirá abraçar por completo o segundo princípio de minimalismo e começar furiosamente a otimizar – permitindo-lhe colher as vantagens de subir na curva de retorno. Encontrar novas tecnologias úteis é apenas o primeiro passo para melhorar a sua vida. Os verdadeiros benefícios chegam assim que começar a experimentar o melhor modo de as utilizar.

Um argumento para o princípio n.º 3: a lição do pirata Amish

Os Amish complicam qualquer conversa séria relativa ao impacto da tecnologia moderna na nossa cultura. O entendimento popular é o de que este grupo parou no tempo – relutantes em adotarem quaisquer ferramentas que tenham sido criadas depois de meados do século XVIII, quando se começaram a estabelecer na América. Deste ponto de vista, estas comunidades são, acima de tudo, interessantes enquanto museu vivo de uma idade antiga, uma curiosidade peculiar.

Depois começa a falar com académicos e escritores que estudam seriamente os Amish e começa a ouvir afirmações confusas que turvam as águas. Por exemplo, John Hostetler, que escreveu, literalmente, o livro acerca da sua sociedade, afirma o seguinte: «As comunidades Amish não são relíquias de uma era do passado. Em vez disso, são demonstrações de uma forma diferente de modernidade.»[14] O tecnólogo Kevin Kelly, que passou um período considerável entre os Amish de Lancaster County, vai ainda mais longe, escrevendo: «As vidas Amish são tudo menos antitecnológicas. Na realidade, nas minhas várias visitas, achei-os piratas informáticos e pensadores engenhosos, os derradeiros criadores e façam-vocês-mesmos. São, muitas vezes, surpreendentemente, pró-tecnologia».[15]

Tal como Kelly elabora no seu livro de 2010, *What Technology Wants*, a noção simplista dos Amish como luditas desaparece mal se aproxima de uma quinta Amish comum, onde «poderá ver uma criança Amish com um chapéu de palha e suspensórios, de patins em linha, a rolar pela estrada»[16]. Algumas comunidades Amish utilizam tratores, mas apenas com rodas metálicas, para não poderem andar na estrada como os automóveis. Algumas permitem debulhadores de milho a gás, mas exigem que a «geringonça fumarenta e barulhenta»[17] seja puxada por cavalos. Telefones pessoais (telemóveis ou fixos) são quase sempre proibidos, mas muitas comunidades mantêm uma cabine telefónica comunitária.

Quase nenhuma comunidade Amish permite a propriedade de automóveis, mas é típico os Amish viajarem em carros conduzidos por outros. Kelly relata que a utilização de eletricidade é comum, mas é, normalmente, proibida a ligação à maior rede elétrica municipal. Fraldas descartáveis são populares, assim como os fertilizantes químicos. Numa passagem memorável[18], Kelly fala acerca de visitar uma família que utiliza uma máquina de moagem de precisão controlada por computador de 400 mil dólares para produzir peças pneumáticas necessárias à comunidade. A máquina é gerida por uma criança de 10 anos que enverga a típica touca. Encontra-se instalada por trás do estábulo do cavalo.

Claro, Kelly não foi a única pessoa a reparar na relação complicada dos Amish com as tecnologias modernas. Donald Kraybill, professor na Universidade de Elizabethtown, que foi coautor de um livro acerca dos Amish, realça as mudanças que foram ocorrendo à medida que cada vez mais membros destas comunidades abraçaram o empreendedorismo em detrimento da agricultura. Fala acerca de uma carpintaria Amish com 19 funcionários que utilizam berbequins, serras e pistolas de pregos, mas em vez de receberem eletricidade da grelha elétrica, utilizam painéis solares e geradores a gasóleo. Outro empreendedor Amish tem um website para o seu negócio, mas é mantido por uma empresa externa. Kraybill tem um termo para os métodos subtis e, por vezes, artificiais como estas empresas em fase inicial utilizam a tecnologia: «pirataria Amish»[19].

Estas observações negam a crença popular de que os Amish rejeitam todas as novas tecnologias. Então, o que se está aqui a passar? Acontece que os Amish fazem algo que é tanto incrivelmente radical como simples na nossa era de consumismo impulsivo e complicado: começam com as coisas a que dão mais valor, depois recuam para poderem perguntar-se se uma determinada tecnologia nova provoca mais malefícios do que benefícios relativamente a esses valores. De acordo com Kraybill, colocam a si mesmos as seguintes questões: «Isto será útil ou prejudicial? Reforçará a vida no seu todo, enquanto comunidade, ou irá dilacerá-la, de um modo qualquer?»[20]

Quando surge uma nova tecnologia, existe normalmente um «cromo alfa» (para utilizar o termo de Kelly) numa qualquer comunidade Amish que irá pedir ao bispo da paróquia permissão para a experimentar. Por norma, o bispo concordará. Toda a comunidade observará «intensamente» este primeiro adotante tentando descortinar o derradeiro impacto da tecnologia nas coisas que a comunidade mais valoriza. Se este impacto for considerado mais negativo do que útil, a tecnologia será proibida. De outro modo, será autorizada, mas, normalmente, com ressalvas quanto à sua utilização que otimize os pontos positivos e minimize os pontos negativos.

A razão pela qual a maioria dos Amish estão proibidos de serem proprietários de automóveis, por exemplo, mas lhes ser permitido andarem em veículos motorizados conduzidos por outras pessoas, tem que ver com o impacto de ser proprietário de um automóvel no tecido social da comunidade. Tal como Kelly explica: «Quando os automóveis apareceram pela primeira vez no virar do último século, os Amish repararam que os condutores deixavam a comunidade para irem fazer um piquenique ou fazerem um passeio turístico noutras cidades, em vez de visitarem a família ou os doentes ao domingo ou frequentarem os negócios locais ao sábado».[21] Como um membro de uma comunidade Amish explicou a Kraybill durante a sua investigação: «Quando as pessoas deixam os Amish, a primeira coisa que fazem é comprar um automóvel».[22] Portanto, ser proprietário de um automóvel foi banido da maioria das paróquias.

Este tipo de pensamento também explica por que razão um agricultor Amish pode ser proprietário de um painel solar ou pôr ferramentas elétricas a funcionar a partir de um gerador, mas não se pode ligar à rede elétrica. O problema não é a eletricidade; é o facto de a rede os ligar com demasiada força ao mundo fora da sua comunidade local, violando o compromisso Amish com a doutrina bíblica em «estar no mundo, mas não ser do mundo».

A partir do momento em que contacta com esta abordagem diferenciada relativa à tecnologia, deixará de poder ignorar o estilo de vida dos Amish enquanto curiosidade peculiar. Tal como John Hostetler explicou, a sua filosofia não é uma rejeição da modernidade, mas sim um «modo diferente» da mesma. Kevin Kelly vai ainda mais longe e afirma que é um modo de modernidade que não podemos ignorar, dadas as nossas atuais dificuldades. «Num qualquer debate acerca dos méritos de evitar o aperto viciante das tecnologias»[23], escreve, «os Amish sobressaem oferecendo uma alternativa respeitável.» É importante compreender o que, exatamente, torna esta alternativa respeitável, dado que é nestas vantagens que iremos desvendar um forte argumento a favor do terceiro princípio do minimalismo, que afirma que chegarmos intencionalmente às decisões pode ser mais importante do que o impacto das próprias decisões.

No centro da filosofia Amish relativamente à tecnologia, encontra-se o seguinte compromisso: os Amish dão prioridade aos benefícios gerados ao agirem com intenção relativamente à tecnologia em detrimento dos benefícios perdidos com as tecnologias que decidem não utilizar. A sua aposta é a de que a *intenção supera a conveniência* – e esta é uma aposta que parece compensar. Os Amish têm vindo a ser uma presença relativamente estável na América durante os mais de 200 anos de modernidade rápida e de convulsões culturais. Ao contrário de algumas seitas religiosas que tentam aprisionar membros através de ameaças e da negação da ligação ao mundo exterior, os Amish ainda exercem a *Rumspringa*. Durante este período ritual, que se inicia aos 16 anos de idade, é permitido aos jovens Amish saírem de casa e verem o mundo para lá das restrições da sua comunidade. É por decisão sua, depois de terem visto o que estariam a abdicar, que aceitam ou não o batismo na igreja Amish. Pelos cálculos de um sociólogo, a percentagem de jovens Amish que decide permanecer após a *Rumspringa* encontra-se na casa dos 80 a 90 por cento.[24]

No entanto, devemos ter cautela para não levar o exemplo dos Amish demasiado longe, enquanto caso de estudo para uma vida com sentido. As restrições que orientam cada comunidade, chamadas *Ordnung*,[25] são, normalmente, decididas e aplicadas por um grupo de quatro homens – um bispo, dois pastores e um diácono – que exercem estas funções durante toda a sua vida. Há uma cerimónia de comunhão realizada duas vezes por ano, na qual podem ser feitas queixas contra a *Ordnung*, procurando-se, em seguida, um consenso, mas muitos nestas comunidades, incluindo, em particular, as mulheres, tendem a permanecer, em grande medida, marginalizadas.

Deste ponto de vista, os Amish sublinham o princípio de que agir intencionalmente relativamente à tecnologia pode ser uma fonte independente de valor, mas o seu exemplo deixa em aberto a questão da existência desse valor, mesmo quando eliminamos os impulsos mais autoritários destas comunidades. Felizmente, temos boas razões para acreditar que sim.

Uma experiência considerada útil é pensar na Igreja Menonita estreitamente relacionada. Tal como os Amish, os menonitas abraçaram o princípio bíblico de *estar no mundo, mas não ser do mundo*, o que leva a uma adesão semelhante à simplicidade e a uma suspeita em relação às tendências culturais que ameaçam os valores centrais de manter comunidades fortes e vidas virtuosas. No entanto, ao contrário dos Amish, os menonitas incluem mais membros liberais que fazem a ligação com a sociedade mais vasta, assumindo a responsabilidade *pessoal* por tomarem decisões de um modo que seja consistente com os princípios da sua igreja. Isto cria a oportunidade para ver valores semelhantes aos dos Amish relativamente à tecnologia aplicados na ausência de uma *Ordnung* autoritária.

Curioso por encontrar esta filosofia em ação, encetei uma conversa com uma menonita liberal chamada Laura, uma professora que vive com o marido e a filha em Albuquerque, no Novo México. Laura frequenta uma igreja menonita local e vive num bairro com, pelo menos, uma dúzia de outras famílias menonitas, o que a mantém ligada aos valores desta comunidade. Mas as decisões acerca do seu estilo de vida pertencem-lhe apenas a ela. Este último ponto não a impediu de agir intencionalmente em relação às suas escolhas tecnológicas. Esta realidade é mais bem enfatizada pelo que é indiscutivelmente a sua decisão mais radical: nunca teve um *smartphone*, e não pretende ter.

«Creio que não seria uma boa utilizadora de *smartphone*»[26], explicou-me. «Não confio em mim para o deixar em paz e não pensar nele. Quando saio de casa, não penso nessas distrações todas. Estou livre delas». A maioria das pessoas, claro, rejeitaria a possibilidade de se livrar do telemóvel ao compilar uma lista de todas as coisas que este torna (ligeiramente) mais fáceis – desde procurar a crítica de um restaurante numa nova cidade à utilização de orientações através de GPS. A perda destes pequenos pedaços de valor nada dizem a Laura. «Escrever indicações antes de sair de casa não é uma coisa assim tão difícil para mim», disse. O que preocupa Laura é o modo como as suas decisões intencionais suportam as coisas que ela valoriza mais, como a capacidade de se ligar a outras pessoas com quem se preocupa e gozar a vida no momento. Na nossa conversa, realçou a importância de estar presente para a filha, mesmo quando se sente aborrecida, e o valor que retira de passar tempo com amigos sem distrações. Laura também faz um esforço por ser uma «consumidora consciente» no que diz respeito à justiça social, o que também desempenha um papel relevante na Igreja Menonita.

Tal como com os Amish que se sentem satisfeitos sem as conveniências modernas, uma fonte importante da satisfação de Laura com a sua vida livre de *smartphone* advém da escolha em si «A minha decisão [de não usar um *smartphone*] confere-me uma sensação de autonomia», disse-me ela. «Estou a controlar o papel que a tecnologia pode desempenhar na minha vida». Após um momento de hesitação, acrescentou: «Faz-me sentir um pouco presunçosa, por vezes». O que Laura descreve, modestamente, como presunção é quase certamente algo mais fundamental para a prosperidade humana: a sensação de significado que provém da ação com intenção.

Juntando estas peças, chegamos a uma justificação sólida para o terceiro princípio do minimalismo. Parte do que leva a que esta filosofia seja tão eficaz é que o ato de se ser seletivo relativamente às suas ferramentas trar-lhe-á satisfação, normalmente muito mais do que a que perde com as ferramentas que decide evitar.

Abordei este princípio em último lugar porque a sua moral é, provavelmente, a mais importante. Tal como foi demonstrado pelo agricultor Amish da Velha Ordem que viaja alegremente num carro puxado por um cavalo, ou o menonita urbano satisfeito com o seu telemóvel antiquado, é o compromisso com o minimalismo em si que gera o grosso da sua satisfação. O clímax da conveniência fugaz e o transtorno de perder algo desvanece-se rapidamente, mas o brilho significante que chega do assumir da responsabilidade pelo que reclama o seu tempo e atenção é algo que persiste.

Um novo olhar sobre um conselho antigo

A ideia central do minimalismo, de que menos pode ser mais, não é nova. Tal como referi na introdução, este conceito remonta à Antiguidade e tem sido defendido desde então. O facto, consequentemente, de que esta velha ideia se pode aplicar às novas tecnologias, que definem tanto acerca da nossa era atual, não o deverá surpreender.

Dito isto, as últimas duas décadas também são definidas por uma narrativa ressurgente de maximalismo tecnológico que defende que mais é melhor no que toca à tecnologia – mais ligações, mais informação, mais opções. Esta filosofia enquadra-se, astutamente, no objetivo geral do projeto do humanismo liberal para oferecer mais liberdade aos indivíduos, levando a que pareça vagamente iliberal que evite uma plataforma de redes sociais ou rejeite seguir o último falatório online.

Obviamente que esta ligação é falaciosa. Externalizar a sua autonomia, deixando-a nas mãos de um conglomerado da economia da atenção – como faz quando, negligentemente, subscreve um qualquer novo serviço da moda que emane da classe de investidores de capital de risco de

Silicon Valley –, é o oposto de liberdade e irá, com toda a probabilidade, degradar a sua individualidade. Mas dada a atual força da argumentação do maximalismo, sinto que é necessário defender com toda a garra o minimalismo descrito neste capítulo. Até as velhas ideias exigem uma nova investigação para destacar a sua relevância continuada.

No que diz respeito às novas tecnologias, menos é quase certamente mais. Espero que as páginas precedentes tenham tornado claro o porquê de isto ser verdade.

CAPÍTULO 3
O DESATAFULHAR DIGITAL

Como tornar-se (rapidamente) minimalista

Partindo do princípio de que o convenci de que o minimalismo digital vale a pena, o próximo passo é abordar o melhor método para adotar este estilo de vida. Por experiência própria, alterar gradualmente os seus hábitos, um de cada vez, não funciona – a atração criada pela economia da atenção, conjugada com o problema do comodismo, irá reduzir a sua inércia até chegar ao ponto de partida.

Em vez disso, recomendo uma transformação rápida – algo que aconteça num curto período e seja executado com convicção suficiente para que os resultados tenham elevada probabilidade de se manter. Chamo ao processo particularmente rápido que tenho em mente o *desatafulhar digital*. Funciona do seguinte modo.

Processo de desatafulhamento digital

1. Reserve um período de 30 dias durante o qual fará uma pausa das tecnologias opcionais na sua vida.
2. Durante esta pausa de 30 dias, explore e redescubra atividades e comportamentos que o satisfaçam e que tenham significado.
3. No final da pausa, reintroduza as tecnologias opcionais na sua vida, começando tudo de novo. Por cada tecnologia que reintroduzir, determine o valor que tem na sua vida e como a utilizará, especificamente, para maximizar esse valor.

Tal como desatafulhar a casa, esta experiência de estilo de vida representa um recomeço para a sua vida digital, removendo ferramentas que o distraem e hábitos compulsivos que se possam ter acumulado ocasionalmente ao longo do tempo, substituindo-os por um conjunto de comportamentos intencionais, otimizados, de um modo adequado a um minimalista, para apoiar os seus valores em vez de os subverter.

Tal como foi anteriormente observado, a segunda parte deste livro irá debater ideias e estratégias que deem forma ao seu estilo de vida de minimalista digital, tornando-o algo sustentável a longo prazo. No entanto, a minha sugestão é que parta deste desatafulhar e depois, quando começar a sua transformação, volte aos capítulos que se seguem para otimizar esta configuração. Como tantas vezes na vida, começar é o passo mais importante. Com isto em mente, iremos continuar a olhar mais de perto para os pormenores da execução deste desatafulhar digital. Felizmente, como explicarei a seguir, no que diz respeito à análise de qual o melhor método para alcançar o sucesso neste processo, não temos de começar do zero. Muitos outros trilharam este caminho antes de nós.

No início de dezembro de 2017, enviei um e-mail para a minha *mailing list* que resumia as principais ideias deste processo. Escrevi: «Procuro voluntários que estejam dispostos a realizar um desatafulhar digital durante o mês de janeiro e a manter-me atualizado ao longo desse período». Esperei que 40 a 50 corajosos leitores se voluntariassem. A minha estimativa estava errada: obtive mais de 1600 subscrições. Os nossos esforços chegaram inclusivamente às notícias nacionais.[1]

Em fevereiro, comecei a reunir relatórios mais detalhados dos participantes. Queria saber que regras tinham estabelecido relativamente à sua utilização da tecnologia durante o desatafulhar e como se tinham saído durante o período de 30 dias. Estava particularmente interessado em conhecer as decisões que tinham tomado ao reintroduzir essas tecnologias nas suas vidas.

Depois de ter recebido e de ter revisto centenas destas dissecações profundas, ficaram claras duas conclusões. Primeiro, o desatafulhar digital resulta. As pessoas ficaram surpreendidas quando se aperceberam a que ponto as suas vidas digitais tinham ficado atafulhadas com comportamentos reflexivos e tiques compulsivos. A simples ação de arrastar com o dedo estes detritos e começar de novo na construção da sua vida digital dava a sensação de retirar de cima dos ombros um peso psicológico que não tinham consciência de ter carregado às costas, afundando--as. Saíram do desatafulhar com um estilo de vida digital racionalizado que lhes parecia, num sentido algo inefável, «adequado».

A segunda conclusão clara a que chego é que o processo de desatafulhamento é traiçoeiro. Um número considerável de pessoas acaba por abortar este processo antes de chegar ao fim do período de 30 dias. Curiosamente, a maioria destas desistências iniciais estão pouco relacionadas com a pouca força de vontade – estamos a falar de pessoas que se voluntariaram devido à sua vontade de melhorar. O mais comum foram os erros subtis na implementação. Por exemplo, um culpado típico foram as regras de restrição tecnológica demasiado vagas ou demasiado estritas. Outro erro foi o não-planeamento da *substituição* destas tecnologias durante o período de desatafulhamento – levando à ansiedade e ao tédio. Aqueles que abordaram esta experiência apenas como uma *desintoxicação*, cujo objetivo era fazer uma pausa da sua vida digital antes de regressar à normalidade, também passaram por dificuldades. Uma desintoxicação temporária é uma resolução muito mais fraca do que tentar alterar a vida de modo permanente e, por conseguinte, é muito mais fácil para a sua mente subvertê-la quando as coisas se tornam difíceis.

Dada a realidade desta segunda conclusão, dedicarei o resto deste capítulo a fornecer explicações esclarecedoras e sugestões para os três passos do processo de desatafulhamento anteriormente sumarizados. Para cada um destes passos, darei exemplos detalhados de participantes da massa da minha experiência de desatafulhamento digital para o ajudar a evitar armadilhas comuns e ajustar a sua experiência de modo a maximizar a probabilidade de sucesso.

Passo n.º 1: defina regras para a tecnologia

Durante os 30 dias do seu desatafulhar digital, é suposto fazer uma pausa das «tecnologias opcionais» na sua vida. O primeiro passo do processo de desatafulhamento é, consequentemente, definir que tecnologias recaem na categoria de «opcional».

Quando digo *tecnologia* neste contexto, refiro-me à categoria geral de coisas a que temos chamado «novas tecnologias» ao longo deste livro, o que inclui aplicações, páginas da Internet e ferramentas digitais relacionadas que são disponibilizadas através de um ecrã de computador ou de um telemóvel e têm o objetivo de o entreter, informar ou ligar. Mensagens de texto, Instagram e Reddit são exemplos dos tipos de tecnologias que tem de avaliar quando se prepara para o desatafulhar digital; o micro-ondas, rádio ou escova de dentes elétrica não.

Um caso interessante e especial trazido à minha atenção por muitos participantes durante a experiência de desatafulhamento em massa são os jogos de consola. Estes não podem ser perfeitamente classificados sob o rótulo de «nova tecnologia», pois já andavam por cá décadas antes da rede digital e das revoluções computacionais móveis dos últimos 20 anos. Mas muitas pessoas – em especial os rapazes mais jovens – sentem uma atração viciante por estes jogos, que é semelhante ao que sentem em relação a outras tecnologias. Como me disse Joseph, um jovem de 29 anos, proprietário de um negócio: «Sinto-me inquieto sem jogos de consolas para ocupar o tempo livre»[2]. Acabou por classificar estes jogos juntamente com o seu consumo compulsivo de blogues como fatores da sua vida digital que o estavam a desgastar. Se, tal como Joseph, acredita que estes jogos constituem uma parte considerável da sua vida, sinta-se livre para os colocar na lista de tecnologias que está a ponderar quando tenta desvendar as regras que seguirá ao desatafulhar.

Outro caso-limite é a televisão – o que, numa era de *streaming*, é um termo vago que pode abranger entretenimentos visuais diferentes. Antes de a experiência de desatafulhar em massa ser algo a considerar enquanto potencial tecnologia opcional, eu era algo ambivalente quanto ao *streaming* da Netflix e outros semelhantes. No entanto, a reação que tive dos participantes foi quase inequívoca: *deve fazê-lo*. Tal como me disse uma consultora administrativa chamada Kate: «Tenho tantas ideias que gostaria de implementar, mas cada vez que me [sentava] para as elaborar, [aparecia] nem sei bem como a Netflix no ecrã». Os participantes como Kate insistiram que tecnologias como estas devem ser incluídas quando se definem as regras pessoais para o desatafulhar.

Uma vez identificadas as categorias de tecnologias que são relevantes, deve, então, decidir quais são suficientemente «opcionais» para poder fazer uma pausa durante os 30 dias do processo de desatafulhamento. A minha heurística geral é a seguinte: considere a tecnologia opcional, a menos que a sua remoção temporária prejudique ou perturbe significativamente o funcionamento diário da sua vida profissional ou pessoal.

Este padrão isenta a maioria das tecnologias profissionais de serem consideradas opcionais. Se deixar de verificar a sua caixa de correio eletrónico profissional, por exemplo, isso prejudicaria a sua carreira – portanto não me pode usar como desculpa para fechar a sua caixa de entrada durante um mês. Do mesmo modo, se o seu emprego implicar que monitorize ocasionalmente o Messenger do Facebook para ajudar a recrutar alunos (como era o caso de um professor de música chamado Brian que participou na minha experiência), claro que esta atividade também não é opcional.

Na vertente pessoal, estas dispensas aplicam-se normalmente a tecnologias que desempenham um papel logístico chave. Se a sua filha usar mensagens escritas para lhe dizer que está pronta para a ir buscar aos treinos de futebol, então, não há problema em continuar a utilizar as mensagens escritas para este propósito. Dispensas semelhantes também se aplicam quanto à eliminação de tecnologias que possam provocar danos em relações: por exemplo, utilizar o FaceTime para falar com um cônjuge destacado no estrangeiro com as Forças Armadas.

Contudo, não confunda «conveniente» com «essencial». É inconveniente perder acesso a um grupo do Facebook que anuncia eventos no *campus*, mas, num período de 30 dias, esta falta de informação não provocará qualquer dano irreversível na sua vida social e poderá expô-lo a utilizações alternativas interessantes do seu tempo. Do mesmo modo, vários participantes da experiência de desatafulhamento em massa afirmaram que tinham de continuar a utilizar ferramentas de mensagens instantâneas, como o WhatsApp ou o Messenger do Facebook, porque era o método mais fácil para manter o contacto com os amigos que estavam no estrangeiro. Isto pode ser verdade, mas, em muitos casos, essas relações podem resistir a um mês de contacto menos frequente.

Mais importante, o inconveniente pode provar ser útil. Perder ligeiramente o contacto com os seus amigos internacionais poderá ajudar a esclarecer quais dessas amizades eram verdadeiras, e fortalecer as suas relações com aquelas que resistem. Foi exatamente isto que aconteceu com Anya, uma participante na minha experiência, que era natural da Bielorrússia e estudava numa universidade americana. Num artigo do *New York Times* relativo à minha experiência, contou que fazer uma pausa da socialização através da Internet com os seus amigos internacionais a ajudou a «sentir-se mais empenhada no tempo que passava com as pessoas... Como [interagíamos] com menor frequência, tínhamos a ideia de que queríamos aproveitar a experiência ao máximo»[3]. Um colega do segundo ano chamado Kushboo simplificou ainda mais quando me disse: «Em poucas palavras, perdi o contacto com pessoas com quem não necessitava (ou, em alguns casos, nem queria) de estar constantemente em contacto».

A minha última sugestão é a utilização de *procedimentos operacionais* quando se enfrenta uma tecnologia que é amplamente opcional, com a exceção de alguns casos de utilização essenciais. Os procedimentos especificam exatamente *como* e *quando* se utiliza uma determinada tecnologia, permitindo-lhe manter algumas utilizações essenciais sem ter de cair o acesso ilimitado. Vi muitos exemplos destes procedimentos operacionais utilizados pelos participantes na minha experiência de desatafulhamento em massa.

Uma escritora *freelance* chamada Mary, por exemplo, queria fazer uma pausa na sua tendência de enviar constantemente mensagens escritas pelo telemóvel. («Venho de uma família muito grande e muito "mensageira"», disse-me.) O problema era quando o marido viajava, o que acontecia com frequência, pois, por vezes, enviava mensagens a Mary que necessitavam de respostas rápidas. A solução foi reconfigurar o telemóvel de modo a enviar um alerta especial quando recebia as mensagens do marido, mas eliminar as notificações de todas as outras mensagens. Do mesmo modo, um consultor ambiental chamado Mike precisava de se manter a par dos e-mails pessoais, mas queria evitar olhar para a caixa de entrada de modo compulsivo, portanto, estabeleceu a regra de que só podia verificar a conta de correio eletrónico a partir do computador pessoal e não através do telemóvel.

Um engenheiro informático chamado Caleb decidiu que ainda podia ouvir *podcasts*, mas apenas durante a viagem para o trabalho de duas horas. («Imaginar ouvir apenas o que quer que fosse que o rádio tocasse era demasiado assustador para mim», explicou.) Brooke, uma autointitulada escritora, pedagoga e mãe a tempo inteiro, decidiu que queria renunciar à Internet por completo, mas, para o tornar sustentável, adicionou duas exceções em que podia abrir o motor de busca: correio eletrónico e comprar artigos para a casa através da Amazon.

Também reparei em muita criatividade em torno de como as pessoas desaceleraram os canais de *streaming* em contextos em que não os quiseram eliminar por completo. Um caloiro universitário chamado Ramel absteve-se dos canais de *streaming*, *exceto* quando o fazia com outras pessoas, explicando: «Não me quis isolar das situações sociais em que se desenrolava o entretenimento.» Um professor chamado Nathaniel, por outro lado, não se opunha ao entretenimento de elevada qualidade na sua vida, mas preocupava-se com o ver sem parar, portanto, adotou uma restrição inteligente: «no máximo, dois episódios de qualquer série por semana.»

Estimo que cerca de 30 por cento das regras descritas pelos participantes foram observadas com procedimentos operacionais, enquanto os restantes 70 por cento representavam proibições genéricas na utilização de uma determinada tecnologia. De modo geral, demasiados procedimentos operacionais poderão levar a que a experiência do desatafulhamento seja difícil de lidar, mas a maioria das pessoas exige, pelo menos, algumas destas restrições mais flexíveis.

Para resumir os pontos principais acerca deste passo:

- O desatafulhar digital concentra-se principalmente em novas tecnologias, ou seja, aplicações, páginas da Internet e ferramentas fornecidas através de um ecrã de computador ou de telemóvel. Provavelmente, também deverá incluir jogos de consola e *streaming* de vídeo nesta categoria.
- Faça uma pausa de 30 dias de quaisquer destas tecnologias que considere «opcionais» – ou seja, aquelas de que pode afastar-se sem provocar danos ou problemas graves tanto na sua vida

profissional como na sua vida pessoal. Em alguns casos, irá abster-se de utilizar a tecnologia opcional por completo, enquanto noutros casos poderá especificar um conjunto de procedimentos operacionais que ditem exatamente quando e como utiliza a tecnologia durante este processo.

- No final, ficará com uma lista de tecnologias proibidas juntamente com procedimentos operacionais relevantes. Tome nota deles e coloque no local onde os possa ver todos os dias. Definir com clareza aquilo que lhe é permitido e interdito fazer durante o desatafulhar será a chave para o sucesso.

Passo n.º 2: faça uma pausa de 30 dias

Agora que definiu as suas regras para a tecnologia, o próximo passo do desatafulhar digital é seguir estas regras durante 30 dias.* Provavelmente, a princípio, irá considerar a vida sem tecnologias opcionais muito difícil. A sua mente desenvolveu determinadas expectativas acerca das distrações e do entretenimento e essas expectativas serão perturbadas quando remover as tecnologias opcionais da sua experiência quotidiana. Esta perturbação pode ser desagradável.

Contudo, muitos dos participantes na minha experiência de desatafulhamento em massa relataram que essas sensações de desconforto se desvaneciam uma ou duas semanas depois. Brooke descreveu a experiência deste modo:

> Os primeiros dias foram surpreendentemente difíceis. Os meus vícios foram revelados com um esclarecimento chocante. Momentos de espera na fila, momentos entre atividades, momentos de tédio, momentos em que ansiei por contactar as minhas pessoas preferidas, momentos em que quis um escape, momentos em que apenas quis «ver qualquer coisa», momentos em que necessitei de alguma distração: pegava no telemóvel e depois lembrava-me de que tinha tudo desaparecido.

* Obviamente, o desatafulhar não tem de se estender *exatamente* durante 30 dias. Por exemplo, muitas vezes é conveniente ligar a experiência a um mês civil, o que significa que pode usar 31 dias ou, talvez, 28, dependendo do mês em que faz correr o processo.

Mas depois as coisas melhoraram. «À medida que o tempo passava, os sintomas de desintoxicação desvaneciam-se e comecei a esquecer o telemóvel», explicou.

Uma jovem consultora administrativa chamada Daria admitiu que durante os primeiros dias da experiência puxava pelo telemóvel compulsivamente antes de se lembrar de que tinha eliminado todas as aplicações e redes sociais. A única coisa que restava no telemóvel e em que podia verificar novas informações era o estado do tempo. «Naquela primeira semana», disse-me, «sabia as condições climatéricas, hora a hora, em três ou quatro cidades diferentes» – a compulsão para procurar *qualquer coisa* era demasiado forte para ser ignorada. No entanto, passadas duas semanas relatou: «Perdi quase todo o interesse [em procurar coisas na Internet]».

Esta experiência de desintoxicação é importante porque ajudá-lo-á a tomar decisões mais inteligentes no final do desatafulhar, quando reintroduzir algumas destas tecnologias opcionais na sua vida. Uma importante razão pela qual recomendo que faça uma pausa extensa antes de tentar transformar a sua vida digital é que, sem o esclarecimento oferecido pela desintoxicação, a atração viciante das tecnologias irá influenciar as suas decisões. Se decidir reformar a sua relação com o Instagram neste preciso momento, as suas decisões acerca do papel que deve desempenhar na sua vida serão, provavelmente, muito mais atenuadas do que se, por outro lado, tiver passado 30 dias sem o serviço antes de fazer estas escolhas.

Tal como referi anteriormente neste capítulo, é um erro pensar no desatafulhar digital como *apenas* uma experiência de desintoxicação. O objetivo não é fazer simplesmente uma pausa na tecnologia, mas sim desencadear uma transformação permanente da sua vida digital. A desintoxicação é apenas um passo que apoia esta transformação.

Com isto em mente, têm obrigações durante o desatafulhar além de seguir as suas regras de tecnologia. Para este processo ter sucesso, tem também de passar este período a tentar redescobrir o que é importante para si e o que gosta de fazer fora do mundo digital sempre ligado e brilhante. Descobrir isto *antes* de começar a reintroduzir as tecnologias no final deste processo de desatafulhamento é essencial. Uma argumentação que elaborarei na Parte 2 deste livro é que terá maior probabilidade de ter sucesso na redução do papel das ferramentas digitais na sua vida se cultivar alternativas de elevada qualidade às distrações fáceis que estas oferecem. Para muitas pessoas, a utilização compulsiva dos telemóveis sobrepõe-se a um vazio criado por uma falta de uma vida de ócio bem desenvolvida. Reduzindo a fácil distração sem também preencher o vazio pode tornar a vida desagradavelmente obsoleta – um desfecho que, provavelmente, prejudicará qualquer transição para o minimalismo.

Outra razão pela qual é importante passar os 30 dias de desatafulhamento a redescobrir o que gosta é que esta informação irá orientá-lo durante a reintrodução da tecnologia no final do processo. Como foi indicado, o objetivo da reintrodução é colocar a tecnologia ao serviço de coisas específicas que valoriza. Esta abordagem da tecnologia enquanto *meio para alcançar um fim* exige que esclareça quais são esses fins na realidade.

A boa notícia é que os participantes na minha experiência de desatafulhamento em massa consideraram mais fácil do que era expectável reencontrar os tipos de atividades de que costumavam gostar antes de terem sido subvertidos pelos seus ecrãs. Uma estudante de pós-graduação chamada Unaiza passava os serões a navegar no Reddit. Durante o desatafulhar, redirecionou esse tempo para a leitura de livros que trazia emprestados da faculdade e da biblioteca local. «Li oito livros e meio nesse mês», disse-me. «Nunca teria pensado em fazê-lo antes». Uma agente de seguros chamada Melissa leu «apenas» três livros ao longo dos seus 30 dias, mas também organizou o roupeiro, preparou jantares para amigos e encontrou-se pessoalmente com o irmão mais vezes. «Gostava que ele também estivesse a participar numa experiência de desatafulhamento», confessou-me, «porque esteve, irritantemente, o tempo todo a olhar para o telemóvel enquanto conversávamos». Chegou mesmo a iniciar a busca por uma casa nova, que tinha estado a adiar devido a uma imaginária falta de tempo. No final do desatafulhamento, já tinha feito uma oferta por uma casa, que foi aceite.

Kushboo leu cinco livros ao longo do período de desatafulhamento. Foi muito importante para ele, pois eram os primeiros livros que lia por sua iniciativa em mais de três anos. Também retomou os seus queridos passatempos de pintura e de programação informática. «Adorava estas atividades», explicou, «mas deixei de as fazer quando comecei as aulas porque pensei não ter tempo suficiente». A procura de Caleb por atividades intencionalmente analógicas levou-o a começar a escrever um diário e a ler antes de dormir todas as noites. Também começou a ouvir discos num gira-discos, do início até ao fim, sem auscultadores nos ouvidos e sem saltar as faixas quando se sentia impaciente – o que acabou por se revelar uma experiência muito mais rica do que o hábito normal de Caleb de ligar o Spotify e procurar a faixa perfeita. Uma mãe a tempo inteiro chamada Marianna envolveu-se de tal maneira em empreendimentos criativos durante o período de desatafulhamento que decidiu iniciar o seu próprio blogue para partilhar o trabalho e ligar-se a outros artistas. Um engenheiro chamado Craig relatou: «Na semana passada, voltei a visitar a biblioteca local pela primeira vez desde que os meus filhos cresceram... fiquei encantado ao descobrir sete livros que me pareceram interessantes».

Tal como muitos outros pais que participaram na minha experiência, Tarald aplicou o tempo e a atenção recém-descobertos à família. Estava infeliz com o quão distraído andava quando passava tempo com os filhos. Contou-me como, no parque infantil, quando eles iam à sua procura em busca de reconhecimento por algo que tinham conseguido fazer e estavam orgulhosos de ter feito, ele não reparava, pois a sua atenção estava voltada para o telemóvel. «Comecei a pensar acerca de tantas destas pequenas vitórias que não presenciei porque sinto esta necessidade ridícula de ver as notícias pela enésima vez», disse-me. Ao longo do seu período de desatafulhamento redescobriu a satisfação de passar verdadeiramente tempo com os seus rapazes em vez de passar, simplesmente, tempo perto deles com os olhos fixos no ecrã. Comentou como é surreal ser o único pai no parque infantil que não está a olhar para baixo.

Brooke também deu consigo «a interagir de um modo mais intencional» com os filhos. Para ela, esta mudança não foi planeada, tratando-se antes de um efeito secundário natural do desatafulhar, que tornou a sua vida «muito menos apressada e distraída» – deixando espaço para se interessar por atividades mais importantes. Também acabou por começar a tocar novamente piano e reaprendeu a costurar – realçando a quantidade de tempo que pode ser recuperada quando nos esquivamos à atividade digital estúpida para, uma vez mais, darmos prioridade ao verdadeiro eu.

Brooke captou bem a experiência que muitos relataram acerca do seu desatafulhar ao longo de um mês quando me disse: «Afastar-me durante 31 dias fomentou em mim uma clareza que desconhecia não ter... Estando aqui, de fora, a olhar para dentro, vejo que o mundo tem muito mais para oferecer!»

Para resumir os pontos principais deste passo:

- Provavelmente irá considerar a sua primeira e/ou a segunda semana do desatafulhar digital difíceis e lutará contra o impulso para aceder às tecnologias que não lhe são permitidas. Contudo, essas sensações irão desaparecer e essa sensação resultante de desintoxicação revelar-se-á útil quando chegar a altura de tomar decisões claras no final do processo.
- O objetivo de um desatafulhar digital não é simplesmente gozar o tempo afastado de uma tecnologia intrusiva. Ao longo deste processo com a duração de um mês, tem de explorar agressivamente atividades de elevada qualidade para preencher o tempo livre deixado pelas tecnologias opcionais que está a evitar. Este período deverá ser de atividade extenuante e de experiências.
- Vai querer chegar ao final do desatafulhar digital tendo redescoberto o tipo de atividades que geram satisfação real, levando-o a, com confiança, criar uma vida melhor – uma vida em que a tecnologia apenas tem um papel de apoio a fins de maior significado.

Passo n.º 3: reintroduzir tecnologia

Após a pausa de 30 dias, chega o passo final do desatafulhar digital: reintroduzir as tecnologias opcionais na sua vida. Esta reintrodução é mais exigente do que pode imaginar.

Alguns dos participantes da minha experiência de desatafulhamento em massa abordaram o processo apenas enquanto desintoxicação digital clássica – reintroduzindo *todas* as suas tecnologias anteriores quando chegaram ao final do processo. Isto é um erro. O objetivo deste último passo é começar de novo e deixar entrar na sua vida apenas as tecnologias que cumpram estritos padrões minimalistas. É o cuidado que tiver aqui que determinará se este processo proporcionou uma mudança duradoura na sua vida.

Com isto em mente, por cada tecnologia opcional que considerar reintroduzir na sua vida, primeiro deve perguntar: será que esta tecnologia apoia algo que valorizo profundamente? Esta é a única condição pela qual deve permitir que uma ferramenta entre na sua vida. O facto de oferecer um *qualquer* valor é irrelevante – o minimalista digital introduz as tecnologias para servir as coisas que julga serem as mais importantes na sua vida e fica feliz por deixar tudo o resto de fora. Por exemplo, quando coloca esta primeira questão, poderá decidir que efetuar pesquisas no Twitter em busca de algo que o distraia não apoia um valor importante. Por outro lado, manter-se atualizado com as fotografias do bebé do seu primo no Instagram parece apoiar a importância que dá à família.

Assim que a tecnologia passa por esta seleção, tem, então, de enfrentar um padrão mais difícil: será esta tecnologia o *melhor* modo de apoiar este valor? Justificamos muitas das tecnologias que tiranizam o nosso tempo e a nossa atenção com uma qualquer ligação tangencial a algo de que gostamos. O minimalista, por outro lado, avalia o valor destas ligações e não fica impressionado com todas, apenas com as mais sólidas. Considere o nosso exemplo anterior acerca de seguir as fotografias do bebé do seu primo no Instagram. Comentámos que esta atividade pode ser provisoriamente justificada pelo facto de valorizar profundamente a família, mas a questão complementar é se procurar fotografias no Instagram é o *melhor* modo de sustentar este valor. Após alguma ponderação, a resposta será, provavelmente, não. Algo tão simples como telefonar a esse primo uma vez por mês seria, possivelmente, muito mais eficaz na manutenção desse laço.

Se uma tecnologia ultrapassar ambas as questões de seleção, há uma última questão que tem de colocar a si próprio antes de ser permitida de volta à sua vida: como utilizarei esta tecnologia daqui para a frente para maximizar o seu valor e minimizar os seus danos? Uma ideia que exploro na Parte 2 é a de que muitas empresas da economia da atenção querem que pense nos seus serviços de um modo binário: ou os utiliza ou não. Isto permite-lhes atraí-lo para o seu ecossistema através de uma qualquer funcionalidade que considere importante e, depois de se tornar «utilizador», implementam a engenharia da atenção para assoberbá-lo com opções integradas, tentando mantê-lo envolvido no seu serviço muito para lá do objetivo inicial.

Os minimalistas digitais combatem isto mantendo os padrões de procedimentos operacionais que ditam quando e como utilizam as ferramentas digitais nas suas vidas. Nunca diriam: «Utilizo o Facebook porque ajuda a minha vida social». Declarariam, em vez disso, algo mais específico, como: «Vou ao Facebook todos os sábados, no computador, para ver o que os meus amigos mais próximos e a minha família andam a fazer; não tenho a aplicação no telemóvel; restringi o grupo de amigos às relações verdadeiramente importantes».

Juntando estas peças, segue-se um resumo deste processo de seleção minimalista.

O ecrã de tecnologia minimalista

Para permitir o regresso de uma tecnologia opcional à sua vida no final do desatafulhar digital, tem de:

1. Satisfazer algo que valoriza profundamente (oferecer *alguns* benefícios não chega).
2. Ser o *melhor* modo de utilizar a tecnologia para satisfazer este valor (se não for, substitua por algo melhor).
3. Desempenhar um papel na sua vida que seja restringido por um procedimento operacional padrão que especifique *quando* e *como* a utiliza.

Pode aplicar esta seleção a qualquer nova tecnologia que estiver a ponderar adotar. Contudo, implementá-la no final de um desatafulhar digital torna-se particularmente eficaz, pois a pausa anterior destas tecnologias permite-lhe ver com maior clareza os seus valores e ter mais confiança em que a sua vida não exige, de facto, que mantenha servilmente o *statu quo* digital. Se for como muitos dos participantes da minha experiência de desatafulhamento em massa, o papel da tecnologia na sua vida tornar-se-á bastante diferente depois de navegar pelo passo da reintrodução com o processo de seleção anteriormente descrito.

Um engenheiro eletrotécnico chamado De, por exemplo, ficou surpreendido ao descobrir, durante o desatafulhar digital, quão viciado se tinha tornado em ver as notícias na Internet e quão ansioso isso o deixava – especialmente artigos com carga política. «Abandonei todas as notícias durante [o desatafulhar] e adorei», disse-me. «A ignorância é, por vezes, uma verdadeira bênção». Quando concluiu o desatafulhar, reconheceu que um apagão absoluto de notícias não era sustentável, mas também reconheceu que subscrever dezenas de *newsletters* e consultar de modo compulsivo, e a toda a hora, páginas na Internet de notícias de última hora não era o *melhor* método para satisfazer a sua necessidade de se manter informado. Agora consulta o AllSides.com uma vez por dia – um website noticioso que cobre as principais notícias, e em que cada notícia tem uma ligação neutra a três artigos: um de uma fonte associada à esquerda política, uma à direita e outra ao centro. Este formato permite desarmar a aura de carga emocional que perpassa muita da nossa cobertura política atual, permitindo a De manter-se atualizado sem os picos de ansiedade.

Kate resolveu este mesmo problema substituindo a leitura das notícias pela audição de um *podcast* noticioso todas as manhãs – mantendo-se informada sem se permitir a oportunidade de realizar distraidamente buscas. Mike, por outro lado, considerou que era eficaz substituir todas as notícias na Internet por uma tecnologia mais antiga: o rádio. Descobriu que deixá-lo ligado na estação NPR em segundo plano enquanto realizava tarefas manuais o mantinha suficientemente atualizado e o poupava a muitas das piores características das notícias da Internet. Ramel também aderiu a uma tecnologia mais antiga: em vez de consultar *feeds* das redes sociais para se manter atualizado, agora recebe um jornal no dormitório da Universidade de Nova Iorque.

Talvez previsivelmente, muitos dos participantes na minha experiência de desatafulhamento em massa acabaram por abandonar os serviços das redes sociais que costumavam ocupar tanto do seu tempo. Estes serviços têm a capacidade para entrar na sua vida através da pressão cultural e de propostas de valor algo indefinidas, portanto, tendem a não se sair muito bem quando são submetidos ao rigor da análise anteriormente descrita. No entanto, também é comum para os participantes reintroduzirem as redes sociais de modo limitado para servir propósitos específicos. Nestes casos, foram, muitas vezes, bastante rigorosos no domesticar dos serviços com procedimentos operacionais estritos.

Por exemplo, Marianna restringe-se agora e consulta os serviços das redes sociais que lhe restam uma vez por semana, durante o fim de semana. Um engenheiro de vendas chamado Enrique disse-me que «o Twitter foi o que me fez pior», portanto também se limitou a consultar o *feed* apenas uma vez por semana, ao fim de semana. Ramel e Tarald decidiram que era suficiente eliminarem as restantes aplicações de redes sociais dos telemóveis. A dificuldade suplementar envolvida no acesso a estes serviços através de um motor de busca nos seus computadores parecia suficiente para concentrar a sua utilização apenas aos objetivos mais importantes.

Uma experiência interessante partilhada por alguns participantes foi a de regressarem avidamente às suas tecnologias opcionais apenas para se aperceberem de que tinham perdido o seu gosto por elas. Eis, por exemplo, como Kate me descreveu esta experiência:

> No dia em que o desatafulhar acabou, corri para o Facebook, para os meus blogues, para o Discord, alegre e preparada para voltar a mergulhar – e depois, passados cerca de 30 minutos de busca acéfala, olhei para cima e pensei... porque estou eu a fazer isto? Isto é... aborrecido? Isto não me traz qualquer tipo de felicidade. Foi necessário o desatafulhar para me aperceber de que estas tecnologias não estão verdadeiramente a acrescentar nada à minha vida.

Nunca mais utilizou aqueles serviços.

Vários participantes descobriram que eliminar a relação de apontar e pressionar permitida pelas redes sociais requer que o leitor introduza sistemas alternativos para retomar as ligações com os seus amigos. Uma publicitária digital chamada Ilona, por exemplo, estabeleceu um calendário frequente para telefonar e enviar mensagens escritas aos amigos – o que sustentava as suas relações mais sérias a troco de alguns breves contactos que muitos se habituaram a esperar. «No final, aceitei o facto de que perderia alguns acontecimentos nas suas vidas, mas que valeria a pena, uma vez que pouparia energia mental por não estar nas redes sociais».

Outros participantes decidiram-se por procedimentos operacionais invulgares durante o processo de reintrodução. Abby, uma londrina que trabalha no sector das viagens, eliminou o motor de busca do telemóvel – um feito não trivial. «Considerei que não necessitava de saber a resposta a tudo instantaneamente», disse-me. Depois, adquiriu um bloco de notas à moda antiga para apontar ideias quando estivesse aborrecida no metro. Caleb estabeleceu um recolher obrigatório para o telemóvel: não o pode utilizar entre as 21h00 e as 7h00, ao passo que um engenheiro informático chamado Ron atribuiu a si próprio uma quota de apenas duas páginas da Internet que pode consultar com regularidade – uma grande melhoria em relação às 40 ou mais páginas da Internet que costumava consultar. Rebecca transformou a sua experiência diária comprando um relógio. Isto pode parecer trivial para os leitores mais velhos, mas para uma pessoa com 19 anos, como Rebecca, foi um ato intencional. «Estimo que cerca de 75 por cento do meu tempo que era sugado pela toca de coelho da improdutividade se devia ao facto de consultar o telemóvel para ver as horas».

Para resumir os pontos principais deste passo:

- A sua pausa de um mês das tecnologias opcionais reinicia a sua vida digital. Pode agora reconstruí-la do zero de um modo muito mais intencional e minimalista. Para o fazer, aplique um método de seleção em três passos a cada tecnologia opcional que estiver a pensar reintroduzir.
- Este processo ajudá-lo-á a cultivar uma vida digital em que novas tecnologias servem os seus valores mais profundos por oposição a subvertê-los sem a sua autorização. É nesta cuidadosa reintrodução que toma as decisões intencionais que o definirão como minimalista digital.

PARTE 2

PRÁTICAS

CAPÍTULO 4
PASSE TEMPO SOZINHO

Quando a solidão salvou a nação

Quando se dirige para norte a partir do National Mall, em Washington, na Seventh Street, o percurso começa entre edifícios residenciais e arquitetura em pedra monumental. Após cerca de três quilómetros, altera-se, assumindo a forma de casas de tijolo e restaurantes movimentados dos bairros próximos da cidade: Shaw, depois Columbia Heights e depois, finalmente, Petworth. Muitos dos viajantes que seguem este trajeto através de Petworth não se apercebem que apenas a uns quarteirões para leste, escondida atrás de uma muralha periférica em betão e um portão protegido por um soldado, se encontra uma bolha de acalmia.

A propriedade é o Lar das Forças Armadas, aqui localizado, nas alturas, com vista para o centro da cidade de Washington desde 1851, quando, sob pressão do Congresso, o governo federal comprou os terrenos ao banqueiro George Riggs para construir um lar para veteranos inválidos das guerras recentes do país. No século XIX, a Casa do Soldado (como era chamada inicialmente) encontrava-se rodeada por uma paisagem rural. Atualmente, a cidade dispersa-se bem para lá da propriedade, mas quando se atravessa o portão principal, como eu fiz numa tarde de outono inusitadamente quente para a estação, enquanto fazia a investigação para este livro, a sua capacidade para oferecer uma sensação de escape permanece intacta. Enquanto me dirigia para o local, o ruído da cidade diminuía: havia relvados verdes, árvores velhas, pássaros a chilrear e o riso de crianças de uma escola privada ali perto, a brincar no recreio. Quando virei para o parque de estacionamento dos visitantes, tive o primeiro vislumbre daquilo que tinha vindo ver, a extensa «casa de campo» de estilo Renascimento Gótico, com 35 quartos originalmente construída por George Riggs e restaurada recentemente para recuperar a sua aparência da década de 1860.

Atualmente, esta casa de campo é um Monumento Histórico Nacional porque acolheu outrora um famoso visitante: durante os verões e inícios de outono de 1862, 1863 e 1864, o Presidente Abraham Lincoln residiu ali, viajando para a frente e para trás para a Casa Branca a cavalo. Mas este local é mais do que apenas um lugar onde um Presidente importante residiu. Uma quantidade crescente de estudos sugere que o tempo e o espaço para uma reflexão calma que a casa de campo proporciona pode ter desempenhado um papel-chave ao ajudar Lincoln a compreender os traumas da Guerra Civil e a abordar as decisões difíceis que enfrentava.

Foi esta ideia, a de que algo tão simples como o silêncio pode ter dado forma à história dos Estados Unidos, que me levou à casa de campo de Lincoln naquela tarde de outono, para descobrir mais.

Para compreender o impulso de Lincoln para fugir da Casa Branca, tem de imaginar o que era a vida para este congressista inexperiente empurrado inesperadamente para o comando, durante o período mais árduo da história daquele país até hoje. Imediatamente após a tomada de posse de Lincoln, o dia em que deu o seu inebriante discurso acerca dos «melhores anjos da nossa natureza» e tentou convencer a união dividida de que podia perdurar, Lincoln foi lançado para um turbilhão de dever e distração. «Este Presidente não teve qualquer tipo de lua de mel»[1], escreveu o historiador William Lee Miller. «[Ele] não teve uns primeiros dias calmos em que se pudesse estabelecer no gabinete presidencial... e pensar calmamente naquilo que queria fazer mediante passos ponderados». Em vez disso, conforme Miller entusiasticamente colocou, «Foi esbofeteado no primeiro minuto da sua Presidência com a necessidade de tomar uma decisão». Miller não estava a exagerar. Tal como Lincoln mais tarde transmitiu ao seu amigo e senador Orville Browning: «A primeira coisa que me foi dada depois de entrar nesta sala, quando vim da tomada de posse, foi uma carta do Major Anderson a dizer que as suas provisões se iriam esgotar»[2]. O Major Anderson era o comandante de Fort Sumter que estava sitiado em Charleston – o ponto central onde então residia a ameaça de uma guerra civil iminente. A decisão de evacuar ou defender Sumter foi apenas a primeira de uma avalancha de crises semelhantes que Lincoln enfrentou diariamente enquanto executivo de uma união que deslizava para a dissolução.

A seriedade destes tempos não foi suficiente para libertar Lincoln de outras obrigações menos onerosas que reclamavam, incansavelmente, a maior parte do remanescente da sua agenda. «Praticamente, desde o primeiro dia de funções de Lincoln»[3], escreveu o académico de Lincoln, Harold Holzer, «uma multidão de visitantes sitiou as escadarias e os corredores da Casa Branca, treparam pelas barreiras de janelas e acamparam à porta do escritório de Lincoln». Estes visitantes chegavam para pedir empregos ou outros favores pessoais e incluíam amigos e mais do que apenas alguns familiares de Mary Lincoln. A Associação Histórica da Casa Branca[4] mantém uma gravura nos seus arquivos, originalmente publicada num jornal um mês após a tomada de posse de Lincoln, que capta sucintamente esta realidade. Mostra uma multidão de duas dúzias de homens de cartola a deambular mesmo à porta da sala onde Lincoln se reunia com o seu gabinete. Estavam ali, explica a legenda, agressivamente em busca de emprego assim que o Presidente surgisse.

Apesar de Lincoln ter, por fim, tentado organizar melhor estes visitantes – fazendo-os esperar pela sua vez, «como se estivessem à espera para serem barbeados à porta de um barbeiro», brincou Lincoln –, lidar com o público continuou a ser, como resume Holzer, «o maior sorvedouro do tempo e da energia do Presidente»[5]. Neste contexto de agitação, a decisão de Lincoln em passar quase meio ano a tentar fugir da Casa Branca, partindo todas as noites num longo percurso a cavalo até à calma casa de campo na Casa do Soldado, faz sentido. A casa de campo dava a Lincoln algo que, vemos agora, teria sido quase impossível de obter na Casa Branca: tempo e espaço para pensar.

Mary e o filho do Presidente, Tad, viviam com Lincoln na casa de campo (o filho mais velho do casal, Robert, estava fora, na universidade), mas viajavam com frequência, portanto, o Presidente tinha a extensa casa só para si. Para estar seguro, Lincoln nunca estava literalmente sozinho na Casa do Soldado: além do pessoal doméstico, duas companhias de voluntários do 150.º Batalhão da Pensilvânia estavam acampadas no relvado para oferecer proteção. Mas o que tornou o tempo passado na casa de campo especial foi a falta de pessoas a exigirem a sua atenção: embora não estivesse, tecnicamente, sozinho, Lincoln conseguia estar sozinho nos seus pensamentos.

Sabemos que Lincoln tirou partido desta calma para pensar, porque muitos relatos de pessoas que o iam visitar à casa de campo referem especificamente que a sua chegada interrompia a solidão do Presidente. Uma carta escrita por um funcionário das Finanças chamado John French, por exemplo, descreve a seguinte cena, quando chegou sem aviso com o seu amigo, o Coronel Scott, durante o início de uma noite de verão:

> O criado que veio à porta foi à frente, até à pequena sala de visitas, onde, no crepúsculo, completamente sozinho, se encontrava sentado o Sr. Lincoln. [Tendo] despido o casaco e descalçado os sapatos e com uma grande folha de palma na mão... estava sentado com uma perna pendurada sobre o braço de um cadeirão, parecia refletir profundamente.[6]

A viagem de Lincoln através da paisagem rural entre a capital e a sua casa de campo também lhe dava tempo para pensar. Sabemos que valorizava a sua fonte de solidão, dado que se esgueirava ocasionalmente para dar início à sua viagem de regresso à capital sem a companhia da cavalaria atribuída para a sua proteção. Esta não foi uma decisão tomada de ânimo leve, pois os militares tinham descoberto, anteriormente, uma conspiração da Confederação para assassinar Lincoln no seu trajeto e o Presidente foi alvejado em, pelo menos, uma ocasião durante a sua viagem.

Este tempo para refletir definiu, provavelmente, as respostas de Lincoln a acontecimentos-chave durante a sua Presidência. A sabedoria popular, por exemplo, descreve Lincoln a rabiscar o discurso de Gettysburg na viagem de comboio até ao local onde daria o famoso discurso. Contudo, este não era o processo habitual de Lincoln: normalmente, trabalhava os rascunhos durante semanas até à altura do evento. Como me explicou Erin Carlson Mast, diretora executiva de uma organização sem fins lucrativos que supervisiona a casa de campo, durante a minha visita, ao longo das semanas que culminaram com o discurso de Gettysburg, Lincoln...

> ... esteve aqui, na casa de campo, muitas vezes a caminhar sozinho à noite, no cemitério militar. Não escrevia num diário, portanto, não conhecemos os seus pensamentos mais íntimos, mas sabemos que esteve aqui, encarando o custo humano da guerra, mesmo antes de escrever aquelas linhas memoráveis.[7]

A casa de campo também proporcionou o cenário onde Lincoln se debateu com a Proclamação da Emancipação. Tanto a necessidade de libertar os escravos do Sul como a forma que esta emancipação devia assumir eram questões complicadas que vexavam a administração de Lincoln – especialmente numa altura em que tinham medo de perder os estados esclavagistas fronteiriços para a Confederação. Lincoln convidava visitantes, como o senador Orville Browning, até à casa de campo para debater questões relevantes. Sabe-se que o Presidente também registava as suas ideias em pedaços de papel que por vezes eram guardados no forro da cartola enquanto passeava pela propriedade.[8]

No final, Lincoln escreveu os rascunhos iniciais da proclamação na casa de campo. Quando visitei a casa, vi a secretária onde Lincoln registou, pela primeira vez, aquelas importantes palavras. Encontra-se no seu quarto de tetos altos, entre duas janelas altas com vista para o relvado das traseiras. Quando Lincoln se sentava ali, veria as tendas dos soldados da União acampados no relvado e, alguns quilómetros mais além, a cúpula do Capitólio da nação, a qual, tal como o país, ainda se encontrava em construção na altura.

A secretária que vi na casa de campo de Lincoln é uma réplica, pois a original foi levada para o Quarto Lincoln na Casa Branca. É irónico porque Lincoln teria quase certamente sentido muito mais dificuldades com esta tarefa histórica se tivesse sido obrigado a realizá-la por entre a azáfama e distração da sua residência oficial.

O tempo que Lincoln passou sozinho com os seus pensamentos desempenhou um papel essencial na sua capacidade de navegar por uma exigente Presidência em tempo de guerra. Podemos, por conseguinte, dizer, com apenas uma ligeira hipérbole, que, num certo sentido, a solidão ajudou a salvar a nação.

O objetivo deste capítulo é defender que os benefícios que Lincoln retirou do seu tempo a sós se estendem para lá das figuras históricas ou daqueles que se depararam com decisões importantes. *Toda a gente* beneficia com uma dose regular de solidão e, igualmente importante, qualquer pessoa que evite este estado durante algum tempo irá, tal como Lincoln nos primeiros meses na Casa Branca, sofrer. Nas páginas que se seguem, espero convencê-lo de que, independentemente de como decidir dar forma ao seu ecossistema digital, deve seguir o exemplo de Lincoln e dar ao seu cérebro a dose regular de sossego que requer para apoiar uma vida fantástica.

O valor da solidão

Antes de podermos abordar de modo útil a solidão, temos de compreender melhor o que queremos dizer através deste termo. Para nos ajudar nesta tentativa, podemos virar-nos para um par de guias improváveis: Raymond Kethledge e Michael Erwin.

Kethledge é um juiz respeitado que exerce no Tribunal de Última Instância do sexto círculo dos Estados Unidos,* e Erwin é um antigo oficial do exército que serviu tanto no Iraque como no Afeganistão. Conheceram-se em 2009, quando Erwin se encontrava destacado em Ann Arbor para fazer uma pós-graduação. Embora Kethledge e Erwin estivessem separados tanto pela idade como pela experiência de vida, não tardaram a reconhecer que partilhavam um interesse no tema da solidão. Como acabou por se revelar, Kethledge recorre a longos períodos sozinho com os seus pensamentos para escrever as suas opiniões legais conhecidamente acutilantes, trabalhando, muitas vezes, numa simples secretária de pinho, num celeiro mal renovado, sem ligação à Internet. «Adquiro uns 20 pontos de QI suplementares por estar naquele escritório»[9], explicou. Erwin, por seu lado, costumava correr ao longo de campos de milho no Michigan para lidar com as emoções difíceis que enfrentou quando

---

* O nome Raymond Kethledge poderá parecer familiar, pois no verão de 2018 foi apresentado como um dos quatro nomes dos candidatos do Presidente Donald Trump para as nomeações ao Supremo Tribunal para substituir Anthony Kennedy.

regressou de combate, dizendo a brincar que «correr é mais barato do que terapia»[10].

Pouco depois do seu primeiro encontro, Kethledge e Erwin decidiram escrever um livro em coautoria acerca do tema da solidão. Demoraram sete anos, mas os seus esforços culminaram no lançamento, em 2017 de *Lead Yourself First*. O livro resume, com a lógica rigorosa que se espera de um juiz federal e de um antigo oficial das Forças Armadas, a defesa dos autores relativamente à importância de ficarem sozinhos com os seus pensamentos. Antes de sublinharem os seus argumentos, os autores começam com o que é discutivelmente um dos seus contributos mais valiosos: uma definição exata de *solidão*. Muitas pessoas associam erradamente este termo à separação física – exigindo, talvez, que faça uma longa caminhada numa cabana remota a quilómetros de distância de outro ser humano. Esta definição errada apresenta um padrão de isolamento que pode ser impraticável para a maioria das pessoas, não podendo ser satisfeito com um qualquer tipo de regularidade. Tal como Kethledge e Erwin explicam, a solidão aborda o que está a acontecer no seu cérebro, não o ambiente à sua volta. Consequentemente, definem-no como um estado subjetivo no qual a sua mente se liberta do contributo de outras mentes.

Pode gozar de solidão num café cheio de gente, no metro ou, como o Presidente Lincoln descobriu, na sua casa de campo, enquanto partilhava o relvado com duas companhias de soldados da União, desde que a sua mente consiga lidar apenas com os seus próprios pensamentos. Por outro lado, a solidão pode ser banida mesmo no ambiente mais calmo, se permitir que os contributos de outras mentes se intrometam. Além da conversa direta com outra pessoa, esses contributos também podem assumir a forma de ler um livro, ouvir um *podcast*, ver televisão ou realizar qualquer tipo de atividade que possa chamar a sua atenção para um ecrã de um *smartphone*. A solidão exige que faça mais do que reagir à informação criada por outras pessoas e se concentre, em vez disso, nos seus próprios pensamentos e experiências – onde quer que se encontre.

Porque é a solidão tão valiosa? Kethledge e Erwin explicam muitos dos benefícios, sendo que a maioria diz respeito ao conhecimento e equilíbrio emocional que advém de uma autorreflexão a um ritmo pausado. Dos muitos casos de estudo que apresentam, um dos que ressoou particularmente forte dizia respeito a Martin Luther King Jr. Comentaram que o envolvimento de King no boicote de Montgomery começou aleatoriamente[11] – por acaso King era um reverendo carismático e bem instruído na cidade quando a subsecção do NAACP decidiu tomar uma posição contra as políticas de segregação de autocarros. A nomeação subsequente de King para líder da recentemente formada Montgomery Improvement Association, que ocorreu num encontro numa igreja no final de 1955, apanhou King desprevenido. Concordou relutantemente, dizendo: «Bem, se acreditam que posso prestar algum serviço, aceito».

À medida que o boicote se arrastava, aumentavam as pressões tanto na sua liderança como na sua segurança pessoal. Essas pressões eram particularmente intensas, dado o modo não intencional como King se tinha envolvido no boicote. Essas forças culminaram a 27 de janeiro de 1956, na noite depois de King ter sido liberto da sua primeira passagem pela prisão, onde tinha estado fechado enquanto parte de uma campanha organizada de intimidação policial. King regressou a casa depois de a sua esposa e filha terem ido dormir e apercebeu-se de que era altura de esclarecer o que pretendia. Sentado sozinho com os seus pensamentos, com uma chávena de café na mesa da cozinha, King rezou e refletiu. Abraçou a solidão necessária para descortinar os pedidos colocados em si e, neste espaço, encontrou a resposta que lhe daria a coragem necessária para o que estava por vir:

> E parecia naquele momento que eu conseguia ouvir uma voz interior a dizer-me: «Martin Luther, ergue-te pelo que está certo. Ergue-te pela justiça. Ergue-te pela verdade.»[12]

O biógrafo David Garrow descreveu posteriormente este acontecimento como «a noite mais importante da vida [de King]»[13].

Erwin e Kethledge não são, evidentemente, os primeiros comentadores a reparar na importância da solidão. Os seus benefícios têm sido explorados desde, pelo menos, o início do Iluminismo.* «Todos os problemas

* A solidão tem sido estudada de vários modos num contexto religioso desde a Antiguidade, onde teve um papel importante, ao ajudar a ligar ao divino e a apurar a intuição

da Humanidade resultam da incapacidade do Homem em sentar-se sozinho numa sala em silêncio»[14] é um escrito célebre de Blaise Pascal no final do século XVII. Meio século mais tarde, e do outro lado do oceano, Benjamin Franklin abordou o assunto no seu diário: «Li uma abundância de coisas boas relativamente à solidão... reconheço a solidão como sendo refrescante para a mente ocupada»[15].*

A academia veio reconhecer demasiado tarde a importância de tempo passado a sós com os seus próprios pensamentos. Em 1988, o famoso psiquiatra inglês, Anthony Storr, ajudou a corrigir esta omissão com o seu livro seminal, *Solitude: A Return to the Self*. Storr comentou, na década de 1980, que a psicanálise se tornou obcecada com a importância das relações pessoais íntimas, identificando-as como sendo a fonte de felicidade humana mais importante. Mas o estudo de Storr sobre a história não parecia sustentar esta hipótese. Abria o seu livro de 1988 com a seguinte citação de Edward Gibson: «A conversa enriquece a compreensão, mas a solidão é a escola de génios»[16]. Escreveu depois, corajosamente: «Gibson tem toda a razão».

Edward Gibson viveu uma vida solitária, mas não só produziu um trabalho amplamente influenciador, como também parecia ser perfeitamente feliz. Storr comenta que a necessidade de passar muito tempo sozinho era comum entre «a maioria dos poetas, romancistas e compositores»[17]. Compila uma lista de nomes como Descartes, Newton, Locke, Pascal, Espinosa, Kant, Leibniz, Schopenhauer, Nietzsche, Kierkegaard e Wittgenstein como exemplos de homens que nunca tiveram famílias nem fomentaram laços pessoais estreitos, no entanto, conseguiram levar vidas dignas de nota. A conclusão de Storr é a de que estávamos errados em considerar a interação íntima como *sine qua non* de prosperidade humana. A solidão pode ser igualmente importante tanto para a felicidade como para a produtividade.

---

moral. Peguei neste fio condutor num momento relativamente mais tardio na história da civilização apenas por uma questão de concisão.

* Vale a pena referir que Franklin prosseguiu este comentário em louvor da solidão com o aviso de que passar *demasiado* tempo sozinho não é bom para um «ser sociável». A sua citação exata: «Estivessem estes seres pensantes [que valorizam a solidão] obrigados a estar sempre sozinhos, estou inclinado a pensar que rapidamente julgariam o seu próprio ser insuportável».

É difícil ignorar o facto de que toda a lista de Storr de vidas notáveis, assim como muitos dos outros exemplos históricos anteriormente citados, se concentram nos homens. Tal como afirmou Virginia Woolf no seu manifesto feminista *Um Quarto só para Si*, este desequilíbrio não deve ser visto como uma surpresa. Woolf concordaria com Storr que a solidão é um pré-requisito para o pensamento original e criativo, mas acrescentaria então que tem sido negado às mulheres o seu próprio espaço tanto literal como figurativo em que cultivam este estado. Para Woolf, por outras palavras, a solidão não é uma diversão agradável, mas sim uma forma de libertação da opressão cognitiva que resulta na sua ausência.

Na época de Woolf, era negada às mulheres esta libertação por uma sociedade patriarcal. Na nossa era, esta opressão é, crescentemente, autoinfligida pela nossa preferência pela distração do ecrã digital. Este é o tema abordado pelo crítico social canadiano, Michael Harris, no seu livro de 2017, também intitulado *Solitude*. Harris está preocupado que as novas tecnologias ajudem a criar uma cultura que comprometa o tempo a sós com os seus pensamentos, comentando que «é muitíssimo importante quando esse recurso se encontra sob ataque»[18]. A sua pesquisa de literatura relevante aponta, então, para três benefícios essenciais proporcionados pela solidão: «novas ideias; uma compreensão de si próprio; e proximidade dos outros»[19].

Já abordámos os primeiros dois benefícios desta lista, mas o terceiro é algo inesperado e, por conseguinte, vale a pena abordá-lo brevemente – tendo em consideração, em especial, quão relevante se tornará quando explorarmos mais tarde a tensão da solidão com os benefícios da conectividade. Harris afirma, talvez contraintuitivamente, que a «capacidade para se estar sozinho... é tudo menos uma rejeição de laços próximos»[20] e pode, em vez disso, confirmá-los. Passando calmamente pela separação, afirma ele, ergue o seu apreço pelas ligações interpessoais quando acontecem. Harris não é o primeiro a constatar esta ligação. A poetisa e ensaísta May Sarton explorou a estranheza deste ponto numa entrada de um diário de 1972, escrevendo:

> Estou aqui sozinha pela primeira vez em semanas, para retomar, finalmente, a minha vida «real». É isso que é estranho – que amigos, mesmo o amor apaixonado, não sejam a minha vida real, a menos que haja tempo

> a sós no qual se explore e descubra o que está a acontecer ou o que aconteceu. Sem as interrupções, revigorantes e enlouquecedoras, esta vida tornar-se-ia árida. No entanto, só as saboreio plenamente quando estou sozinha...[21]

Wendell Berry resumiu esta questão ainda mais sucintamente quando escreveu: «Entramos na solidão, na qual também perdemos o isolamento»[22].

Existe um sem-número de exemplos semelhantes aos dados anteriormente, que apontam para uma clara conclusão: doses frequentes de solidão, misturadas com o nosso modo padrão de sociabilidade, são necessárias para florescer enquanto ser humano. É urgente, mais do que nunca, que reconheçamos este facto, porque, como argumentarei a seguir, pela primeira vez na história da Humanidade, a solidão começa a desvanecer-se por completo.

Privação de solidão

A preocupação de que a modernidade seja contrária à solidão não é nova. Escrevendo na década de 1980, Anthony Storr queixou-se de que «a cultura contemporânea ocidental torna a paz da solidão difícil de atingir»[23]. Apontou para Muzak e para a invenção recente do «telefone de automóvel» como último indício desta usurpação de ruído em todas as partes das nossas vidas. Mais de cem anos antes, Thoreau demonstrou uma preocupação semelhante, na consagrada obra *Walden*, de que «temos uma enorme urgência em construir um telégrafo magnético do Maine até ao Texas; mas poderá dar-se o caso de o Maine e o Texas não terem nada de importante para comunicar»[24]. A questão que se levanta, então, é se o nosso momento atual proporciona uma *nova* ameaça à solidão que é, de algum modo, mais premente do que aquela que os analistas lamentaram durante décadas. Defendo que a resposta é, decididamente, sim.

Para compreender a minha preocupação, o lugar certo para começar é a revolução do *iPod* que ocorreu nos primeiros cinco anos do século XXI. Já tínhamos música portátil antes do *iPod*, geralmente através do Walkman e do Discman da Sony (e seus concorrentes), mas estes equipamentos desempenhavam um papel restrito na vida da maioria das pessoas – algo que se utilizava para se entreter enquanto fazia exercício ou no banco de trás do automóvel numa longa viagem em família. Se se detivesse na esquina de uma rua citadina agitada no início da década de 1990, não veria muitas pessoas com auscultadores de espuma preta da Sony a caminho do emprego.

Contudo, no início da década de 2000, se estivesse nessa mesma esquina, os auriculares brancos seriam quase omnipresentes. O *iPod* teve sucesso não apenas por ter vendido imensas unidades, mas também por ter mudado a cultura em torno da música portátil. Tornou-se comum, especialmente entre as gerações mais jovens, permitir que o *iPod* oferecesse um pano de fundo musical a *todo* o seu dia – colocando auriculares quando saíam de casa e removendo-os apenas quando não eram obrigados a falar com outro ser humano.

Para contextualizar, as tecnologias anteriores que ameaçaram a solidão, do telégrafo de Thoreau ao telefone de automóvel de Storr, apresentaram novos modos de, ocasionalmente, interromper o tempo a sós com os seus pensamentos, ao passo que o *iPod* ofereceu, pela primeiríssima vez, a capacidade de se estar *continuamente* abstraído da sua própria mente. O agricultor da época de Thoreau poderia deixar a silenciosa lareira para caminhar até à cidade e ler as mensagens de telégrafo da noite, fragmentando um momento de solidão, mas não era possível que esta tecnologia oferecesse distrações contínuas a esse mesmo agricultor, à medida que o dia passava. O *iPod* estava a empurrar-nos na direção de uma nova fase alienada na relação que mantemos com as nossas mentes.

Esta transformação iniciada pelo *iPod*, contudo, não alcançou o seu pleno potencial até ao lançamento do seu sucessor, o *iPhone*, ou, em termos mais genéricos, a disseminação dos *smartphones* com ligação à Internet modernos na segunda década do século XXI. Embora os *iPod* se tenham tornado ubíquos, ainda havia momentos em que ou dava demasiado trabalho colocar os auriculares (imagine: à espera para ser chamado para uma reunião), ou em que seria demasiado embaraçoso em termos sociais fazê-lo (imagine: estar sentado, aborrecido, durante um hino lento, durante uma celebração na sua igreja). O *smartphone* garantia uma nova técnica para banir estas últimas réstias de solidão: *o rápido olhar de relance*. Perante a mais pequena sugestão de aborrecimento, pode, sub-repticiamente, olhar de relance para diversas aplicações ou websites adaptados aos telemóveis que foram otimizados para lhe garantir uma dose imediata e satisfatória de informações retiradas de outras mentes.

Agora é possível banir por completo a solidão da sua vida. Thoreau e Storr temiam pelas pessoas que gozavam de menor solidão. Devemos perguntar-nos se as pessoas poderão esquecer este estado de existência por completo.

Parte do que complica as discussões acerca da solidão em decréscimo na era do *smartphone* reside no facto de ser fácil subestimar a gravidade deste fenómeno. Ainda que muitas pessoas admitam que usam os telemóveis mais do que deveriam, é frequente não se aperceberem de toda a magnitude do impacto desta tecnologia. Adam Alter, professor da Universidade de Nova Iorque, que apresentei anteriormente neste livro, pormenoriza uma história típica deste menosprezo em *Irresistible*. Enquanto investigava para o seu livro, Alter decidiu medir a própria utilização do *smartphone*.[25] Para o fazer, descarregou uma aplicação chamada Moment, que analisa a frequência e o tempo que olha para o ecrã todos os dias. Antes de ativar a aplicação, Alter calculava que devia consultar o telemóvel cerca de dez vezes por dia, num total de cerca de uma hora de tempo em frente ao ecrã.

Um mês depois, Moment revelou a verdade a Alter: em média, pegava no telemóvel 40 vezes por dia e passava um total de três horas a olhar para o ecrã. Surpreendido, contactou Kevin Holesh, o programador por detrás de Moment. Como Holesh revelou, Alter não é um caso isolado. Na verdade, é bastante típico: o utilizador médio de Moment passa cerca de três horas por dia a olhar para o ecrã do *smartphone*, sendo que apenas 12 por cento passam menos de uma hora. O utilizador médio de Moment pega no telemóvel 39 vezes por dia.

Como Holesh recorda a Alter, estes números provavelmente pecam por baixos, dado que as pessoas que descarregam uma aplicação como o Moment são pessoas que já têm algum cuidado com a utilização do telemóvel. «Existem milhões de utilizadores de *smartphones* que não sabem ou simplesmente não se preocupam o suficiente para analisar a sua utilização»[26], conclui Alter. «É muito provável que passem ainda mais de três horas por dia nos telefones.»

Os valores relativos à utilização dos *smartphones* citada acima contam apenas o tempo passado a olhar para o ecrã. Quando acrescenta o tempo passado a ouvir música, audiolivros e *podcasts* – atividades que não são medidas pela aplicação Moment –, deverá tornar-se mais claro quão eficazes as pessoas se tornaram a banir momentos de solidão do seu dia a dia.

Para simplificar a discussão, atribuamos um nome a esta tendência:

> **Privação de solidão**
> Um estado em que se passa perto de zero tempo a sós com os seus próprios pensamentos e livre da informação transmitida por outras mentes.

Ainda na década de 1990, a privação de solidão era difícil de alcançar. Existiam demasiadas situações na vida quotidiana que nos forçavam a ficarmos a sós com os nossos pensamentos, quer quiséssemos ou não – esperar numa fila, enfiados numa carruagem de metro apinhada, a descer a rua, a trabalhar no quintal. Hoje, como acabei de argumentar, tornou-se generalizada.

A questão-chave, claro, é se a disseminação da privação de solidão nos deverá preocupar. Encarada de um modo abstrato, a resposta não é imediatamente óbvia. A ideia de ficar «sozinho» pode parecer pouco apelativa, e foi-nos vendida, durante as últimas duas décadas, a ideia de que mais interligação é melhor do que menos. Em torno do anúncio de que a empresa se iria tornar pública, em 2012, por exemplo, Mark Zuckerberg, escreveu triunfantemente: «O Facebook... foi construído para cumprir uma missão social – para tornar o mundo mais aberto e ligado.»[27]

Esta obsessão com a interligação é claramente demasiado otimista e é fácil menosprezar esta ambição grandiosa, mas quando a privação de solidão é colocada no contexto das ideias debatidas anteriormente neste capítulo, o facto de se dar prioridade à comunicação em detrimento da reflexão torna-se uma fonte de preocupações sérias. Por um lado, quando se evita a solidão, perdem-se as coisas positivas que esta lhe traz: a capacidade para clarificar problemas sérios, para regular as suas emoções, para erigir a coragem moral, e para fortalecer as relações. Se padece de privação de solidão crónica, a qualidade da sua vida degrada-se.

Eliminar a solidão também introduz novas repercussões negativas que só agora começamos a compreender. Uma boa maneira de investigar o efeito do comportamento é estudar a população que leva o comportamento a um extremo. No que diz respeito à conectividade constante, estes extremos são prontamente evidentes entre os jovens nascidos depois de 1995 – o primeiro grupo a entrar nos seus anos de pré-adolescência com acesso a *smartphones*, *tablets* e uma persistente conectividade através da Internet. Como a maior parte dos pais ou educadores desta geração atestará, a sua utilização dos aparelhos é *constante*. (O termo *constante* não é uma hipérbole: um estudo de 2015 realizado pela Common Sense Media concluiu que os adolescentes estavam a consumir os *media* – incluindo mensagens de texto e redes sociais – *nove horas por dia*, em média.[28]) Este grupo, como tal, pode desempenhar um papel de canário cognitivo na mina de carvão. Se a privação de solidão persistente provoca problemas, deverão ser eles a revelá-los primeiro.

E é precisamente isto que descobrimos.

A minha primeira indicação de que esta geração hiperligada estava a sofrer ocorreu há alguns anos, quando comecei a escrever este livro. Estava a conversar com a diretora dos serviços de saúde mental de uma conhecida universidade onde tinha sido convidado para dar uma palestra. Esta administradora disse-me que tinha começado a ver grandes alterações na saúde mental dos alunos. Até há pouco tempo, o centro de saúde mental do *campus* tinha visto o mesmo tipo de problemas da adolescência, comuns há décadas: saudades de casa, distúrbios alimentares, alguma depressão e o caso ocasional de distúrbio obsessivo-compulsivo. Depois tudo mudou. Aparentemente da noite para o dia, o número de alunos que procuram aconselhamento para a saúde mental aumentou exponencialmente, e o mesmo tipo de problemas da adolescência passou a ser dominado por algo que costumava ser relativamente raro: a ansiedade.

Ela disse-me que todos pareciam sofrer, subitamente, de ansiedade ou transtornos relacionados com esta. Quando lhe perguntei o que pensava que tinha provocado a mudança, respondeu sem hesitar que, provavelmente, tinha algo que ver com os *smartphones*. A súbita ascensão dos problemas relacionados com a ansiedade coincidiu com a primeira chegada às aulas de alunos que foram criados com *smartphones* e redes sociais. Ela apercebeu-se de que estes novos alunos estavam constante e freneticamente a escrever e enviar mensagens. Parecia claro que a comunicação persistente estava, de algum modo, a perturbar a química cerebral dos alunos.

Alguns anos mais tarde, o palpite desta administradora foi validado pela professora de Psicologia Jean Twenge, da Universidade Estatal de San Diego, que é uma dos maiores especialistas nas diferenças geracionais da juventude americana. Como Twenge nota num artigo de setembro de 2017 para a *Atlantic*, há mais de 25 anos que estuda estas tendências, e estas quase sempre surgem e crescem gradualmente. Mas a partir de 2012, aproximadamente, apercebeu-se de uma alteração nas medições dos estados emocionais dos adolescentes que não era nada gradual:

> As curvas suaves dos gráficos lineares [gráficos que seguiam como os traços comportamentais se alteravam dependendo do ano de nascimento] tornaram-se montanhas íngremes e penhascos escarpados, e muitas das características distintivas da geração *millennial* começaram a desaparecer. Em todas as minhas análises dos dados geracionais – alguns remontando à década de 1930 –, nunca vi nada assim.[29]

Os jovens nascidos entre 1995 e 2012, um grupo a que Twenge chama «iGen», exibiam diferenças espantosas quando comparados com os *millennials* que os precederam. Uma das maiores e mais perturbadoras alterações foi na saúde psicológica da iGen. «As taxas de depressão e suicídio adolescente subiram em flecha»[30], escreve Twenge, com muito disto a parecer dever-se ao aumento em massa dos distúrbios de ansiedade. «Não é um exagero descrever a iGen como estando à beira da pior crise de saúde mental em décadas.»

O que instigou estas alterações? Twenge concorda com a intuição da administradora de saúde mental da universidade quando comenta que estas alterações na saúde mental correspondem «exatamente» ao momento em que a posse de *smartphones* pelos americanos se tornou ubíqua. O traço que define a iGen, explica, é que cresceram com *iPhone* e redes sociais e não se lembram de um tempo antes do constante acesso à Internet. Estão a pagar o preço por esta diferença com a sua saúde mental. «Grande parte da deterioração pode estar relacionada com os telemóveis»[31], conclui Twenge.

Quando o jornalista Benoit Denizet-Lewis investigou esta epidemia de ansiedade adolescente na *New York Times Magazine*, descobriu igualmente que os *smartphones* surgiam constantemente como um sinal persistente entre o ruído de hipóteses plausíveis. «É certo que havia miúdos ansiosos antes do Instagram»[32], escreve, «mas muitos dos pais com quem falo preocupam-se com a possibilidade de que os hábitos digitais dos seus filhos – constante resposta a mensagens de texto, as publicações nas redes sociais, a atenção obsessiva aos feitos filtrados dos seus pares – eram, em parte, responsáveis pelas dificuldades dos filhos.»

Denizet-Lewis presumiu que os próprios adolescentes rejeitariam esta teoria como críticas parentais, mas não foi o que aconteceu. «Para minha surpresa, os adolescentes ansiosos tendiam a concordar.»[33] Um aluno universitário que entrevistou num centro residencial para o tratamento da ansiedade expressou-o muito bem: «As redes sociais são uma ferramenta, mas tornaram-se uma coisa sem a qual não conseguimos viver e que nos está a deixar loucos.»

Como parte destes relatos, Denizet-Lewis entrevistou Jean Twenge, que deixou bem claro que não tinha considerado envolver os *smartphones*: «Parecia-me uma explicação demasiado fácil para os resultados negativos para a saúde mental dos adolescentes»[34], mas acabou por ser a única explicação que se adequava ao momento. Existem imensos potenciais culpados, dos acontecimentos atuais stressantes ao aumento da pressão académica, mas estes existiam antes do aumento da ansiedade que começa por volta de 2011. O único fator que aumentou dramaticamente mais ou menos na mesma altura da ansiedade adolescente foi o número de jovens que possuíam *smartphones*.

«A utilização de redes sociais e *smartphones* parecia responsável pelo aumento dos problemas de saúde mental dos adolescentes»[35], disse a Denizet-Lewis. «É suficiente para uma detenção – à medida que formos recolhendo mais dados, poderá ser suficiente para uma condenação.» Para realçar a urgência da sua investigação, Twenge intitulou o seu artigo no *Atlantic* com uma pergunta direta: «Have Smartphones Destroyed a Generation?» (Terão os *smartphones* destruído uma geração?).

Regressando à analogia do canário na mina de carvão, o sofrimento dos iGen oferece-nos um enorme sinal de alerta acerca dos perigos da privação de solidão. Quando todo um conjunto eliminou, sem qualquer intenção, o tempo que passa com os próprios pensamentos das suas vidas, a sua saúde mental sofreu dramaticamente. Se pensarmos nisso, faz sentido. Estes adolescentes perderam a capacidade para processar e dar sentido às suas emoções, para refletir sobre quem são e o que é realmente importante, ou para construir fortes relações, ou simplesmente para permitir que os seus cérebros tenham tempo para abrandar os circuitos sociais críticos, que não deveriam ser usados constantemente, e para redirecionar essa energia para outras tarefas cognitivas importantes. Não deveria ser surpreendente que estas ausências conduzem a falhas no funcionamento.

A maioria dos adultos não atinge a conectividade constante praticada pelos membros da iGen, mas se extrapolar estes efeitos para uma forma um pouco mais leve de privação de solidão, que se tornou comum entre muitos grupos etários diferentes, os resultados não deixam de ser preocupantes. Como aprendi ao interagir com os meus leitores, muitos passaram a aceitar um ruído de fundo de ansiedade de baixo nível que permeia as suas vidas quotidianas. Quando procuram explicações, poderão virar-se para a mais recente crise – seja a recessão de 2009 ou as disputadas eleições de 2016 – ou atribuí-las, simplesmente, a uma reação normal aos stresses da idade adulta. Mas à medida que começamos a estudar os benefícios do tempo que passamos sozinhos com os nossos pensamentos, e nos deparamos com os efeitos perturbadores que surgem nas populações que os eliminam por completo, emerge uma explicação mais simples: *precisamos* de solidão para prosperarmos enquanto seres humanos, e em anos recentes, sem que disso nos apercebêssemos, temos estado a reduzir sistematicamente este ingrediente crucial das nossas vidas.

Dito de um modo mais simples, os seres humanos não estão preparados para estarem sempre ligados.

A cabana interligada

Presumindo que aceita a premissa de que a solidão é necessária para prosperar enquanto ser humano, a questão que se segue naturalmente é: como encontrar solidão suficiente no século XXI hiperligado? Para responder, podemos recorrer a uma ideia inesperada da cabana de Thoreau em Walden Pond.

O retiro de Thoreau nos bosques para lá de Concord, Massachusetts, com a intenção de viver de um modo mais deliberado, é citado como um exemplo clássico de solidão. Thoreau ajudou a difundir este conceito. O livro acerca da experiência, *Walden*, é rico em longas passagens que descrevem Thoreau sozinho a observar os ritmos lentos da natureza. (Nunca mais voltará a pensar no gelo de um lago da mesma maneira depois de ter lido a longa dissertação de Thoreau acerca de como as suas qualidades se alteram ao longo do inverno.)

Décadas depois da publicação de *Walden*, contudo, os críticos têm contestado a mitologia de que Walden se encontrava num posto avançado isolado. O historiador W. Barksdale Maynard, para citar um exemplo entre muitos, listou, num ensaio de 2005, as muitas formas através das quais Thoreau estava longe de estar isolado durante o tempo que passou no lago. A cabana de Thoreau, afinal, não estava no meio do bosque, mas numa clareira perto do bosque, a partir da qual via uma estrada pública bastante movimentada. Thoreau estava a apenas 30 minutos a pé da sua cidade natal de Concord, onde regressava regularmente para as refeições e para visitas sociais. Os amigos e familiares, por seu lado, visitavam constantemente a cabana, e Walden Pond, longe de ser um oásis inabitado, era então, como permanece hoje, um destino popular para os turistas que procuram um bom passeio ou um mergulho. Mas, como Maynard explica, esta mistura complexa de solidão e companheirismo não é um segredo que Thoreau estivesse a tentar esconder. Era, de certa maneira, a ideia fundamental «A intenção [de Thoreau] não era habitar um espaço *selvagem*»[36], escreve, «mas descobrir um espaço *selvagem*, num enquadramento suburbano.»

Podemos substituir *solidão* por *espaço selvagem* nesta frase sem alterar o seu significado. Thoreau não tinha qualquer interesse em completar a desconexão, dado que o meio intelectual de Concord em meados do século XIX era surpreendentemente bem desenvolvido e Thoreau não queria desligar-se por completo desta energia. O que Thoreau procurava nesta experiência em Walden era a capacidade para andar para trás e para a frente entre um estado de solidão e um estado de conexão. Valorizava não só o tempo a sós com os seus pensamentos – começando pelo gelo – mas também o companheirismo e o estímulo intelectual. Teria rejeitado uma vida de isolamento ao verdadeiro estilo eremita com o mesmo vigor com que protestava contra o consumismo acéfalo do início da era industrial.

O ciclo de solidão e conexão é uma solução que surge frequentemente quando estudamos pessoas que conseguiram, com sucesso, contornar a privação de solidão; penso, por exemplo, em Lincoln, que passava as noites numa cabana antes de regressar ao bulício da Casa Branca pela manhã, ou em Raymond Kethledge, que fazia uma pausa do tribunal atarefado para clarificar os pensamentos num celeiro silencioso. O pianista Glenn Gould propôs, certa vez, uma forma matemática para este ciclo, dizendo a um jornalista: «Sempre tive uma espécie de intuição de que por cada hora que se passa com outros seres humanos necessita de um X número de horas a sós. O que representa exatamente esse X não sei... mas é um rácio substancial.»[37]

É precisamente esta alternância entre tempo a sós com os nossos pensamentos e tempo ligado que proponho como chave para evitar a privação de solidão numa cultura que também exige conexão. Como realça o exemplo de Thoreau, não há nada de errado com a conectividade, mas se não a equilibrar com doses regulares de solidão, os seus benefícios irão diminuir.

Para o ajudar a incluir este ciclo na sua vida moderna, este capítulo conclui com um pequeno conjunto de *práticas* – cada um oferecendo uma abordagem específica eficaz para a integração de mais solidão numa rotina de outro modo constantemente ligada. Estas práticas não são exaustivas nem obrigatórias. Pense antes nelas como um olhar para as diversas maneiras segundo as quais as pessoas alcançaram o sucesso na criação da sua própria cabana metafórica junto ao lago, num mundo cada vez mais ruidoso.

Prática: deixe o telefone em casa

O Alamo Drafthouse Cinema de Austin, Texas, não permite a utilização do telemóvel a partir do início do filme. O brilho dos ecrãs distrai os clientes da experiência cinemática e o Alamo Drafthouse é o tipo de local onde as pessoas respeitam a experiência cinemática. A maior parte dos cinemas solicita educadamente à assistência que guarde os telemóveis, mas este espaço em especial leva a proibição muito a sério. Eis a política oficial, retirada do seu website:

> Temos tolerância zero para quem fala ou utiliza o telemóvel durante o filme. Será expulso. Temos apoio.[38]

Esta política é espantosa, em parte por ser tão excecional no negócio dos cinemas. O multiplex comum abdicou implicitamente da ideia de que as pessoas conseguem aguentar a duração de um filme sem usar os telemóveis. Alguns consideraram, inclusivamente, abandonar formalmente esta proibição. «Não se pode dizer a um miúdo de 22 anos que desligue o telemóvel»[39], disse o CEO da cadeia de cinemas AMC numa entrevista de 2016 à *Variety*. «Não é assim que vivem as suas vidas.» Em seguida revelou que a empresa está a considerar relaxar as suas proibições de telemóveis existentes «embora largamente ignoradas».

A luta perdida contra os telemóveis nos cinemas é uma consequência específica de uma mudança mais genérica que tem vindo a ocorrer durante a última década: a transformação do telemóvel de ferramenta ocasionalmente útil em algo que nunca conseguimos largar. A ascensão do *telemóvel como apêndice vital* é sustentada por muitas explicações diferentes. Os jovens, por exemplo, temem que a desconexão temporária os possa levar a deixar escapar alguma coisa melhor que poderiam estar a fazer. Os pais temem que os filhos não sejam capazes de os contactar numa emergência. Os viajantes necessitam de direções e recomendações de locais onde comer. Os trabalhadores temem serem precisos mas estarem incontactáveis. E todos temem, secretamente, sentirem-se aborrecidos.

O que é espantoso em relação a estas preocupações é o quão recentemente nos começámos a preocupar realmente com elas. As pessoas nascidas antes de meados de 1980 têm fortes memórias da vida sem os telemóveis. Todas as preocupações acima indicadas ainda existem, em teoria, mas ninguém se preocupava muito com elas. Antes de ter a carta, por exemplo, se precisava que alguém me fosse buscar à escola depois das aulas de Educação Física, utilizava uma cabine telefónica: umas vezes os meus pais estavam em casa, outras vezes tinha de deixar mensagem e esperar que eles as ouvissem. Perder-me e pedir indicações era uma parte normal da condução numa nova cidade e não era nada de especial – aprender a ler mapas foi uma das primeiras coisas que fiz depois de ter aprendido a conduzir. Os pais sentiam-se confortáveis com a ideia de que quando saíam para jantar e ver um filme, a *baby-sitter* não tinha nenhuma maneira fácil de os contactar em caso de emergência.

Não estou a tentar criar uma falsa sensação de nostalgia por esses tempos antes do telemóvel. Todos os cenários acima estão algo melhorados pelas melhores ferramentas de comunicação. Mas o que quero realçar é que grande parte deste melhoramento é reduzido. Dito de outra maneira, em 90 por cento da nossa vida quotidiana, a presença de um telemóvel ou não interessa ou torna as coisas apenas ligeiramente mais convenientes. É útil, mas é um exagero acreditar que a sua presença ubíqua é vital.

Esta teoria pode ser validada em parte por nos virarmos para a surpreendentemente vibrante subcultura de pessoas que passam largos períodos sem comunicação celular. Sabemos da existência deste grupo porque muitos têm vindo a publicar ensaios que descrevem a sua experiência. Se ler um número suficiente destes textos, um tema comum emerge: a vida sem telemóvel é ocasionalmente irritante, mas é muito menos debilitante do que se poderia esperar.

Uma jovem de seu nome Hope King,[40] por exemplo, acabou por passar um pouco mais de quatro meses sem telemóvel depois de o seu *iPhone* ter sido roubado numa loja de roupa. Ela podia tê-lo substituído de imediato, mas adiar a decisão pareceu-lhe, na altura, um ato de desafio simbólico contra o ladrão – talvez uma maneira errónea, mas bem-intencionada, de dizer: «Vês, não me magoaste.» Num artigo que escreveu acerca da experiência, King listava várias «irritações» da vida sem telemóvel, incluindo a necessidade de procurar mapas de antemão, antes de se dirigir para um novo destino, e a ligeiramente inferior complexidade de falar com a sua família (algo que fazia por Skype no computador portátil). Também passou por um pequeno número de grandes irritações, como a vez em que ficou presa no banco de trás de um táxi, atrasada para uma reunião com o patrão, na esperança desesperada de apanhar um sinal de Wi-Fi de um Starbucks próximo com o *iPad* para poder avisá-lo. Mas em tudo o resto a experiência foi menos drástica do que temia. De facto, como escreve, algumas coisas que a preocupavam em relação à vida pós-telemóvel «foram surpreendentemente fáceis», e quando, por fim, se forçou a comprar um novo telemóvel (um novo emprego assim exigia), sentiu-se na verdade ansiosa quanto ao facto de estar de novo em permanente conexão.

O objetivo destas observações é realçar o argumento seguinte: a urgência que sentimos de ter sempre um telemóvel connosco é exagerada. Viver permanentemente sem estes aparelhos seria desnecessariamente irritante, mas passar regularmente algumas horas longe deles não deverá levantar problemas. É importante que o convença desta realidade, dado que passar mais tempo longe do seu telefone é precisamente aquilo que lhe vou pedir que faça.

Argumentei no início deste capítulo que os *smartphones* são o principal facilitador da privação de solidão. Para evitar este problema, como tal, faz sentido tentar passar algum tempo longe destes aparelhos – recriar a exposição frequente à solidão que, até recentemente, era uma parte inevitável da vida quotidiana. Recomendo que tente passar algum tempo longe do telefone na *maioria* dos dias. Este tempo pode assumir muitas formas, de um rápido recado matinal a uma noite inteira fora de casa, dependendo do seu nível de conforto.

Ter sucesso com estas estratégias exige que abandone a crença de que não ter telemóvel é uma crise. Como defendi acima, esta crença é nova e, em grande parte, inventada, mas ainda assim pode exigir alguma prática antes de aceitar plenamente a verdade. Se se debater com isto a início, um compromisso útil consiste em levar o telefone para onde vai, mas depois deixá-lo no porta-luvas do carro. Assim, se ocorrer uma emergência que exija conexão, poderá sempre ir buscar o aparelho, mas não estará *ali mesmo* consigo, onde poderá destruir a solidão num instante. Se não estiver a conduzir mas tiver saído com alguém, pode funcionar igualmente bem pedir que lhe guardem o telefone (presumindo que os consegue convencer a fazê-lo) – como antes, terá acesso de emergência, mas não acesso fácil.

Para realçar o que espero que esteja a deixar claro, esta prática não lhe exige que se livre para sempre do telefone – a maior parte do tempo, terá o telefone consigo e gozará de todas as suas conveniências. Tem como objetivo, contudo, convencê-lo de que é razoável viver uma vida em que por vezes tem o telemóvel consigo, e por vezes não tem. De facto, não só este estilo de vida é razoável como representa um pequeno afinar dos seus comportamentos, do qual poderá colher grandes benefícios, dado que o protege dos piores efeitos da privação de solidão.

Prática: dê longos passeios

Em 1889, quando a fama de Friedrich Nietzsche começava a espalhar-se, publicou uma breve introdução à sua filosofia. Chamou-lhe *O Crepúsculo dos Ídolos*, e levou-lhe apenas duas semanas a escrever. No início do livro, existe um capítulo que contém aforismos sobre tópicos que lhe interessavam. É neste capítulo, mais especificamente na máxima 34, que encontramos a seguinte teoria: «Apenas os pensamentos alcançados pelo andar têm valor.»[41] Para realçar a sua estima pelo andar, Nietzsche comenta igualmente: «A vida sedentária é um pecado contra o Espírito Santo.»[42]

Nietzsche falava de experiência pessoal. Como o filósofo francês Frédéric Gros elabora no seu livro de 2009 sobre a interceção do andar e da filosofia, Nietzsche, em 1889, estava a concluir uma década loucamente produtiva, em que recuperou de problemas de saúde e escreveu alguns dos seus maiores livros. Este período iniciara-se dez anos antes, quando foi forçado pelas enxaquecas recorrentes, entre outras doenças, a deixar de ser professor universitário. Entregou a demissão em maio de 1879 e mais tarde, nesse verão, deu por si numa pequena aldeia nas encostas de Upper Engadine. Na década que se estende entre a sua demissão e a publicação de *O Crepúsculo dos Ídolos*, Nietzsche sobreviveu com uma série de pequenas bolsas que lhe garantiam fundos suficientes para um alojamento modesto e a capacidade para apanhar o comboio de ida e volta entre as montanhas (onde podia escapar ao calor do verão) e o mar (onde podia escapar ao frio do inverno).

Foi durante este período, quando Nietzsche se apercebeu de que estava rodeado por alguns dos trilhos mais magníficos da Europa, que «se tornou o caminhante das lendas sem par»[43]. Como Gros conta, durante o seu primeiro verão em Upper Engading, Nietzsche começou a andar até oito horas por dia. Durante estes passeios pensava, acabando por preencher seis pequenos blocos de notas com a prosa que se tornou no *Viajante e a Sua Sombra*, o primeiro de muitos livros influentes que escreveu durante uma década alimentada pelas deambulações.

Nietzsche, claro, não é a única figura histórica a utilizar os movimentos para apoiar a vida contemplativa. No seu livro, Gros também realça o exemplo do poeta francês Arthur Rimbaud[44], uma alma inquieta que partiu em muitas longas peregrinações a pé, frequentemente com falta de dinheiro, mas rico em paixão, ou Jean-Jacques Rousseau, que, certa vez, escreveu: «Nunca faço nada, mas quando caminho, o campo é o meu escritório.»[45] Em relação a Rousseau, Gros acrescenta: «O simples facto de ver uma secretária e uma cadeira era suficiente para o fazer sentir-se doente.»[46]

O valor de andar também impregna a cultura americana. Wendell Berry, outro proponente dos passeios, utilizava as longas saídas através dos campos e florestas do seu Kentucky rural para clarificar os seus valores pastorais. Como escreveu certa vez:

> Enquanto caminho, sou constantemente recordado da lenta e paciente construção do solo nos bosques. E sou recordado dos acontecimentos e das companhias da minha vida – pois os meus passeios, depois de tanto tempo, são eventos culturais.[47]

Berry foi, provavelmente, inspirado por Thoreau, que é, sem dúvida, o mais estridente proponente americano do andar. Na sua famosa palestra no secundário, postumamente publicada no *Atlantic Monthly*, sob o título de «Walking» (Andar), Thoreau rotula a sua atividade como uma «arte nobre», clarificando: «O andar de que falo não é nada que se assemelhe ao exercício... mas é, em si mesmo, o empreendimento e a aventura do dia.»[48]

Estes viajantes históricos abraçavam a atividade por diferentes razões. Nietzsche recuperou a saúde e descobriu uma voz filosófica original. Berry formalizou a sua nostalgia intuitiva. Thoreau descobriu uma ligação com a natureza que considerava fundamental para uma próspera vida humana. Estas razões diferentes, contudo, são todas servidas pela mesma propriedade-chave do caminhar: é uma forma fantástica de solidão. É importante lembrar aqui a nossa definição técnica de solidão enquanto liberdade das informações de outras mentes, dado que é precisamente esta ausência de reação ao ruído da civilização que suporta todos os seus benefícios. Nietzsche realçava este ponto quando contrastava a originalidade das suas ideias estimuladas pelo caminhar com as produzidas pelo erudito livreiro trancado numa biblioteca que reagia apenas ao trabalho de outras pessoas. «Não pertencemos», escreveu, «àqueles que só têm ideias entre os livros, quando estimulados pelos livros».[49]

Motivados por estas lições históricas, deveríamos abraçar o caminhar como uma fonte de solidão de elevada qualidade. Ao fazê-lo, deveríamos ouvir o aviso de Thoreau de que não estamos a falar acerca de um passeio enérgico para fazer algum exercício, mas de longas viagens sinceras, mergulhadas nos bosques, ao estilo de Nietzsche no cimo da montanha – estas são a base da solidão produtiva.

Há muito abracei esta filosofia. Quando era aluno de pós-doutoramento do MIT, a minha esposa e eu alugámos um minúsculo apartamento em Beacon Hill, a cerca de quilómetro e meio de Longfellow Bridge, do lado leste do *campus* onde eu trabalhava. Fazia este caminho a pé todos os dias, independentemente do estado do tempo. Por vezes encontrava-me com a minha esposa depois do trabalho, nas margens do rio Charles. Se chegasse cedo, lia. Foi nas margens deste rio que, inadvertidamente, descobri a escrita de Thoreau e Emerson.

Uma vez que agora vivo em Tacoma Park, Maryland, uma pequena cidade no interior do perímetro de Washington, os longos passeios junto ao rio já não fazem parte da minha viagem para o trabalho. Um dos aspetos que me atraiu nesta cidade, contudo, foram os largos passeios mantidos à sombra pelas árvores bem cuidadas. Estou a ganhar rapidamente reputação de *professor esquisito* que parece estar constantemente a vaguear pelas ruas de Tacoma Park.

Utilizo estes passeios para múltiplos propósitos. As atividades mais comuns incluem tentar avançar num problema profissional (como uma prova matemática para o meu trabalho enquanto cientista informático ou o esboço de um capítulo para um livro) e a autorreflexão em relação a um qualquer aspeto particular da minha vida que me pareça necessitar de mais atenção. Por vezes saio para aquilo a que chamo «passeios da gratidão», em que me limito a gozar de um tempo particularmente bom, a observar um bairro de que gosto ou, se estiver no meio de um período particularmente atarefado ou stressante, tento gerar um sentido de antecipação para um melhor tempo que está para vir. Por vezes, começo o passeio com a intenção de lidar com um destes objetivos e depressa descubro que a minha mente tem outras ideias acerca daquilo que necessita realmente de atenção. Nesses casos, tento ceder às minhas inclinações cognitivas e recordar-me de como seria difícil captar estes sinais por entre o ruído que domina a ausência de solidão.

Em suma, estaria perdido sem os meus passeios porque eles se tornaram uma das minhas melhores fontes de solidão. Esta prática propõe que procure benefícios semelhantes ao passar mais tempo sozinho a pé. Os pormenores desta prática são simples: de um modo regular, saia para longos passeios, de preferência num espaço agradável. Realize estes passeios a sós, o que significa não só por si mesmo, mas também, se possível, sem o telefone. Se estiver de auriculares, ou a seguir uma cadeia de mensagens de texto ou, Deus nos livre, a narrar o passeio no Instagram – não está realmente a caminhar, e como tal, não está a gozar dos maiores benefícios desta prática. Se não é capaz de abandonar o telefone por questões de logística, então coloque-o no fundo da mochila, para que só o possa usar num caso de emergência, mas não possa sentir-se facilmente atraído por ele ao primeiro sinal de aborrecimento. (Se estiver irritado com o facto de não ter o telefone, veja o debate sobre este tópico na prática anterior.)

A parte mais difícil deste hábito é encontrar o tempo. Na minha experiência, provavelmente terá de se esforçar para limpar as horas necessárias na sua agenda – é pouco provável que surjam naturalmente. Isto poderá significar, por exemplo, agendar os passeios em dias de trabalho com bastante antecedência (são uma excelente maneira de começar ou terminar o dia), ou negociar com a família alguns períodos ao fim do dia ou no fim de semana, quando se vai fazer à estrada. Ajuda, igualmente, que aprenda a alargar a sua definição de «bom tempo». Poderá caminhar nos dias frios, ou quando está a nevar, ou mesmo quando estiver a chuviscar (durante o tempo que passei no MIT aprendi o valor de boas calças impermeáveis). Certa vez, cheguei a levar o meu cão para um curto passeio enquanto um furacão ia em direção a Washington, contudo, em retrospetiva, talvez não tenha sido uma decisão muito inteligente.

Estes esforços são difíceis, mas as recompensas são grandes. Sou simplesmente mais feliz e mais produtivo – numa medida francamente grande – quando passeio regularmente. Muitos outros, tanto hoje quanto historicamente, gozaram dos mesmos benefícios que advêm desta substancial injeção de solidão numa vida em tudo o resto caótica.

Certa vez, Thoreau escreveu:

> Acho que não posso preservar a minha saúde e bom espírito, a menos que passe pelo menos quatro horas por dia – e é normalmente mais do que isso – a deambular através dos bosques ou pelos montes e campos, absolutamente livre de todos os envolvimentos mundanos.[50]

A maioria de nós jamais alcançará as ambições de Thoreau em termos de compromisso com a deambulação. Mas se permanecermos inspirados pela sua visão e tentarmos andar a pé o máximo tempo possível, envolvendo-nos na «nobre arte» de caminhar, também nós experimentaremos o sucesso na preservação da nossa saúde e espírito.

Prática: escreva cartas a si mesmo

Tenho uma pilha de 12 blocos de notas *Moleskine*, pretos e de tamanho de bolso, na prateleira de cima de uma estante no meu escritório de casa. Um 13.º bloco de notas está, atualmente, na minha pasta de trabalho. Tendo em consideração que comprei o meu primeiro *Moleskine* no verão de 2004, e estou a escrever estas palavras no início do outono de 2017, contas feitas é cerca de um bloco por ano.

A minha utilização destes diários evoluiu ao longo do tempo. A minha primeira entrada foi redigida a 7 de agosto de 2004, no primeiro *Moleskine* que tive. Comprei-o numa livraria do MIT pouco depois de ter chegado a Cambridge para começar a minha vida enquanto estudante pós-graduado. A primeira entrada é, como tal, intitulada, adequadamente, «MIT», e lista algumas ideias para projetos de investigação. As primeiras entradas deste primeiro bloco de notas concentram-se, acima de tudo, sobre tópicos profissionais. Além de questões relacionadas com os estudos pós-graduados, inclui também algumas notas acerca do marketing do meu primeiro livro, *How to Win at College*, que foi publicado no início de 2005. Estas entradas são interessantes, hoje, acima de tudo pelas suas referências culturais humoristicamente datadas (uma declara solenemente «siga o exemplo da campanha de [Howard] Dean: dê poder às pessoas», ao passo que outra – e juro que não estou a inventar isto – faz referência tanto às botas *UGG* como ao *reality-show* de sucesso do início da década de 2000, *The Osbournes*).

No início de 2007, contudo, o conteúdo dos meus blocos de notas alargou-se de uma consideração estreita nos projetos profissionais para algo que inclui reflexões e ideias acerca da minha vida de um modo mais geral. Uma entrada deste período é intitulada «Cinco coisas para me concentrar neste semestre», ao passo que outra pormenoriza alguns pensamentos sobre «produtividade da página em branco», um sistema organizacional que estava a experimentar na altura. O outono de 2008 parece ver uma mudança mais significativa em direção a uma introspeção mais profunda, com uma entrada intitulada «Melhor», que expõe uma visão tanto para a minha vida profissional quanto pessoal. Termina com o pedido sincero de «aceitar apenas a excelência de mim mesmo».

Em dezembro desse ano, escrevi uma entrada intitulada «O plano», sob a qual listei os meus valores de vida, que se enquadravam em categorias como «relacionamentos», «virtudes» e «qualidades». Ainda me lembro de a ter escrito na cama do meu quarto no quarto andar, às portas de Harvard Square. Tinha regressado recentemente de um Shivá com um amigo que perdera um dos progenitores, e compreender aquilo que era importante para mim pareceu-me, de súbito, importante. Esta entrada também instigou um hábito segundo o qual, sempre que começava um *Moleskine*, começava pela transcrição da minha atual lista de valores, sob o título «O plano», nas primeiras páginas do bloco.

As entradas de 2010 são particularmente interessantes, dado que incluem as sementes das ideias que se transformaram nos meus últimos três livros: *So Good They Can't Ignore You*, *Deep Work – A concentração máxima num mundo de distrações*, e o título que tem agora em mãos. Quando reli, recentemente, estes blocos de notas, fiquei surpreendido por recordar o quanto o meu pensamento já se tinha desenvolvido em questões como o perigo da paixão, o planeamento das carreiras, o poder da habilidade especializada numa era de informática de finalidade genérica e, premonitoriamente, o apelo de um novo tipo de minimalismo concentrado na tecnologia – a que chamei «Simplicidade 2.0» na altura.

O meu primeiro filho nasceu no final de 2012. Sem surpresa, o bloco de notas de 2013 está repleto de reflexões e planos urgentes para compreender como ser pai. O meu bloco de notas mais recente concentra-se bastante em tentar clarificar os anos que tenho pela frente, agora que consegui tornar-me um professor reconhecido e um autor consagrado. Posso estar a poucos blocos de notas introspetivos de distância de perceber isto, mas se a história pessoal é um guia fiável, chegarei lá.

Os meus *Moleskine* não são propriamente diários porque não escrevo de um modo regular. Se os folhear, deparar-se-á com um ritmo irregular: por vezes preencho dezenas de páginas numa só semana, ao passo que noutras alturas se poderão passar meses sem quaisquer novas notas. O ano sem eventos de 2006, durante o qual mantinha a cabeça baixa e tentava manter-me atualizado com os trabalhos de pós-graduação, não tem quaisquer entradas.

Estes blocos de notas desempenham um papel diferente: garantem-me uma maneira de escrever uma carta a mim mesmo quando me deparo com uma decisão complicada, uma emoção difícil ou um pico de inspiração. Ao terminar de compor os meus pensamentos de um modo estruturado, exigido pela prosa escrita, obtive frequentemente clareza. Tenho por hábito rever regularmente estas entradas, mas é frequentemente supérfluo. É um ato de escrita para mim mesmo que já gerou o grosso dos seus benefícios.

No início deste capítulo, apresentei a definição de Raymond Kethledge e Michael Erwin de solidão como tempo passado a sós com os nossos próprios pensamentos e livre das informações das mentes dos outros. Escrever uma carta a si mesmo é um excelente maquinismo para gerar, precisamente, este tipo de solidão. Não só o liberta das informações exteriores como lhe garante um andaime conceptual sobre o qual poderá separar e organizar os seus pensamentos.

Sem qualquer surpresa, não sou a única pessoa a descobrir este tipo especial de atalho para a solidão. Como Kethledge e Erwin relatam no seu livro, Dwight Eisenhower utilizou uma «prática de pensamento pela escrita»[51] ao longo da sua carreira para dar sentido a decisões complicadas e domar emoções intensas. Não foi o único líder a utilizar este hábito. Como referi antes neste capítulo, quando visitava a sua cabana em Soldiers'Home, Abraham Lincoln tinha por hábito[52] registar pensamentos em pedaços de papel, que enfiava no chapéu, para manter em segurança. (De facto, o primeiro rascunho da proclamação da emancipação de Lincoln foi composto, em parte, a partir de ideias retiradas de tiras de papel. Inspirada por isto, a organização não-governamental que agora cuida do local histórico da cabana do Presidente Lincoln tem um programa que encoraja os jovens alunos a um pensamento original mais rigoroso. Chamam-lhe o Chapéu de Lincoln.)

Esta prática pede-lhe que abrace esta estratégia bem validada arranjando tempo para escrever uma carta a si mesmo quando se depara com circunstâncias exigentes ou incertas. Pode seguir o meu exemplo e manter um bloco de notas especial para esta finalidade ou, como Abraham Lincoln, pode agarrar num qualquer pedaço de papel quando lhe surgir a necessidade. O fundamental é o ato da escrita em si. Este comportamento condu-lo, necessariamente, a um estado de solidão produtiva – arrancando-o dos balbucios digitais apelativos e dos conteúdos viciantes que esperam para o distrair, e garantindo-lhe uma maneira estruturada de trazer sentido às coisas importantes que estão a acontecer na sua vida, de momento.

É uma prática simples, fácil de aplicar, mas incrivelmente eficaz.

CAPÍTULO 5
NÃO FAÇA «GOSTO»

O maior duelo nos desportos

Em 2007, a ESPN transmitiu aquele que seria um dos mais estranhos eventos desportivos alguma vez transmitidos pelo canal: o campeonato nacional da Rock Paper Scissors League dos Estados Unidos da América. A final, que ainda pode ver no YouTube, começa com os comentadores a descreverem entusiasticamente os dois «fenómenos do RPS» (sendo RPS a abreviatura de *rock, paper, scissor*) que irão competir, declarando com uma seriedade absoluta que a audiência está prestes a testemunhar o «maior duelo nos desportos»[1].

A competição é realizada num minirringue de boxe com um pódio no meio. O primeiro concorrente usa óculos e enverga umas calças caqui e uma camisa de manga curta. Tropeça nas cordas quando tenta subir para o ringue. A sua alcunha, segundo nos dizem, é *Land Shark* (*Tubarão de Terra*). O segundo concorrente, com a alcunha *The Brain* (*O Cérebro*), chega, envergando igualmente umas calças caqui. Consegue entrar no ringue sem cair. «É de bom augúrio», explica o prestável comentador.

O árbitro entra e bate com a mão no pódio para dar início à primeira ronda. Os dois concorrentes contam até três, agitando os punhos antes de lançarem os seus sinais. *The Brain* opta pelo papel enquanto *Land Shark* escolhe a tesoura. Ponto para *Land Shark*! A multidão exulta. Pouco menos de três minutos depois, com o resultado a seu favor, *Land Shark* ganha o campeonato e o grande prémio de 50 mil dólares, abafando a pedra de *The Brain* com aquilo a que os comentadores chamam «o papel que se ouviu no mundo inteiro».

À primeira vista, a ideia de concursos de «Pedra, Papel, Tesoura» sérios pode parecer disparatada. Ao contrário do póquer ou do xadrez, não parece haver grande espaço para a estratégia, o que, se assim for, tornará o resultado de um qualquer torneio fundamentalmente aleatório. Só que, na verdade, não é isso que acontece. Durante o auge da popularidade da liga, no início da década de 2000, os mesmos jogadores muitíssimo hábeis surgiam consecutivamente perto do topo dos *rankings* dos torneios, e quando os jogadores mais experientes competiam contra os iniciantes, o papel da experiência tornava-se mais evidente[2]. Num vídeo promocional produzido pela liga nacional, um jogador de nível de torneio que dá pelo nome de Master Roshambollah[*] desafia completos estranhos para jogos num *lobby* de hotel de Las Vegas. Ganha quase sempre.[3]

A explicação para estes resultados é que «Pedra, Papel, Tesoura», ao contrário de qualquer suposição inicial, exige estratégia. O que separa os jogadores avançados como *The Brain*, *Land Shark* e Master Rochambollah dos mortais jogadores de RPS, contudo, não é uma sequência de jogadas entediantemente memorizada ou a habilidade estatística, é antes a sua sofisticada compreensão de um tópico muito mais vasto: a psicologia humana.

Um bom jogador de «Pedra, Papel, Tesoura» integra um rico fluxo de informação acerca da linguagem corporal do adversário e das suas recentes jogadas, que ajudam a ter uma ideia do estado mental do seu adversário e, como tal, a calcular qual será a sua jogada seguinte. Estes jogadores utilizarão também movimentos e frases subtis para conduzirem o seu adversário a pensar acerca de uma determinada jogada. O adversário, contudo, poderá aperceber-se dessa tentativa e ajustar a jogada. Claro que o jogador original já pode estar à espera disso e realizar um terceiro ajuste e por aí fora. Não é surpreendente o facto de os participantes dos torneios de «Pedra, Papel, Tesoura» descreverem frequentemente a experiência como extenuante.

Para ver algumas destas dinâmicas em ação, regressemos à primeira jogada do campeonato de 2007, acima descrito. Imediatamente antes

---

[*] Esta alcunha é um jogo de palavras baseado no nome francês Rochambeau, um termo de gíria para o jogo de «Pedra, Papel, Tesoura».

de os jogadores iniciarem a sua contagem, *The Brain* diz: «Let's roll.» Isto pode parecer inócuo, mas, como o comentador refere, trata-se de uma «chamada subliminal» para que o seu adversário jogue «Pedra» (a ideia de *rolling* orienta a mente, levando-a a pensar em pedras). Depois de plantar esta semente para incitar o adversário a jogar «Pedra», *The Brain* joga «Papel». A estratégia subliminal, contudo, não corre como o esperado. *Land Shark* apercebe-se e calcula o que *The Brain* está a fazer, por isso joga «Tesoura», derrotando o «Papel» de *The Brain* e vencendo a jogada.

Compreender os campeões de «Pedra, Papel, Tesoura» é importante para os nossos objetivos porque as suas estratégias realçam um dote básico partilhado por todos os seres humanos à face da Terra: a capacidade para o complexo pensamento social. Aplicar esta capacidade ao objetivo de ganhar um lance de RPS exige alguma prática específica do jogo, mas como elaborarei mais à frente, a maioria das pessoas não se apercebe do grau extremo em que realizam feitos semelhantes de navegação social e leitura de mentes através das suas interações quotidianas normais. Os nossos cérebros, de diversas formas, podem ser compreendidos como computadores sociais sofisticados.

Uma conclusão natural desta realidade é a de que devemos tratar com grande cuidado qualquer nova tecnologia que ameace perturbar a maneira como nos relacionamos e comunicamos com os outros. Quando se mexe em algo tão central para o sucesso da nossa espécie, é fácil criar problemas.

Nas páginas que se seguem, irei detalhar o modo como os nossos cérebros evoluíram para ansiar por uma rica interação social, e depois explorar os problemas sérios levantados quando perturbamos esta interação com *pings* eletrónicos muitíssimo apelativos, mas muito menos substanciais. Em seguida, concluirei sugerindo uma estratégia algo radical para o minimalista digital que procure contornar estes danos enquanto preserva as vantagens das novas ferramentas de comunicação – uma estratégia que aplica estas novas formas de interação de modo a apoiar as antigas.

O animal social

A ideia de que os seres humanos têm uma afinidade especial pela interação e comunicação não é nova. Diz-se que Aristóteles terá comentado que «o Homem é, por natureza, um animal social»[4]. Contudo, foi há muitíssimo pouco tempo, tendo em conta a longa história humana, que descobrimos, biologicamente, em que medida esta intuição filosófica se revela verdadeira.

O momento-chave nesta nova compreensão ocorreu em 1997, quando uma equipa de investigadores da Universidade de Washington publicou um par de teses[5] no prestigiado *Journal of Cognitive Neuroscience*. Durante este período, os aparelhos de tomografia – originalmente desenvolvidos para objetivos médicos – estavam a fazer a transição para a investigação neurocientífica, onde ofereceram aos investigadores a decisiva capacidade para observar a atividade cerebral. A equipa da Universidade de Washington olhou para uma coleção destas novas imagens do cérebro para investigar uma questão simples: existem regiões do cérebro que estejam envolvidas em *todos* os tipos de atividade cerebral?

Como resume o psicólogo Matthew Lieberman no seu livro de 2003, *Social*, os resultados desta análise inicial foram «dececionantes», revelando que «apenas uma mão-cheia de regiões revelou uma atividade crescente em todas as tarefas, e não eram áreas do cérebro muito interessantes»[6]. Mas a equipa de investigação não tinha acabado. Não tendo sido capaz de encontrar regiões que fossem desencadeadas em muitas atividades diferentes, decidiram fazer a pergunta oposta: e se permanece alguma coisa ativa no cérebro, se é que algo permanece, quando alguém *não* está a tentar realizar uma tarefa? «Era uma questão inusitada»[7], comenta Lieberman, mas devíamos ficar satisfeitos pelo facto de a terem feito, porque conduziu a uma descoberta espantosa: a equipa descobriu que existe um conjunto particular de regiões no cérebro ativadas de um modo consistente quando não estamos a tentar realizar uma atividade cognitiva, e que são desativadas com igual consistência quando concentramos a nossa atenção em algo específico.

Dado que quase todas as tarefas levavam à desativação desta rede, os investigadores chamaram-lhe, originalmente, a «rede de desativação induzida pelas tarefas». Dado que este nome era algo extenso, acabou por ser abreviado com um rótulo mais chamativo: «a rede por defeito».

Inicialmente, os cientistas não faziam ideia do propósito desta rede por defeito. Tinham uma longa lista de tarefas que a desligavam (dizendo-lhes o que ela não fazia), mas poucas provas concretas acerca do seu verdadeiro objetivo. Mesmo sem boas provas, contudo, os cientistas começaram a desenvolver algumas intuições tendo por base a própria experiência. Um destes pensadores pioneiros é o nosso guia para esta investigação, Matthew Lieberman – que entra na nossa narrativa como um participante ativo.

Como Lieberman recorda, as imagens da rede por defeito eram tipicamente produzidas quando solicitando a um indivíduo que se colocasse no interior de uma máquina de tomografia de modo a fazer uma pausa da atividade repetitiva exigida pela experiência. Dado que o indivíduo não estava envolvido numa tarefa específica, era fácil para os investigadores pensarem que a rede por defeito era algo ativado quando não se estava a pensar em nada. Um pouco de autorreflexão, contudo, deixa bem claro que os nossos cérebros nunca estão realmente sem pensar em alguma coisa. Mesmo sem estarem envolvidos numa tarefa específica, tendem a permanecer altamente ativos, com pensamentos e ideias que atravessam uma ruidosa conversa constante. Pensando um pouco mais, Lieberman apercebeu-se de que este zumbido de fundo de atividade tende a concentrar-se num pequeno número de alvos: pensamentos acerca de «outras pessoas, o próprio indivíduo, ou ambos»[8]. A rede por defeito, por outras palavras, parece estar relacionada com a *cognição social*.

De facto, a partir do momento em que os cientistas perceberam aquilo que deviam procurar, descobriram que as regiões no cérebro que definiam a rede por defeito eram «praticamente idênticas»[9] às redes que se iluminam durante as experiências de cognição social. Quando lhe é dado um tempo de pausa, por outras palavras, o nosso cérebro reverte para pensamentos acerca da nossa vida social.

É aqui que a investigação de Lieberman dá uma reviravolta interessante. Quando se deparou, pela primeira vez, com a conclusão de que a rede por defeito é social, não ficou impressionado. Como outros no seu campo, comentou que as pessoas têm, naturalmente, um forte interesse na própria vida social, pelo que não é de surpreender que seja nisso que gostam de pensar quando estão aborrecidas. À medida que Lieberman continuava a estudar os diferentes aspetos da cognição social, contudo, a sua opinião mudou. «Desde então, fiquei convencido de que tinha percebido mal a relação entre estas redes»[10], escreve. «E esta inversão é tremendamente importante.» Acredita agora que «estamos interessados no mundo social *porque fomos criados de modo a ligar a nossa rede por defeito durante o nosso tempo livre.*» Dito de outra maneira, os nossos cérebros adaptaram-se a praticar automaticamente o pensamento social durante quaisquer momentos de descanso cognitivo, e é esta prática que nos ajuda a desenvolver um forte interesse pelo nosso mundo social.

Lieberman e os seus colaboradores engendraram uma série inteligente de experiências para validar esta hipótese. Num estudo, por exemplo, descobriram que a rede por defeito se ilumina durante o tempo de paragem mesmo nos recém-nascidos. A importância da descoberta desta atividade em crianças pequenas é a de que «claramente não cultivaram ainda o interesse pelo mundo social. [As crianças estudadas] não conseguem sequer concentrar o olhar.»[11] Este comportamento tem, consequentemente, de ser instintivo.

Num outro estudo, os alunos colocaram indivíduos (adultos) numa máquina de tomografia e depois solicitaram-lhes que resolvessem problemas matemáticos. Descobriram que, quando concediam aos indivíduos uma pausa de três segundos entre problemas – uma duração demasiado curta para que decidissem começar a pensar em algo mais –, a rede por defeito não deixava de se iluminar para preencher aquele pequeno fosso, indicando que este impulso para pensar acerca dos temas sociais funciona como um reflexo.

Esta descoberta realça a importância fundamental das ligações sociais para o bem-estar humano. Como Lieberman resume: «O cérebro não evoluiu ao longo de milhões de anos para passar o tempo livre a praticar algo irrelevante para a nossa vida.»[12] Mas a rede por defeito não é a história completa. Lieberman e os seus colaboradores descobriram, em estudos adicionais, outros exemplos em que a evolução realizou «grandes apostas» na importância da sociabilidade ao adaptar outros sistemas dispendiosos ao serviço das suas necessidades.

A perda de ligação social, por exemplo, desencadeia o mesmo sistema da dor física – explicando o porquê de a morte de um membro da família, um rompimento ou, até, um desaire social poderem causar tão grande perturbação. Numa experiência simples, conclui-se que os analgésicos de venda livre reduziam a dor social. Se for dado o poder ao sistema de dor para impelir o nosso comportamento, a sua relação com a nossa vida social realça a importância das relações sociais para o sucesso da nossa espécie.

Lieberman descobriu, também, que o cérebro humano dedica recursos significativos a duas grandes redes que trabalham em conjunto com o objetivo de *mentalizar*: ajudar-nos a compreender a mente das outras pessoas, incluindo como se sentem e quais são as suas intenções. Algo tão simples quanto uma conversa casual com um funcionário de uma loja exige uma quantidade gigantesca de poder computacional neuronal para receber e processar uma torrente de pistas acerca do que se estará a passar na mente do empregado. Embora esta «leitura de mentes» nos pareça natural, trata-se, na verdade, de um feito impressionantemente complicado realizado por redes afinadas ao longo de milhões de anos de evolução. São precisamente estes sistemas muitíssimo adaptados que os campeões de «Pedra, Papel, Tesoura» que abriram este capítulo utilizam.

Estas experiências representam apenas alguns destaques-chave entre muitos de uma vasta literatura acerca da neurociência cognitiva social que apontam para a mesma conclusão: os seres humanos estão preparados para serem sociais. Por outras palavras, Aristóteles estava no caminho certo quando nos chamou animais sociais, mas foi necessária a invenção moderna dos avançados aparelhos de tomografia cerebral para nos ajudar a perceber o quanto estava, provavelmente, a minimizar esta realidade.

Este interesse humano muitíssimo adaptado na conexão social é uma peça fascinante da nossa história evolutiva. É igualmente, contudo, uma realidade que deve preocupar qualquer minimalista digital. As redes intrincadas do cérebro descritas acima evoluíram ao longo de milhões de anos em ambientes cujas interações eram sempre compostas por encontros intensos, cara a cara, e cujos grupos sociais eram pequenos e tribais. As últimas duas décadas, pelo contrário, foram caracterizadas pela rápida disseminação das *ferramentas de comunicação digital* – o nome que dou às aplicações, serviços ou páginas de Internet que permitem às pessoas interagir através das redes digitais –, que levaram as redes sociais das pessoas a tornar-se muito maiores e muito menos locais, enquanto encorajam interações através de mensagens de texto curtas e cliques aprovadores que correspondem a ordens de magnitude menos carregadas de informação do que as que a evolução nos levou a esperar.

Talvez previsivelmente, este choque dos velhos sistemas neurais com as inovações modernas provocou problemas. Tal como a «inovação» dos alimentos altamente processados em meados do século XX conduziu a uma crise global da saúde, os efeitos secundários não intencionais das ferramentas de comunicação digitais – uma espécie de *fast food* social – estão a revelar-se igualmente preocupantes.

O paradoxo das redes sociais

Determinar o impacto das ferramentas de comunicação digital sobre o nosso bem-estar psicológico é complicado. Não existe falta de estudos científicos que examinem este tópico, mas grupos diferentes retiram conclusões diferentes da mesma literatura.

Considere dois pontos de vista contrastantes sobre este tópico que foram publicados mais ou menos na mesma altura, em 2017. O primeiro foi uma história da NPR (*National Public Radio*) publicada em março desse ano[13], que resumia os resultados de um par de novos estudos de relevo acerca da relação entre a utilização de redes sociais e o bem-estar. Os dois estudos concluíram que existia uma forte correlação entre a utilização das redes sociais e toda uma gama de fatores negativos, da perceção de isolamento a uma saúde física mais debilitada. O título da história da NPR resume bem estas conclusões: «Feeling Lonely? Too Much Time on Social Media Might Be Why.» (A sentir-se só? A razão poderá ser o excesso de tempo passado nas redes sociais).

Pouco depois da saída deste artigo da NPR, dois membros da equipa de investigação interna do Facebook fizeram uma publicação num blogue defendendo o seu serviço contra a crescente onda de críticas que tinha tido início no rescaldo das polémicas eleições de 2016. Nesta publicação, os autores reconheciam que algumas utilizações das redes sociais poderiam tornar as pessoas menos felizes, mas depois realçavam que vários estudos de investigação tinham definido que «quando utilizados corretamente»[14], estes serviços tornavam os indivíduos mais felizes de forma mensurável. Utilizando o Facebook para manter o contacto com amigos e entes queridos, referiam os autores, «traz-nos alegria e fortalece o nosso sentido de comunidade»[15].

Por outras palavras, dependendo de a quem se pergunta, as redes sociais ou nos deixam sós ou nos trazem alegria.

Para melhor compreender este fenómeno geral de conclusões contrastantes, olhemos mais de perto para os estudos específicos acima resumidos. Um dos principais artigos positivos citados pela publicação de blogue do Facebook era da autoria de Moira Burke[16], uma cientista de dados da empresa (que também foi a coautora da publicação), e Robert Kraut, um especialista em interação entre humanos e computadores na Universidade Carnegie Mellon. Foi publicado no *Journal of Computer-Mediated Communication* em julho de 2016. Neste estudo, Burk e Kraut recrutaram um grupo de cerca de 1900 utilizadores do Facebook que concordaram em quantificar o nível de felicidade atual quando solicitado. Os investigadores utilizaram então os dados do servidor do Facebook para relacionar determinadas atividades nas redes sociais com estes valores de bem-estar. Concluíram que quando os utilizadores recebiam informações «direcionadas» e compostas» escritas por alguém que conhecessem bem (por exemplo, um comentário enviado por um membro da família), se sentiam melhor. Por outro lado, receberem informação direcionada e composta por alguém que não conhecessem bem, ou receberem um «gosto», ou lerem uma atualização de estado direcionada a muitas pessoas, não tinha qualquer correlação com o bem-estar melhorar.

Outro artigo positivo citado na publicação do Facebook[17] era da autoria dos psicólogos sociais Fenne Deters, da Universidade Livre de Berlim, e de Matthias Mehl, da Universidade do Arizona. Foi publicado na revista *Social Psychology and Personality Science* em setembro de 2013. Neste estudo, Mehl e Deters utilizavam uma experiência controlada. Durante uma semana, foi pedido aos participantes que realizassem mais publicações no Facebook do que o normal, enquanto a outros não eram dadas quaisquer instruções. O grupo experimental a quem foi pedido que realizasse mais publicações acabou por relatar uma solidão inferior à do grupo de controlo durante esta semana. Uma inquirição mais atenta revelou que tal se devia, acima de tudo, ao facto de se terem sentido ligados aos amigos numa base diária.

Estes dois estudos parecem pintar uma forte imagem de como as redes sociais aumentam a felicidade e afastam a solidão. Mas agitemos um pouco as águas considerando os dois principais estudos negativos citados no artigo da NPR que saiu durante o mesmo período da publicação do Facebook.

O primeiro destes estudos[18] tinha a autoria de uma grande equipa multidisciplinar, liderada por Brian Primack, da Universidade de Pittsburgh. Foi publicado no prestigioso *American Journal of Preventive Medicine* em julho de 2017. Primack e a sua equipa inquiriram uma amostra nacionalmente representativa de adultos entre os 19 e os 22 anos, utilizando o mesmo tipo de técnicas de amostra aleatória utilizadas nas sondagens para medir a opinião pública durante as eleições. O inquérito tinha um conjunto de perguntas padrão que media o isolamento social percebido pelo sujeito (PSI) – uma métrica de solidão. Perguntava, igualmente, acerca da utilização de 11 plataformas de redes sociais de relevo. Depois de terem analisado os números, os investigadores concluíram que, quanto mais as pessoas utilizavam as redes sociais, mais provável era que se sentissem sós. De facto, alguém que se encontrasse nas percentagens mais elevadas de utilização das redes sociais tinha três vezes mais probabilidades de se sentir só do que alguém que se encontrava nas percentagens mais baixas. Estes resultados mantiveram-se mesmo depois de os investigadores terem aplicado os controlos em relação a fatores como a idade, o género, o estatuto da relação, o rendimento da família e a educação. Primack admitiu à NPR que ficara surpreendido com os resultados: «São as redes sociais, então não era suposto pessoas sentirem-se ligadas?»[19] Mas os dados eram claros. Quanto mais tempo passavam «ligadas» a estes serviços, mais isoladas as pessoas se sentiam.

O outro estudo citado no artigo da NPR era da autoria de Holly Shakya, da Universidade da Califórnia-San Diego, e Nicholas Christakis, de Yale, e foi publicado no *American Journal of Epidemiology* em fevereiro de 2017. Shakya e Christakis utilizaram dados de mais de 5200 indivíduos de um painel de inquérito nacionalmente representativo, combinado com o comportamento desses indivíduos observado no Facebook. Estudaram associações entre a atividade no Facebook e medições autorrelatadas de saúde física, saúde mental e satisfação com a vida (entre outras métricas de qualidade de vida). De acordo com o seu relato: «Os nossos resultados mostram que, em geral, a utilização do Facebook estava negativamente associada ao bem-estar.»[20] Concluíram, por exemplo, que quando se aumentava a quantidade de «gostos» ou ligações clicadas num desvio padrão, a saúde mental descia entre 5 e 8 por cento em relação a um desvio padrão. Estas ligações negativas mantinham-se[21] quando, como no estudo de Primack, aplicavam os controlos relativos às variáveis demográficas relevantes.

Estes estudos conflituantes parecem apresentar um paradoxo – as redes sociais fazem-nos sentir, simultaneamente, ligados e sós, felizes e tristes. Para resolver este paradoxo, comecemos por olhar mais de perto para os desenhos experimentais descritos acima. Os estudos que obtiveram resultados positivos concentraram-se em *comportamentos específicos* dos utilizadores das redes sociais, ao passo que os estudos que alcançaram resultados negativos se concentravam na *utilização geral* destes serviços. A suposição natural é de que estas variáveis deveriam estar positivamente relacionadas: se os comportamentos comuns nas redes sociais aumentam o bem-estar, então, quanto mais utilizar estes serviços, mais se envolverá nestes comportamentos que aumentam o bom humor, e mais feliz se sentirá. Consequentemente, depois de ler os estudos positivos, esperaria que um aumento da utilização das redes sociais aumentasse o bem-estar – mas isto, claro, era o oposto do que descobriram os investigadores dos estudos negativos.

Tem, consequentemente, de estar em jogo um outro fator – algo que aumente quanto mais utiliza as redes sociais, gerando impactos negativos que abafam os estímulos positivos menores. Felizmente para a nossa investigação, Holly Shakya identificou um suspeito provável para este fator: quanto mais utilizamos as redes sociais para interagir com a nossa rede, menos tempo dedicamos à comunicação offline. «Aquilo que sabemos neste momento»[22], disse Shakya à NPR, «é que temos provas de que substituir as relações do mundo real com a utilização das redes sociais é prejudicial ao nosso bem-estar.»

Para ajudar a explorar esta ideia, Shakya e Christakis também mediram as interações offline e concluíram que estavam associadas a efeitos positivos – uma conclusão que tem sido amplamente replicada na literatura da Psicologia Social. Como referiram, as associações negativas da utilização do Facebook são comparáveis, em magnitude, ao impacto positivo da interação offline – sugerindo uma troca.

O problema, então, não é que a utilização das redes sociais nos torne diretamente infelizes. De facto, como concluíram os estudos positivos citados acima, determinadas atividades das redes sociais, quando isoladas numa experiência, aumentam ligeiramente o bem-estar. O principal é que a utilização das redes sociais tende a afastar as pessoas da socialização no mundo real, que é muitíssimo mais valiosa. Como dão a entender os estudos negativos, quanto mais usamos as redes sociais, menos tempo temos para nos dedicarmos a interações offline, e, como tal, pior se torna o *deficit* deste valor – deixando os fortes utilizadores das redes sociais com muito maiores probabilidades de se sentirem sós e infelizes. Os pequenos estímulos que recebeu das publicações que fez no mural de um amigo ou dos «gostos» nas suas mais recentes fotografias do Instagram não conseguem rivalizar com a grande perda sentida por não passar tempo com esse mesmo amigo no mundo real.

Como resume Shakya: «Devemos ter cuidado... quando o som de uma voz ou um café com um amigo é substituído por "gostos" numa publicação.»[23]

A ideia de que as interações no mundo real são mais valiosas do que a interação online não é de surpreender. Os nossos cérebros evoluíram durante um período em que a *única* comunicação era offline e cara a cara. Como defendi no início deste capítulo, estas interações offline são incrivelmente ricas porque exigem que os nossos cérebros processem enormes quantidades de informação acerca de pistas analógicas subtis como a linguagem corporal, as expressões faciais e o tom de voz. A conversa de banda curta apoiada por muitas ferramentas de comunicação digital pode oferecer um simulacro desta ligação, mas deixa a maior parte das redes de processamento social de elevada *performance* em subutilização –

reduzindo a capacidade destas ferramentas para satisfazer a nossa intensa socialidade. É por isto que o valor gerado por um comentário no Facebook ou um «gosto» no Instagram – embora real – é menor quando comparado com o valor gerado por uma conversa analógica ou por uma atividade partilhada no mundo real.

Não temos dados concretos acerca do porquê de as pessoas trocarem a comunicação online pela offline quando lhes é concedido o acesso a ferramentas de comunicação digital, mas é fácil gerar hipóteses convincentes baseadas na experiência comum. Um culpado óbvio é o facto de a interação online ser simultaneamente mais fácil e rápida do que as conversas à moda antiga. Os seres humanos têm uma tendência natural para optar por atividades que exijam menos energia a curto prazo, ainda que sejam mais danosas a longo prazo – por isso acabamos por enviar mensagens de texto aos nossos irmãos em vez de lhes telefonar, ou gostamos de uma fotografia do bebé de um amigo em vez de parar para o visitar.

Um efeito mais subtil é a maneira como as ferramentas de comunicação digital podem subverter a comunicação offline que permanece na nossa vida. Tendo em consideração que o nosso instinto primário para nos mantermos ligados é tão forte, é difícil resistir a consultar um aparelho a meio de uma conversa com um amigo ou na hora do banho dos filhos – reduzindo a qualidade das interações mais ricas que decorrem mesmo à nossa frente. O nosso cérebro analógico não consegue distinguir facilmente entre a importância da pessoa que está na mesma divisão que nós e a pessoa que acaba de nos enviar uma mensagem de texto.

Por fim, como detalhámos na primeira parte deste livro, muitas destas ferramentas foram concebidas para sequestrar os nossos instintos sociais de modo a criar uma atração viciante. Quando passa várias horas por dia a clicar e a varrer compulsivamente, terá muito menos tempo livre para interações mais lentas. E porque esta utilização compulsiva emite uma aparência de socialidade, pode iludi-lo, levando-o a pensar que já está a cuidar bem das suas relações, tornando desnecessárias quaisquer outras ações.

Para afirmar o óbvio, este relato não cobre todos os perigos possíveis das ferramentas de comunicação digital. Os críticos realçaram igualmente a capacidade das redes sociais de nos fazerem sentir ostracizados ou inadequados, além de atiçar o ultraje extenuante, inflamar os nossos piores instintos tribais e, talvez até, degradar o processo democrático em si. Durante o resto deste capítulo, contudo, quero contornar o debate acerca das patologias potenciais do universo das redes sociais e manter a nossa concentração na relação de soma zero entre as interações online e offline. Acredito que estas são as questões mais importantes provocadas pela era da comunicação digital, e a principal armadilha que o minimalista tem de compreender quando tenta navegar com sucesso entre os prós e os contras destas novas ferramentas.

Recuperar o diálogo

Até este ponto no capítulo, recorremos a alguma terminologia pesadona para diferenciar a interação enviada através de interfaces de texto e ecrãs móveis da comunicação analógica antiquada que a evolução da nossa espécie nos leva a desejar. A partir daqui, quero tomar de empréstimo a útil formulação da professora do MIT Sherry Turkle, uma investigadora de topo acerca da experiência subjetiva da tecnologia. No seu livro de 2015, *Reclaiming Conversation*, Turkle traça uma distinção entre *ligação*, a palavra que utiliza para referir as interações de baixa largura de banda que definem as nossas vidas sociais online, e *diálogo*, a comunicação muito mais rica, de alta largura de banda, que define os encontros no mundo real entre seres humanos. Turkle concorda com a nossa premissa de que a conversação é fundamental:

> A conversação cara a cara é a coisa mais humana e humanizante que fazemos. Plenamente presentes um no outro, aprendemos a ouvir. É onde desenvolvemos a capacidade para a empatia. É onde experimentamos a alegria de sermos ouvidos, de sermos compreendidos.[24]

No seu livro, Turkle apresenta estudos de caso antropológicos que realçam a mesma «fuga da conversação»[25] que foi captada pelos estudos quantitativos citados anteriormente neste capítulo, e ao fazê-lo, coloca um rosto humano na diminuição do bem-estar que ocorre quando a conversação é substituída pela ligação.

Turkle, por exemplo, apresenta os seus leitores a alunos da escola preparatória que têm dificuldade em sentir empatia, dado que lhes falta a prática da leitura das pistas faciais que se obtêm através da conversação, bem como uma colega de 34 anos que se apercebe de que as suas interações online têm um elemento de atuação extenuante que a levou a um ponto onde a fronteira entre real e atuação se esfuma. Virando a sua atenção para o local de trabalho, Turkle encontra jovens funcionários que recorrem aos e-mails porque a ideia de uma conversação não estruturada os aterroriza, e devido às desnecessárias tensões no local de trabalho, que aumentam quando a comunicação se alterna das conversações diferenciadas para as ligações ambíguas.

Durante uma passagem pelo *The Colbert Report*, o apresentador Stephen Colbert colocou a Turkle uma questão «profunda» que incide sobre o núcleo da sua argumentação: «Todos estes pequenos *tweets*, estas pequenas amostras de ligação online, não se somam numa grande golada de conversação real?»[26] Turkle foi clara na resposta: *Não, não somam.* E desenvolve: «As conversações cara a cara desenrolam-se lentamente. É algo que nos ensina paciência. Damos atenção ao tom e ao detalhe.»[27] Por outro lado: «Quando comunicamos através dos nossos aparelhos digitais, aprendemos hábitos diferentes.»

Sendo uma verdadeira minimalista digital, Turkle aborda estas questões a partir do conceito de utilização mais inteligente das ferramentas de comunicação digital, não da abstenção total. «A minha argumentação não é antitecnologia», escreve. «É a favor da conversação.»[28] Acredita que podemos realizar as alterações necessárias a reclamar a conversação de que necessitamos para prosperar, realçando que, apesar da «seriedade do momento»[29], permanece otimista de que, a partir do momento em que reconheçamos as questões levantadas pela substituição da conversação pela ligação, poderemos repensar as nossas práticas.

Partilho o otimismo de Turkle de que existe uma solução minimalista para este problema, mas sinto-me algo mais pessimista acerca da magnitude do esforço exigido. Perto do final do livro, Turkle oferece uma série de recomendações que se centram, em grande parte, na ideia de deixarmos mais espaço nas nossas vidas para a conversação de qualidade. O objetivo desta recomendação é irrepreensível, mas a sua efetividade é questionável. Como argumentei no início deste capítulo, as ferramentas de comunicação digital, se utilizadas sem intenção, têm a capacidade para forçar a uma troca entre a conversação e a conexão. Se não reformar, primeiro, a sua relação com ferramentas como as redes sociais e as mensagens de texto, quaisquer tentativas para forçar mais conversação na sua vida falharão, provavelmente. Não pode continuar com os seus assuntos digitais como sempre *aumentados* com mais tempo para conversações autênticas – a alteração dos comportamentos terá de ser mais fundamental.

Para alcançar o sucesso no minimalismo digital, tem de enfrentar este reequilíbrio entre a conversação e conexão de uma maneira que faça sentido para si. Para afinar o seu pensamento ao longo destas linhas, contudo, irei apresentar, nas páginas seguintes, uma solução algo radical – uma espécie de filosofia da socialização da era digital – que, pessoalmente, considero ser apelativa. Refiro-me à filosofia pelo supérfluo aliterativo nome de *comunicação centrada na conversação*. Pode moderar estas ideias de acordo com as suas necessidades para acomodar as realidades idiossincráticas da sua vida social ou rejeitá-las por completo – mas não pode evitar a necessidade de pensar acerca de soluções para estas questões que sejam comparavelmente agressivas.

Muitas pessoas pensam acerca da conversação e da conexão como duas estratégias diferentes para alcançar o mesmo objetivo de manter a vida social. Esta mentalidade permite acreditar que existem maneiras diferentes de cuidar das relações importantes na sua vida, e, nesta era moderna, deverá utilizar todas as ferramentas ao seu dispor – desde as antiquadas conversas cara a cara, a tocar no ícone do coração na publicação de um amigo no Instagram.

A filosofia da comunicação centrada na conversação assume uma postura mais dura. Defende que a comunicação é a única forma de interação que, num certo sentido, *conta* no que diz respeito a manter uma relação. Esta conversação pode assumir a forma de um encontro cara a cara ou pode ser uma videochamada telefónica – desde que corresponda aos critérios de Sherry Turkle de envolver pistas analógicas pormenorizadas, como o tom da nossa voz ou expressões faciais. Tudo o que for textual ou não interativo – basicamente todas as redes sociais, e-mails, textos e mensagens instantâneas – não conta como conversação e deve, antes, ser categorizado como mera conexão.

Nesta filosofia, a conexão é despromovida a um papel logístico. Esta forma de interação tem agora dois objetivos: ajudar-nos a preparar e organizar uma conversação ou transferir, de um modo eficaz, informações práticas (por exemplo, a localização de uma reunião ou o momento de um evento que se aproxima). A conexão deixa de ser uma alternativa à conversação; é antes o seu apoio.

Se subscrever a comunicação centrada na conversação, poderá manter algumas contas nas redes sociais para o propósito de conveniência logística, mas desaparecerá, assim, o hábito de percorrer com regularidade estes serviços ao longo do dia, espalhando «gostos» e breves comentários ou publicando as suas próprias atualizações e verificando desesperadamente o *feedback* que suscitam. Com isto em mente, deixa de haver um grande propósito de manter estas aplicações no telemóvel, onde poderão servir para minar as suas tentativas de realizar interações mais ricas. Em vez disso, residiriam, de um modo mais produtivo, no computador, onde poderão, ocasionalmente, ser utilizadas por motivos específicos.

Da mesma maneira, se adotar uma comunicação centrada na conversação, o mais certo é que ainda dependa dos serviços de mensagem de texto para simplificar a recolha de informação, para coordenar eventos sociais ou para fazer perguntas rápidas, mas deixará de participar em conversações de texto abertas que se prolongam por todo o dia. A socialização que conta são as conversações reais, e o texto já não é uma alternativa satisfatória.

Repare, à verdadeira maneira minimalista, a comunicação centrada na conversação não impede que abandone as maravilhas das ferramentas de comunicação digital. Pelo contrário, esta filosofia reconhece que estas ferramentas podem permitir melhoramentos significativos na sua vida social. Entre tantas vantagens, estas novas tecnologias simplificam consideravelmente o processo de preparação da conversação. Quando, inesperadamente, se vê livre numa tarde de fim de semana, uma rápida ronda de mensagens de texto pode, de modo eficaz, identificar um amigo disponível para se juntar a si para um passeio. Da mesma maneira, o serviço das redes sociais poderá alertá-lo para o facto de que um velho amigo estará na cidade, levando-o a marcar um jantar.

As inovações na comunicação digital oferecem, igualmente, maneiras eficazes e baratas de banir o obstáculo da distância na busca de conversação. Quando a minha irmã vivia no Japão, conversávamos regularmente pelo FaceTime, decidindo fazer a chamada tendo em conta a mesma inspiração repentina com que poderíamos passar casualmente por casa de um parente que residisse ao fundo da rua. Em qualquer outro momento da história humana, esta capacidade seria considerada milagrosa. Em suma, esta filosofia nada tem contra a tecnologia – desde que as ferramentas sejam utilizadas para melhorar a vida social do mundo real, e não para a diminuir.

Para ser claro, a comunicação centrada na conversação exige sacrifícios. Se adotar esta filosofia irá, sem dúvida, reduzir o número de pessoas com quem tem uma relação ativa. A conversação real exige tempo, e o número total de pessoas em relação às quais poderá exigir este padrão será significativamente inferior ao número de pessoas que consegue seguir, *retweetar*, «gostar», e ocasionalmente deixar um comentário numa rede social, ou para quem envia uma mensagem de texto ocasional. A partir do momento em que deixa de contar estas últimas atividades como interação significativa, inicialmente o seu círculo social parecerá contrair-se.

Esta sensação de contração, contudo, é ilusória. Como tenho vindo a argumentar ao longo deste capítulo, as conversações são as coisas boas; são aquilo por que ansiamos enquanto humanos e aquilo que nos garante uma sensação de comunidade e pertença necessária a prosperar. A conexão, por outro lado, embora apelativa no momento, oferece muito pouco daquilo de que necessitamos.

Nos primeiros dias de adoção de uma mentalidade centrada na conversação, poderá sentir a falta da rede de segurança daquilo a que Stephen Colbert astutamente chamou «pequenas doses de conexão online», e a súbita perda dos elos mais fracos para os limites da sua rede social poderão induzir momentos de solidão. Mas, à medida que for trocando cada vez mais deste tempo pela conversação, as riquezas destas interações analógicas suplantarão consideravelmente aquilo que está a deixar para trás. No seu livro, Sherry Turkle resume a investigação que concluiu que apenas cinco dias no campo sem auriculares ou Internet[30] eram suficientes para induzir grandes aumentos no bem-estar e na sensação de de ligação entre os campistas. Não são necessários muitos passeios com um amigo, ou telefonemas agradavelmente labirínticos, antes de começar a perguntar-se porque é que sentira anteriormente que era tão importante virar as costas à pessoa sentada à sua frente para deixar um comentário no Instagram do amigo do primo.

Quer aceite ou não a filosofia que lhe proponho de comunicação centrada na conversação, espero que aceite esta premissa motivadora: a relação entre a nossa socialidade profundamente humana e as ferramentas de comunicação digital modernas é tensa e pode produzir problemas significativos na sua vida, se não for abordada com cautela. Não pode estar à espera que uma aplicação imaginada num dormitório ou entre as mesas de pingue-pongue de uma incubadora de Silicon Valley substitua com sucesso o tipo de interações ricas a que nos adaptámos meticulosamente ao longo dos milénios. A nossa sociabilidade é, simplesmente, demasiado complexa para ser subcontratada a uma rede social ou reduzida a mensagens instantâneas e *emojis*.

Qualquer minimalista digital tem de enfrentar esta realidade e gerir a sua relação com estas ferramentas em conformidade. Sou um defensor da utilização da abordagem centrada na conversação para este propósito, porque temo que qualquer tentativa de manter uma abordagem à conversação em dois níveis – combinando a comunicação digital com a conversação analógica antiquada – irá, em última análise, falhar. Dito isto, outros poderão ser mais fortes do que eu no que diz respeito a manter um balanço saudável entre estes dois magistérios interativos, por isso resista ao impulso do dogmatismo nesta altura. O fundamental é a intenção por detrás do que decidir, não necessariamente os seus pormenores.

Para auxiliar nesta ponderação minimalista, este capítulo termina com um conjunto de práticas concretas que o ajudarão a reclamar a conversação. Os meus avisos, por esta altura mais do que conhecidos, aplicam-se: estas sugestões não são exaustivas nem obrigatórias. Oferecem, antes, uma ideia dos *tipos* de decisões que poderá tomar para o ajudar a regressar ao tipo de comunicação que a adaptação nos leva a desejar.

Prática: não faça «gosto»

Ao contrário do folclore popular, o Facebook não inventou o botão de «gosto»[31]. O crédito deverá ser atribuído ao amplamente esquecido serviço FriendFeed, que apresentou esta funcionalidade em outubro de 2007. Mas quando o imensamente mais popular Facebook introduziu o icónico polegar erguido, 16 meses depois, a trajetória das redes sociais foi para sempre alterada.

O anúncio inicial da funcionalidade, publicado por uma diretora de comunicação empresarial, de seu nome Kathy Chan, no inverno de 2009, revela uma motivação modesta para a inovação. Como Chan explica[32], muitas publicações do Facebook atraíam um grande número de comentários que diziam mais ou menos a mesma coisa, ou seja, «excelente!» ou «adoro!». O botão «gosto» foi introduzido como a maneira mais simples de indicar a aprovação genérica de uma publicação, o que possibilitaria, ao mesmo tempo, poupar tempo e permitir que os comentários fossem reservados a notas mais interessantes.

Conforme explorei na primeira parte deste livro, a partir destes inícios modestos, a funcionalidade «gosto» evoluiu até se tornar a base a partir da qual as pessoas verificavam ocasionalmente, para uma *slot machine* digital que começou a dominar o tempo e a atenção dos seus utilizadores. Este botão introduziu uma nova e rica torrente de indicadores de aprovação social, que chegou de forma imprevisível – criando um impulso quase impossível de resistir de verificar continuamente a nossa conta. Também ofereceu ao Facebook informações muito mais detalhadas acerca das suas preferências, permitindo que os seus algoritmos evolutivos digerissem a sua humanidade, transformando-a em pedaços de estatística que poderiam ser utilizados de forma a empurrá-lo na direção de anúncios dirigidos e conteúdos mais desagradáveis. Sem surpresa, quase todas as outras plataformas das redes sociais de maior sucesso se apressaram a seguir o FriendFeed e o Facebook e acrescentaram funcionalidades semelhantes de aprovação com um clique aos seus serviços.

No contexto deste capítulo, contudo, não quero concentrar-me na dádiva que o botão de «gosto» revelou ser para as empresas das redes sociais. Quero, antes, concentrar-me nos danos que infligiu à nossa necessidade humana para estabelecer conversações reais. Fazer «gosto», no âmbito das definições precisas da teoria da informação, é, literalmente, o tipo menos informativo de comunicação não trivial, oferecendo apenas um mínimo de um *bit* de informação acerca do estado do estado do emissor (a pessoa que clica num no ícone numa publicação) para o recetor (a pessoa que fez a publicação).

Anteriormente, citei estudos exaustivos que apoiam a teoria de que o cérebro humano evoluiu de modo a processar a torrente de informação gerada pelas interações cara a cara. Substituir este rico fluxo com um único *bit* é o derradeiro insulto à nossa maquinaria de processamento social. Dizer que é como conduzir um *Ferrari* abaixo do limite de velocidade é pouco; a melhor comparação seria dizer que se está a rebocar um *Ferrari* com uma mula.

Motivado pelas observações acima, esta prática sugere que transforme a sua maneira de pensar acerca dos diferentes tipos de aprovação com um só clique que povoam o universo das redes sociais. Em vez de ver estes cliques como uma maneira divertida de dar um toque a um amigo, comece a tratá-los como veneno para as suas tentativas de cultivar uma vida social significativa. Dito de um modo mais simples, deverá deixar de os utilizar. Não faça «gosto». Nunca. E, já agora, pare também de deixar comentários nas publicações das redes sociais. Nem «Tão fofo!» nem «Tão fixe!» Permaneça em silêncio.

O motivo pelo qual sugiro uma posição tão dura contra estas interações aparentemente inócuas é o facto de poderem ensinar à sua mente que a conexão é uma alternativa razoável à conversação. A premissa motivadora por detrás da minha filosofia de comunicação centrada na conversação é a de que, a partir do momento em que se aceita esta igualdade, apesar das suas boas intenções, o papel das interações de menor valor acabará, inevitavelmente, por se expandir até começar a expulsar a socialização de elevado valor que é realmente importante. Se eliminar estas interações triviais por completo, envia à sua mente uma mensagem clara: a conversação ainda é importante – não te deixes distrair desta realidade pelas coisas brilhantes que vês no ecrã. Como referi antes, poderá pensar que consegue equilibrar os dois tipos de interação, mas a maior parte das pessoas não consegue.

Há quem tema que esta súbita abstenção dos toques nas redes sociais irrite as pessoas que pertencem ao seu círculo social. Uma pessoa a quem referi esta estratégia, por exemplo, expressou a preocupação de que, se não deixasse um comentário acerca da mais recente fotografia de um bebé da amiga, isso fosse considerado uma omissão insensível. Se a amizade é importante, contudo, deixe que a preocupação acerca desta reação o motive a investir o tempo necessário a realizar uma conversação a sério. Visitar de facto a nova mãe trará um valor significativamente superior a ambas do que acrescentar um breve «Ohhh!» a um vasto rol de comentários.

Se acompanhar este reforço da conversação com um aviso genérico ao seu círculo de que «não tem usado muito as redes sociais», conseguirá, de facto, proteger-se da maior parte das queixas que esta política poderá criar. A pessoa citada acima, por exemplo, acabou por ir levar uma refeição à amiga que acabara de ser mãe. Este ato fortaleceu a relação e aumentou o bem-estar mais do que cem rápidas reações nas redes sociais poderiam ter feito.

Por fim, vale a pena notar que a recusa de utilizar os ícones das redes sociais e os comentários para interagir significa que algumas pessoas *irão* inevitavelmente desaparecer da sua órbita social – em especial aquelas cuja relação existe apenas nas redes sociais. Eis a minha opinião sobre amores obstinados: deixe que partam. A ideia de que é valioso manter um vasto número de conexões sociais de fracos laços é, em grande medida, uma invenção da última década – o detrito de cientistas de redes demasiado exuberantes que invadiram inadequadamente a esfera social. Os seres humanos têm vindo a manter vidas sociais ricas e realizadas durante toda a sua história sem a necessidade da capacidade de enviar alguns *bits* de informação a cada mês para pessoas que conhecem de vista do tempo do secundário. Não há nada na nossa vida que diminua consideravelmente quando se regressa a este estado constante. Como um académico que estuda e ensina as redes sociais me explicou: «Acho que não era suposto mantermos o contacto com tantas pessoas.»[33]

Em suma, a questão de devermos ou não continuar a utilizar as redes sociais enquanto minimalistas digitais, e em que termos, é complicada, e depende de muitos fatores diferentes. Mas independentemente das decisões finais que tomar, faça algo dentro destas linhas, peço-lhe, pela saúde do seu bem-estar social, que adote a regra básica de que deixará de utilizar as redes sociais como uma ferramenta para dar toques de baixa qualidade às suas relações. Dito de uma forma mais simples: não clique e não comente. Esta restrição básica irá alterar radicalmente, para melhor, o modo como mantém a sua vida social.

Prática: consolide as mensagens de texto

Um grande obstáculo na tentativa de alterar a sua vida social da conexão de volta à conversação é a medida em que a comunicação por texto – seja transmitida através de SMS, iMessage, Facebook Messenger ou WhatsApp – empregue agora a definição de amizade. Sherry Turkle, que tem estudado a utilização do telefone desde o início da era dos *smartphones*, descreve esta realidade da seguinte maneira:

> Os telefones foram entretecidos num problemático sentido de obrigação na amizade. Ser amigo significa estar «disponível» – preso ao telefone, pronto a estar atento, online.[34]

Na última prática, recomendei que deixasse de interagir com os amigos através dos gostos» e comentários das redes sociais. Isto poderá fazer erguer algumas sobrancelhas, mas, com um encolher de ombros suficientemente apologético e um compromisso para substituir estes cliques de baixo valor por conversações de elevado valor, a alteração será aceite. Para muitas pessoas, contudo, deixar o mundo das mensagens de texto revelar-se-á substancialmente mais perturbador. A amizade não exige «gostos» no Facebook, mas se estiver abaixo de um determinado critério etário, parece exigir mensagens de texto. Abandonar o nosso dever de estarmos «disponíveis» desta maneira será uma renúncia séria.

Este estado de coisas apresenta um dilema. No início deste capítulo, defendi que as mensagens de texto não são suficientemente ricas para preencher os anseios do nosso cérebro por uma constatação real. Quanto mais se enviam mensagens de texto, contudo, menos necessário consideramos ser a conversação real, e, de um modo perverso, quando interagimos cara a cara, o impulso para verificar continuamente outras interações realizadas através do telefone diminuirá o valor da sua experiência. Resta-nos, então, uma tecnologia que é exigida pela nossa vida social enquanto reduz o valor que dela retira. Sendo alguém fortemente consciente destas tensões, quero propor-lhe um compromisso que respeita tanto a sua obrigação de estar «disponível» quanto o seu desejo humano para uma conversação real: consolide as mensagens de texto.

Esta prática sugere que mantenha o telefone em modo «Não incomodar» por defeito. Tanto nos *iPhone* como nos Android, por exemplo, este modo desliga as notificações quando chegam as mensagens de texto. Se está preocupado com emergências, pode ajustar facilmente as definições para que as chamadas de uma lista selecionada (o seu cônjuge, a escola dos seus filhos) passem. Pode, igualmente, definir um horário que coloque o telefone neste modo automaticamente em momentos predeterminados.

Quando está neste modo, as mensagens de texto funcionam como e-mails: se quiser ver se alguém lhe enviou alguma coisa, terá de ligar o telefone e abrir a aplicação. Pode, assim, definir horas específicas para enviar mensagens de texto – sessões consolidadas em que percorre as mensagens que recebeu desde a última vez que as verificou, enviando as respostas à medida das necessidades e, quem sabe, até, realizar alguma *breve* interação antes de se desculpar com a necessidade de ir, voltando a colocar o telefone em modo «Não incomodar», e continuando com o seu dia.

Existem duas grandes motivações para esta prática. A primeira é a de que permite que esteja mais presente quando não está a enviar mensagens de texto. A partir do momento em que deixe de tratar as interações de texto como uma conversação constante de que tem de cuidar continuamente, torna-se muito mais fácil concentrar-se plenamente na atividade à sua frente. Isto irá aumentar o valor que retira destas interações com o mundo real. Pode, igualmente, oferecer-lhe alguma redução da ansiedade, dado que os nossos cérebros não reagem bem a uma interação perturbadora constante (veja o capítulo anterior acerca da importância da solidão).

A segunda motivação para esta prática é a de que pode melhorar a natureza das suas relações. Quando os seus amigos e a sua família são capazes de instigar pseudoconversações labirínticas consigo através de mensagens de texto a qualquer momento, é fácil tornarem-se complacentes em relação à vossa relação. Estas interações conferem a aparência de uma ligação próxima (contudo, na realidade, estão longe deste padrão), oferecendo um desincentivo a investir mais tempo num envolvimento mais significativo.

Por outro lado, se só verificar as suas mensagens de texto ocasionalmente, esta dinâmica altera-se. Eles continuam a ser capazes de lhe enviar perguntas e de receber uma resposta numa janela de tempo razoável, ou enviar-lhe um lembrete e assegurar-se de que o verá. Mas estas interações tornar-se-ão mais assíncronas e logísticas, deixando de ter aparência aproximada de uma conversação verdadeira. O resultado é que ambos se sentirão mais motivados a preencher este vazio com uma melhor interação, dado que as relações parecerão tensas na ausência de um diálogo recíproco.

Estar menos disponível para enviar mensagens de texto, por outras palavras, permite, paradoxalmente, fortalecer a vossa relação, ainda que o torne (menos) disponível para aqueles de quem gosta. Esta questão é fundamental porque muitas pessoas temem que as suas relações possam sofrer se diminuírem este tipo de conexão leve. Quero garantir-lhe que, pelo contrário, irá fortalecer as relações de que mais gosta. Poderá tornar-se a única pessoa na vida deles que realmente *fala* com eles de modo regular, estabelecendo uma relação mais profunda e mais pessoal, do que muitos pontos de exclamação e *emojis* poderão alguma vez oferecer.

Dito isto, a prática de consolidar as mensagens de texto pode ainda provocar problemas. Se as pessoas estiverem habituadas a terem a sua atenção a qualquer momento, então a sua recém-ausência irá provocar uma consternação ocasional. Mas estas preocupações são fáceis de resolver. Limite-se a dizer às pessoas mais próximas de si que verifica as mensagens de texto várias vezes por dia, por isso, se lhe enviarem alguma coisa, acabará por vê-la mais cedo ou mais tarde e, se necessitarem de algo urgente, podem sempre telefonar-lhe (é aqui que deverá configurar o modo «Não incomodar» para lhe permitir receber chamadas de uma lista de favoritos). Esta resposta acalma quaisquer preocupações legítimas acerca da sua disponibilidade, enquanto o liberta do dever implacável para com as suas mensagens.

Para concluir, concordemos com a teoria óbvia de que as mensagens de texto são uma maravilhosa inovação que torna partes consideráveis da vida significativamente mais convenientes. Esta tecnologia torna-se um problema apenas quando a trata como uma alternativa razoável a uma conversação real. Limitando-se a manter o telefone no modo «Não incomodar» por defeito, e tornando as mensagens de texto algo que verifica com regularidade – não uma fonte de conversas contínuas em pano de fundo –, poderá manter as principais vantagens da tecnologia, enquanto contorna os seus efeitos mais perniciosos.

Prática: tenha horários para as suas conversas

Durante mais de um século, o telefone tem oferecido uma maneira de nos envolvermos em conversações de elevada qualidade a grandes distâncias. Este feito espantoso ajudou a satisfazer os desejos sociais numa era em que já não já não passávamos todas as nossas vidas em tribos unidas. O problema com os telefones, claro, é a inconveniência de *fazer* as chamadas. Não sendo capazes de ver as pessoas que estamos prestes a interromper com um pedido de conversa, não temos como saber se a interação será ou não bem recebida. Ainda me recordo vividamente da minha ansiedade de infância quando fazia chamadas para amigos – sem saber que membro da sua família iria atender e como se sentiria com a intrusão. Com esta falha em mente, talvez não nos devamos surpreender que, a partir do momento em que vias de comunicação mais fáceis tenham sido introduzidas – mensagens de texto, e-mails –, as pessoas tenham parecido ansiosas por abandonar este método de conversação comprovado pelo tempo em troca de conexões de menos qualidade (Sherry Turkle chama a este efeito «fobia do telefone»[35]).

Felizmente, existe uma prática simples que pode ajudar a contornar estas inconveniências e a usufruir de forma mais fácil e regularmente de boas conversas telefónicas. Aprendia com um executivo do ramo da tecnologia de Silicon Valley que inovou uma estratégia para apoiar interações de elevada qualidade com amigos e familiares: ele diz-lhes que está sempre disponível para conversar pelo telefone às cinco e meia da tarde nos dias de semana. Não vale a pena marcar uma conversa ou fazê-lo saber que vai telefonar – basta ligar-lhe. Às cinco e trinta da tarde é a hora em que começa a sua viagem para casa na Bay Area, por estradas congestionadas pelo trânsito. A certa altura, decidiu que queria dar uma melhor utilidade a este período diário em que permanece confinado ao seu carro, por isso inventou a regra das cinco e meia.

A simplicidade logística deste sistema permite a este executivo passar facilmente as conexões de baixa qualidade, mas que consomem tanto tempo, transformando-as em conversações de elevada qualidade. Se lhe escrever com uma qualquer questão mais complicada, pode responder: «Adorava falar disso. Telefona-me às cinco e meia num dia destes.» Da mesma maneira, quando estive algumas semanas em São Francisco e quis marcar um encontro, respondeu-me que o podia apanhar pelo telefone num qualquer dia às cinco e meia e que poderíamos traçar um plano. Quando quer estabelecer contacto com alguém com quem já não fala há algum tempo, pode enviar-lhes uma mensagem rápida dizendo: «Adorava saber como está a correr a tua vida. Telefona-me às cinco e meia um dia destes». Os amigos mais próximos e elementos da família, presumo, já há muito interiorizaram a regra das cinco e meia, provavelmente sentem-se mais confortáveis a telefonar-lhe do que a outras pessoas nos seus círculos, dado que sabem que estará disponível nessa altura e que terá todo o gosto em atender a chamada.

Este executivo goza de uma vida social mais satisfatória do que muitas pessoas que conheço, embora trabalhe em *start-ups* do ramo tecnológico muito exigentes, que lhe consomem imenso tempo. Preparou o calendário de tal maneira que eliminou grande parte dos excessos relacionados com a conversação, permitindo-lhe, consequentemente, servir com facilidade a sua necessidade humana para uma interação rica. Talvez sem qualquer surpresa, quero propor-lhe aqui que siga o seu exemplo.

Esta prática sugere que siga o exemplo do executivo acima mencionado instaurando a sua variante da estratégia de *horário de conversação*. Reserve horas em dias determinados, durante as quais estará sempre disponível para uma conversa. Dependendo de onde estiver durante esse período, estas conversações poderão ser exclusivamente por telefone ou poderão incluir encontros cara a cara. A partir do momento em que estejam definidos estes horários, promova-os junto das pessoas de quem mais gosta. Quando alguém insistir numa conexão de baixa qualidade (digamos, uma conversa por mensagem de texto ou um toque nas redes sociais), sugira que lhe telefonem ou que se encontrem consigo durante o horário em que está disponível, num dia que lhes seja conveniente. Da mesma maneira, a partir do momento em que estes horários estiverem implementados, torna-se mais fácil abordar proativamente as pessoas de quem gosta e convidá-las para uma conversa consigo durante estas horas quando elas estiverem disponíveis.

Já assisti a diversas variações desta prática que funcionaram muito bem. Utilizando a viagem de carro para as conversas telefónicas, como o executivo acima apresentado, é uma boa ideia se tiver um horário de viagem regular. Também pode transformar uma altura potencialmente desperdiçada do seu dia em algo significativo. A hora do café é igualmente popular. Nesta variação, escolhe uma altura da semana durante a qual se instala numa mesa do seu café preferido com um jornal ou um bom livro. A leitura, contudo, é apenas uma atividade de recurso. Espalhe a palavra entre as pessoas que conhece de que estará sempre naquele café durante essas horas, na esperança de, em breve, cultivar um grupo rotativo de presenças regulares que venham passar algum tempo consigo. Testemunhei esta estratégia, inicialmente, num café de uma cidade perto de onde cresci. Há um pequeno grupo de homens de meia-idade que se instala, nas manhãs de sábado, e vai puxando amigos para a órbita das suas conversas, à medida que vão passando pelo café ao longo do dia. Aproveitando a cultura inglesa, também pode pensar em definir um horário, uma vez por semana, durante a *happy hour* do seu bar preferido.

Também já vi pessoas utilizarem os passeios diários para este propósito. Steve Jobs era conhecido pelos longos passeios pelo bairro arborizado de Silicon Valley onde residia. Quem pertencia ao seu círculo mais íntimo poderia esperar convites para se juntar a ele no que seria, sem dúvida, uma conversa intensa. Ironicamente, para o inventor do *iPhone*, Jobs não era o tipo de pessoa que tivesse interesse em manter relações importantes através de gotas constantes de toques digitais.

Na minha própria vida enquanto professor, transformei os meus horários em algo mais vasto. No meu campo, é necessário colocar de parte algum tempo por semana para que os alunos das nossas turmas nos possam vir fazer perguntas. No início da minha carreira em Georgetown, apercebi-me de que estas sessões tinham um valor maior do que a simples interação com os meus alunos atuais. Agora tento alargar a duração destes horários de tal modo que posso declará-los abertos a todos os alunos de Georgetown. Quando um qualquer aluno me escreve para fazer uma pergunta, ou pedir um conselho, ou partilhar a sua experiência com um dos meus livros, posso indicar-lhe o horário em que costumo receber, regularmente, no meu gabinete e dizer-lhe: «Passa por cá ou telefona quando quiseres.» E eles fazem-no. O resultado é que tenho uma relação muito melhor com o corpo estudantil da minha universidade do que teria se ainda estivesse a tentar encontrar uma oportunidade para interagir com cada pedido que recebo.

A estratégia de reservar horas para conversação é eficaz no melhoramento da sua vida social porque ultrapassa o considerável obstáculo de uma socialização significativa: a preocupação, acima referida, de que as chamadas não solicitadas possam ser incómodas. As pessoas anseiam por conversas reais, mas este obstáculo é, frequentemente, suficiente para as impedir. Se o remover ao reservar tempo específico para elas, ficará surpreendido com a grande quantidade de interações recompensadoras como estas que podem ser encaixadas numa semana normal.

CAPÍTULO 6
RECUPERE O LAZER

O lazer e a boa vida

Na sua *Ética a Nicómaco*, compilada no século IV a.C., Aristóteles aborda uma questão tão premente então quanto agora: como podemos viver uma boa vida? A *Ética* divide a resposta por dez livros. Grande parte dos primeiros nove concentra-se em algo a que Aristóteles chama «virtudes práticas», como o cumprimento dos nossos deveres ou agir com justiça quando confrontados com a injustiça, e de um modo corajoso quando confrontados com o perigo. Mas depois, no 10.º e último livro, Aristóteles dá um passo atrás em relação à sua heroica virtude de dentes cerrados e apresenta uma reviravolta radical na sua argumentação: «A melhor e mais agradável das vidas é a vida do intelecto.» Conclui: «Esta vida também será a mais feliz.»[1]

De acordo com a elaboração de Aristóteles, uma vida repleta de pensamentos profundos é mais feliz porque a contemplação é uma «atividade apreciada por si mesma... nada é ganho com ela com exceção do ato de contemplação.»[2] Nesta afirmação brusca, Aristóteles está a identificar, talvez pela primeira vez na história da filosofia escrita, uma ideia que persistiu durante todo o milénio e que continua a ter eco no modo como compreendemos a natureza humana hoje: uma vida bem vivida exige atividades que não têm qualquer propósito, além da satisfação que a atividade em si mesma gera.

Como o filósofo do MIT Kieran Setiya elabora na sua interpretação moderna da *Ética*, se a sua vida consistir apenas em ações cujo «valor depende da existência de problemas, dificuldades, necessidades que estas atividades pretendem resolver»[3], tornar-se-á vulnerável ao desespero existencial que floresce em resposta à inevitável pergunta: *não há mais nada na vida além disto?* Uma solução para este desespero, nota, é seguir a sugestão de Aristóteles e abraçar atividades que garantam uma «fonte de alegria interior»[4].

Neste capítulo, chamo a estas alegres atividades *lazer de alta qualidade*. Recordo a sua importância numa vida bem concebida – uma ideia que remonta há mais de dois mil anos – porque estou convencido de que, para domar com sucesso os problemas do nosso mundo digital, temos de compreender e aplicar os conhecimentos centrais desta sabedoria antiga.

Para explicar a minha alegada ligação entre o lazer de elevada qualidade e o minimalismo digital, é útil realçar primeiro um fenómeno relacionado. Aqueles que estudam a intersecção da tecnologia e da cultura são bem versados no pequeno, mas popular, subgénero jornalístico em que o autor descreve a experiência de fazer uma pausa temporária das tecnologias modernas. As almas intrépidas relatam quase sempre que este desligar provoca uma sensação de aflição emocional. Aqui, por exemplo, o crítico social Michael Harris descreve a sua experiência de uma semana sem Internet ou telemóvel numa cabana rústica:

> No final do segundo dia... sinto falta de toda a gente. Sinto falta da minha cama e da minha televisão e do Kenny e do bem e velho Google. Fito, em desespero, durante uma hora, o oceano, uma espécie de metal líquido cintilante; sinto o impulso para mudar de canal a cada dez minutos. Mas a mesma água estende-se, infindável como uma sentença. Tortura.[5]

Esta aflição é frequentemente explicada recorrendo à terminologia do vício, podendo ser apresentada como os sintomas de privação sentidos por um viciado. («Lembrei-me de que isto nunca seria fácil, que os sintomas de privação eram de esperar»[6], escreve Harris acerca da sua experiência na cabana.) Mas esta interpretação é problemática. Como explorámos na Parte 1 deste livro, as forças psicológicas que nos conduziram à utilização compulsiva da tecnologia são, tipicamente, mais fáceis de compreender como vícios comportamentais moderados – que podem tornar a tecnologia muito atraente quando está por perto, mas que não são tão graves quanto a dependência química. Isto explica o porquê de esta aflição ser frequentemente descrita como mais difusa e abstrata do que os desejos fortes e específicos sentidos pelos toxicodependentes que atravessam um período de privação clássica.

Não se tratava de Harris sentir realmente a falta de uma atividade online específica (como um fumador sem os cigarros); sentia-se, antes, desconfortável por não ter acesso em geral. Esta distinção é subtil, mas é igualmente vital para a compreensão da ligação produtiva entre Aristóteles e o minimalismo digital. Quanto mais estudo este tema, mais se torna claro para mim que as distrações digitais de baixa qualidade desempenham um papel mais importante na vida das pessoas do que estas possam imaginar. Em anos recentes, à medida que a fronteira entre trabalho e vida se funde, os empregos se tornam mais exigentes e as tradições da comunidade se degradam, mais e mais pessoas têm-se vindo a mostrar incapazes de cultivar as vidas de lazer de elevada qualidade que Aristóteles identifica como cruciais para a felicidade humana. Isto deixa um vazio quase insuportável, se confrontado, *mas* que pode ser ignorado com a ajuda do ruído digital. Agora é mais fácil preencher as lacunas entre o trabalho e o cuidado da família e o sono pegando num *smartphone* ou num *tablet*, e entorpecendo-se com um distraído varrer e tocar. Erigir barreiras contra o existencial não é novo – antes do YouTube tínhamos (e ainda temos) a televisão acéfala e o alcoolismo para ajudar a evitar questões mais profundas –, mas o avanço nas tecnologias da economia da atenção do século XXI é especialmente eficaz em relação a esta tarefa.

Harris sentia-se desconfortável, por outras palavras, não porque ansiava por um determinado hábito digital, mas porque não sabia o que fazer de si mesmo, a partir do momento em que o acesso geral ao mundo dos ecrãs interligados lhe foi retirado.

Se quiser alcançar o sucesso com o minimalismo digital, não pode ignorar esta realidade. Se começar a limpar a sua vida das distrações digitais de baixo valor *antes* de ter preenchido, de modo convincente, o vazio que estavam a ajudar a ignorar, a experiência será desnecessariamente desagradável, na melhor das hipóteses, e um falhanço gigantesco, na pior. Os minimalistas de maior sucesso, como tal, tendem a iniciar as suas conversas renovando aquilo que fazem no seu tempo livre – cultivando o lazer de elevada qualidade antes de eliminarem os seus piores hábitos digitais. De facto, muitos minimalistas descreverão um fenómeno segundo o qual os hábitos digitais que anteriormente acreditavam serem cruciais para o seu dia a dia lhes parecem frívolos, a partir do momento em que se tornam mais intencionais em relação ao que fazem com o seu tempo livre. Quando o vazio é preenchido, deixa de precisar de distrações que o ajudem a evitá-lo.

Inspirado por estas observações, o objetivo deste capítulo é ajudá-lo a cultivar um lazer de elevada qualidade na sua própria vida. As três secções que se seguem exploram uma lição diferente acerca das propriedades que definem as atividades de lazer mais gratificantes. Estas são seguidas por uma discussão acerca do papel algo paradoxal que a nova tecnologia desempenha nestas atividades, e depois um conjunto de práticas concretas que podem ajudá-lo a começar a cultivar essas atividades de elevada qualidade.

O princípio Bennett

Um ponto útil para iniciar a investigação acerca do lazer de elevada qualidade é na chamada comunidade da FI. Para os que não conhecem esta tendência, a sigla *FI* significa *financial independence* (independência financeira), que se refere ao estado pecuniário em que os seus ativos produzem um rendimento suficiente para cobrir as suas despesas de vida. Muitas pessoas pensam na FI como um objetivo que se alcança perto da idade da reforma, ou talvez depois de ter recebido uma grande herança, mas em anos recentes a Internet ajudou a alimentar uma nova comunidade FI que consiste, acima de tudo, em jovens que procuram atalhos para esta liberdade através da frugalidade extrema.

Grande parte da atenção sobre o movimento FI 2.0 concentra-se nestas ideias financeiras subjacentes,* mas estes pormenores não são

* Para os que *estão* interessados, a ideia central do movimento FI 2.0 é a de que se puder reduzir radicalmente as suas despesas de vida, retirará duas vantagens: (1) poderia

relevantes para os nossos propósitos. O que importa é o facto de estes jovens financeiramente independentes garantirem casos de estudo especialmente bons para explorar este lazer de elevada qualidade. Existem duas razões para esta teoria. Primeiro, talvez o mais óbvio, quando se alcança a FI, tem-se, de súbito, muito mais horas de lazer para preencher do que o comum dos mortais. A segunda razão é que a decisão subversiva de procurar a FI em tenra idade, que conduz tipicamente a decisões de estilo de vida radicais, é autosselecionada para indivíduos que são incomummente intencionais no modo como vivem as suas vidas. Esta combinação de abundante tempo livre e de compromisso com uma vida intencional torna este grupo uma fonte ideal de informações acerca do lazer efetivo.

Comecemos esta busca de informações questionando os hábitos do líder informal do movimento FI 2.0: um antigo engenheiro, de seu nome Pete Adeney, que se tornou financeiramente independente por volta dos 30 anos e agora escreve blogues acerca da sua vida sob a alcunha propositadamente crítica em relação a si mesmo, Mr. Money Mustache. Quando Pete se tornou, finalmente, independente, não preencheu a sua vida com o tipo de atividades de lazer passivo que frequentemente associamos aos jovens a relaxar – jogar jogos de vídeo, assistir a provas de desporto, navegar na Internet, longas tardes passadas no bar. Em vez disso, utilizou esta liberdade para se tornar ainda mais ativo.

Pete não tem televisão e não é subscritor da Netflix ou da Hulu. Aluga ocasionalmente um filme no Google Play, mas, acima de tudo, a sua família não utiliza ecrãs para encontrar divertimento. Passa a maior

---

poupar dinheiro a um ritmo muito mais rápido (taxas de poupança de 50 a 70 por cento são comuns, e (2) não terá de poupar muito para se tornar independente, dado que as despesas que necessita de fazer são baixas. Se necessitar apenas de 30 mil euros de rendimento para viver confortavelmente, por exemplo, então poupar 750 mil num fundo *low-cost* cobrirá, provavelmente, as suas despesas (com ajustes à inflação) durante décadas. Agora imagine que faz parte de um jovem casal com dois bons salários que geram 100 mil euros de rendimento líquido por ano. Dado que necessita apenas de 30 mil para viver, pode poupar 70 mil por ano. Presumindo uma taxa de crescimento anual de 5 a 6 por cento, alcançará o seu valor-alvo em oito a nove anos. Se começar na casa dos 20, acabará por alcançar a sua independência financeira por volta do final dos 30. Naturalmente, grande parte da literatura FI 2.0 concentra-se na argumentação de que estes níveis de frugalidade são menos drásticos do que possa imaginar.

parte do tempo a trabalhar em projetos. De preferência no exterior. Eis como Pete explica a sua filosofia de lazer no blogue:

> Nunca compreendi a alegria de observar outras pessoas a praticar desporto, não suporto atrações turísticas, não me sento na praia a menos que haja um castelo de areia realmente grande a necessitar de ser construído, [e eu] não quero saber o que estão a fazer as celebridades e os políticos... Em vez de tudo isto, pareço retirar alguma satisfação da construção de coisas. Talvez a melhor descrição seja da resolução de problemas e da realização de melhoramentos.[7]

Em anos recentes, Pete fez obras de restauro à casa da família e, depois, construiu, um anexo isolado no pátio que serve de gabinete e estúdio de música. Terminados estes projetos, e ansioso por mais buracos para cavar e paredes de *pladur* para prender, adquiriu, de um modo algo impulsivo, um edifício, dedicado ao retalho, em mau estado, na rua principal da sua cidade natal de Longmont, no Colorado. Atualmente, está a transformá-lo naquilo a que chama a Sede Mundial do Mr. Money Mustache[8]. O que planeia exatamente fazer com aquele espaço, uma vez terminado, ainda não é bem claro – mas o objetivo final não é propriamente a questão; em grande medida, parece ter investido naquele edifício pelo projeto. Como Pete resume, a sua filosofia de lazer: «Se me deixarem em paz durante um dia... divertir-me-ei a saltitar entre a carpintaria, o treino com pesos, a escrita, o tocar de alguns instrumentos no estúdio de música, a realização de listas e a execução de tarefas a partir delas.»[9]

Podemos encontrar um compromisso semelhante com a ação no estilo de vida de Liz Thames, que também alcançou a independência financeira no início dos trintas e que escreve acerca dela no seu blogue, na popular página da Internet Frugalwoods. Ao alcançar a FI, Liz e o marido, Nate, levaram o seu gozo pelas atividades a um novo extremo – deixando a sua casa no buliçoso Cambridge, Massachusetts, e mudando-se para uma propriedade de 26 hectares situada junto a uma pequena montanha no Vermont rural.

Como Liz me explicou quando lhe perguntei acerca da sua decisão, mudar-se para uma casa daquele tamanho não é uma escolha que se faça de ânimo leve. O longo acesso de gravilha, por exemplo, exige manutenção constante. Se uma árvore cair, necessita de ser cortada e removida, «mesmo que estejam 12 graus abaixo de zero»[10]. Se estiver a nevar, terão de limpar a neve com frequência, ou esta acumular-se-á e tornar-se-á demasiado alta para o trator a conseguir empurrar, encurralando-os na própria propriedade – o que não é o ideal, dado que o vizinho mais próximo se encontra a uma longa distância e não têm um serviço de rede móvel que lhes permita avisar que precisam de ajuda.

Liz e Nate aquecem a casa com madeira da sua propriedade, o que também exige algum esforço. «Passamos todo o verão a apanhar madeira», disse-me Liz. «Temos de ir até à floresta, identificar as árvores que deverão ser abatidas, depois é preciso derrubar os troncos, trazê-los para o local, parti-los, empilhá-los, enquanto se monitoriza cuidadosamente o forno de lenha enquanto vai aquecendo.» E, como se veio a verificar, se quer gozar de campos mais limpos em redor da sua casa, «terá de cortar a relva... muitas vezes».

Pete e Liz realçam uma observação que talvez seja surpreendente: quando os indivíduos da comunidade FI conseguem grandes períodos de lazer, voluntariam-se frequentemente para preencher estas horas com atividades extenuantes. Esta tendência para a ação em detrimento de ideias mais tradicionais de relaxamento pode parecer a alguns desnecessariamente cansativa, mas para Pete e Liz faz todo o sentido.

Pete, por seu lado, oferece três justificações para esta vida extenuante: não custa muito dinheiro, possibilita-lhe praticar exercício físico e é bom para a saúde mental («Para mim, a inatividade conduz a um tédio depressivo»[11], explica). Liz apresenta explicações semelhantes para a sua decisão para adotar as exigências da vida rural. Tem um nome diferente para estas atividades – «*hobbies* virtuosos» – e realça que as atividades que podem parecer trabalho conseguem oferecer múltiplos níveis de benefícios.

Considere, por exemplo, o esforço necessário a limpar os caminhos da sua propriedade arborizada. Como Liz me disse: «Temos propriedades, gostamos de andar por lá, temos de limpar os trilhos para o fazer de um modo eficaz, por isso temos de vir até aqui com uma serra elétrica, cortar as árvores, limpar os arbustos». Soa a trabalho, mas oferece tipos de valor diferentes. Como Liz explicou: «É mentalmente libertador porque é muito diferente de trabalhar a um computador... exige que se resolvam problemas, mas de uma maneira diferente. Além disso, oferece um bom exercício e exige que aprenda novas capacidades. «Aprender a utilizar uma serra elétrica não é fácil», disse-me ainda. Finalmente, existe a satisfação de percorrer o trilho depois de limpo. Como Liz explicou, uma tarefa aparentemente entediante como limpar os trilhos pode, subitamente, parecer mais recompensadora do que navegar passivamente no Twitter.

A comunidade FI, claro, não é a primeira a descobrir o valor inerente do lazer ativo. Ao falar no Hamilton Club, em Chicago, na primavera de 1899, Theodore Roosevelt terá declarado: «Gostaria de pregar não a doutrina da facilidade ignóbil, mas a doutrina da vida difícil.»[12] Roosevelt praticava o que pregava. Enquanto Presidente, praticou boxe regularmente (até um golpe mais forte lhe ter descolado a retina esquerda), praticou jiu-jítsu, mergulhava nu no Potomac, e leu à velocidade de um livro por dia. Não tinha grande gosto em sentar-se e relaxar.

Uma década mais tarde, Arnold Bennett defendeu a causa do lazer ativo no seu pequeno guia, mas influente, de autoajuda: *How to Live on 24 Hours a Day*. Neste livro, Bennett nota que o trabalhador de colarinho branco da classe média londrina comum, que trabalha oito horas por dia, fica com 16 horas adicionais durante as quais é tão livre quanto qualquer cavalheiro para realizar uma atividade virtuosa. Bennett defende que manter-se acordado metade dessas horas seria destinado a um lazer enriquecedor e exigente, mas eram antes desperdiçadas com passatempos frívolos que não servem senão para passar o tempo, como fumar, fazer olaria, acariciar o piano (sem tocar realmente), e talvez até decidindo tornar-se «conhecedor de um uísque genuinamente bom»[13]. Depois de uma tarde neste tédio acéfalo (o equivalente vitoriano de perdermos tempo com o nosso *iPad*), nota ele, caímos exaustos na cama com todas as horas que nos foram concedidas «desaparecidas como que por magia, e irremediavelmente perdidas.»[14]

Bennett defende que estas horas deviam, antes, ser aplicadas a bom uso através de atividades de lazer exigentes e virtuosas. Sendo Bennett um *snob* britânico do início do século XX, as atividades que sugere estão centradas na leitura de obras literárias difíceis e na rigorosa autorreflexão. Numa passagem representativa, Bennett afasta os romances porque «nunca exigem qualquer aplicação mental significativa.»[15] A boa busca do lazer, de acordo com os cálculos de Bennett, deverá exigir um pouco mais de «esforço mental»[16] para ser gozada (recomenda uma poesia difícil). Também ignora a possibilidade de que parte deste tempo de lazer possa ser reduzido aos cuidados das crianças ou trabalho da casa, dado que escrevia apenas para os homens que, no mundo britânico da classe média do início do século XX de Bennett, claro, nunca precisavam de se preocupar com tais coisas.

Tudo isto para dizer, para os nossos propósitos do século XXI, que podemos ignorar algumas atividades específicas sugeridas por Bennett. O que me interessa é mais a parte intemporal da argumentação de Bennett, em que se debate contra a teoria de que a prescrição do seu esforço exagerado seja demasiado exigente para se poder apelidar de lazer:

> O quê? Diz que entregar a energia plena àquelas 16 horas irá diminuir o valor das oito de trabalho? Não é assim. Pelo contrário, aumentará, certamente, o valor das oito de trabalho. Uma das coisas principais que o meu homem típico tem de aprender é que as faculdades mentais são capazes de uma atividade árdua contínua; não se cansa como um braço ou uma perna. Tudo o que desejam é mudar – não descansar, com exceção do sono.[17]

Esta argumentação é inversa à nossa intuição. Ao despendermos mais energia no nosso lazer, diz-nos Bennett, acabamos por nos sentir com ainda mais energia. Está a trabalhar sobre o antigo adágio dos empreendedores «É preciso gastar dinheiro para ganhar dinheiro» na linguagem da vitalidade pessoal.

Esta ideia, que com falta de melhor termo podemos chamar de *Princípio de Bennett*, oferece uma base plausível para vidas de lazer ativo que abordámos até aqui nesta secção. Pete Adeney, Liz Thames e Theodore Roosevelt: todos ofereceram argumentações específicas para abraçarem o lazer vigoroso, mas estes argumentos partem todos do mesmo princípio geral, o de que o valor que se recebe de uma atividade é, frequentemente, proporcional à energia investida. Podemos dizer a nós mesmos que não há maior recompensa depois de um dia de trabalho do que uma tarde inteira vazia de planos ou compromissos. Mas damos por nós, depois de várias horas a olhar e a bater ociosamente num ecrã, mais cansados do que quando começámos. Como Bennett lhe dirá – e Pete, Liz e Teddy confirmariam –, se, em vez disso, despertar a motivação para passar esse mesmo tempo a fazer alguma coisa – ainda que uma coisa difícil –, é mais provável que chegue à noite a sentir-se melhor.

Ao juntarmos todas estas pontas, identificamos a nossa primeira lição acerca do cultivar do lazer de elevada qualidade.

Lição do lazer n.º 1: dê prioridade às atividades exigentes em vez do consumo passivo.

Trabalhos manuais e satisfação

Qualquer conversação acerca do lazer de elevada qualidade tem, eventualmente, de tocar no tópico dos trabalhos manuais. Neste contexto, «trabalho manual» descreve qualquer atividade em que aplique uma aptidão para criar algo de valor. Criar uma bela mesa a partir de uma pilha de tábuas é um ato de um trabalho manual, tal como fazer uma camisola a partir de uma meada de lã ou renovar a casa de banho sem a ajuda de profissionais. Os trabalhos manuais não exigem, necessariamente, que crie um objeto, podem também aplicar-se a *comportamentos* de elevado valor. Tocar uma agradável música numa guitarra ou dominar um jogo de basquetebol improvisado também serve. Estas definições de trabalhos manuais aplicam-se igualmente ao mundo digital, onde atividades como a programação informática ou a prática dos videojogos também exigem perícia, mas deveríamos colocar um asterisco ao lado desta última categoria, por ora – regressaremos a esta questão em breve e exporemos algumas das suas complexidades.

O meu argumento central é o de que os trabalhos manuais são uma boa fonte de lazer de elevada qualidade. Felizmente, no que diz respeito a suportar esta argumentação, os tratados acerca do valor dos trabalhos manuais são numerosos – a começar por John Ruskin e o movimento Arts and Crafts, e continuando através da comunidade de produtores modernos, existem milhares de livros e artigos escritos sobre o tópico. Para os nossos fins específicos, um bom ponto de partida é Gary Rogowski, um fabricante de mobiliário de Portland, Oregon. Em 2017, Rogowski publicou um livro intitulado *Handmade*, que se divide entre a memória de artífice e a investigação filosófica sobre os trabalhos manuais propriamente ditos. O que torna *Handmade* particularmente relevante para a nossa discussão é o facto de Rogowski investigar especificamente o valor dos trabalhos manuais em contraste com os comportamentos digitais que exigem menos perícia e que dominam tanto do nosso tempo – um objetivo revelado pelo subtítulo do livro: *Creative Focus in the Age of Distraction.*

Rogowski oferece diversos argumentos quanto ao valor dos trabalhos manuais num mundo cada vez mais mediado pelos ecrãs, mas quero realçar um em particular: «as pessoas têm a necessidade de mexer em ferramentas e fazer coisas. Precisamos disso para nos sentirmos inteiros.»[18] Como Rogowski explica: «Há muito tempo aprendemos a pensar utilizando as mãos, não o contrário.»[19] À medida que a nossa espécie foi evoluindo, por outras palavras, fizemo-lo enquanto seres que experienciam e manipulam o mundo à sua volta. Somos muitíssimo melhores a fazer isto do que qualquer outro animal, o que se verifica devido às complexas estruturas que evoluíram nos nossos cérebros para apoiar esta capacidade.

Hoje, contudo, é mais fácil do que nunca desligar estes circuitos. «Muitas pessoas experienciam o mundo em grande medida através de um ecrã»[20], escreve Rogowski. «Vivemos num mundo que está a trabalhar para eliminar o toque como um dos seus sentidos, para minimizar a utilização das mãos para fazer coisas que não tocar num ecrã.» O resultado é uma disparidade entre o nosso equipamento e a nossa experiência. Quando utilizamos os trabalhos manuais para abandonar o mundo virtual dos ecrãs e, em vez disso, começamos a trabalhar de maneiras mais complexas com o mundo físico à nossa volta, vivemos de um modo mais verdadeiro em relação ao nosso principal potencial. Os trabalhos manuais tornam-nos humanos e, ao fazê-los, podem conceder uma profunda satisfação que é difícil replicar noutras atividades menos (atrever-me-ei a dizer) *manuais*.

O mecânico filósofo Matthew Crawford é outra fonte útil de sapiência quanto ao valor do lazer baseado nos trabalhos manuais. Depois de ter concluído o doutoramento em Filosofia Política na Universidade de Chicago, Crawford aceitou um emprego paradigmaticamente associado ao conhecimento, gerindo um *think tank* em Washington. Rapidamente ficou desencantado com a natureza estranhamente incorpórea e ambígua do seu trabalho, pelo que fez algo extremo: desistiu para abrir um negócio de reparação de motorizadas. Agora alterna entre construir motorizadas personalizadas na sua garagem em Richmond, Virgínia, e a escrita de tratados filosóficos acerca do significado e do valor no mundo moderno.

A partir desta perspetiva única enquanto alguém que passou tempo a trabalhar tanto no espaço virtual como no físico, Crawford é particularmente eloquente na descrição da satisfação única que pode retirar do último:

> Estes parecem aliviá-lo da necessidade de oferecer *interpretações* trepidantes de si mesmo para justificar o seu trabalho. Pode, simplesmente, apontar: o edifício está de pé, o carro agora anda, as luzes estão acesas. Gabar-se é o que faz um rapaz que não tem qualquer efeito sobre o mundo. Mas os trabalhos manuais têm de ajustar contas com o julgamento infalível da realidade, onde as nossas falhas ou defeitos não podem ser ignorados pela interpretação.[21]

Numa cultura em que os ecrãs substituíram os trabalhos manuais, defende Crawford, as pessoas perdem o escape para o valor próprio estabelecido através da demonstração não ambígua de capacidade. Uma maneira de compreender a popularidade explosiva das plataformas das redes sociais nos anos recentes é o facto de oferecerem uma fonte substituta de enaltecimento. Na ausência de um banco de madeira bem construído ou do aplauso num espetáculo musical para o qual apontar, pode publicar uma fotografia da sua mais recente visita ao restaurante da moda, na esperança de obter «gostos», ou verificar desesperadamente se uma tirada mais inteligente foi replicada no Twitter. Mas, como Crawford dá a entender, estes gritos por atenção digitais são, frequentemente, um fraco substituto para o reconhecimento gerado pelo trabalho manual, dado que não são apoiados pelas capacidades conquistadas com arte ou trabalho exigidas ao domar do «julgamento infalível» da realidade física, e apresentam-se ambos como «a bazófia de um rapaz». Os trabalhos manuais permitem uma fuga desta frivolidade e oferecem uma fonte mais profunda de orgulho.

Com estas vantagens estabelecidas, podemos regressar ao nosso asterisco anterior acerca da teoria de que atividades puramente digitais também podem ser consideradas trabalhos manuais. Existe claramente um argumento em prol da premissa de que os comportamentos digitais especializados geram satisfação. Apresentei esta argumentação no meu livro *Deep Work – A concentração máxima num mundo de distrações*, onde referi que uma atividade profunda como a escrita de uma peça de código informático que resolva um problema (um esforço que exige elevada perícia) gera mais significado do que uma atividade fútil como responder a e-mails (um esforço que exige pouca perícia).

Dito isto, contudo, é igualmente claro que os benefícios específicos da arte citados aqui estão baseados na sua conexão com o físico. Embora seja verdade que uma criação digital ainda possa gerar o orgulho da realização, tanto Rogowski quanto Crawford sugerem que as atividades mediadas por um ecrã exibem um carácter fundamentalmente diferente das que existem no mundo real. As interfaces informáticas e o software cada vez mais inteligente que corre nos bastidores são concebidos para eliminar tanto as arestas mais rudes quanto a possibilidade inerente no confronto direto com o meio físico envolvente. Acrescentar o código informático num ambiente de desenvolvimento avançado e integrado não é bem o mesmo que comparar uma tábua de madeira de bordo com uma plaina manual. Ao primeiro falta tanto o carácter físico quanto a sensação de opções ilimitadas latentes do último. Da mesma maneira, compor uma canção num sequenciador digital mistura os prazeres oriundos do esforço combinado entre os dedos e as cordas de aço que definem o que é tocar bem uma guitarra, ao passo que avançar rapidamente para a vitória no *Call of Duty* deixa de parte muitas dimensões – sociais, espaciais, atléticas – presentes num jogo de *flag football* competitivo.

Dado que este capítulo é acerca do lazer – ou seja, esforços que realiza voluntariamente no seu tempo livre –, vou sugerir que nos restrinjamos à definição mais específica dos trabalhos manuais promovida pelos argumentos acima apresentados. Se quiser retirar os benefícios plenos destes trabalhos manuais durante o seu tempo livre, por outras palavras, procurá-los nas suas formas analógicas e, ao fazê-lo, abraçar plenamente o último conselho de Rogowski: «Deixe boas provas de si mesmo. Faça um bom trabalho.»[22] Esta oferece-nos, assim, a nossa segunda lição acerca de cultivar uma vida de lazer de elevada qualidade.

Lição de lazer n.º 2: use as suas capacidades para produzir coisas de valor no mundo físico.

Sociabilidade supercarregada

Outra propriedade comum do lazer de elevada qualidade é a sua capacidade para apoiar as interações sociais ricas. O jornalista David Sax testemunhou o poder desta propriedade em primeira mão quando um café invulgar chamado Snakes & Lattes abriu no fundo da sua rua, em Toronto. Este café não servia álcool e não tinha Wi-Fi, a comida era olvidável e as cadeiras desconfortáveis, e custava cinco dólares só para entrar. Mas, como Sax relata no seu livro de 2016, *The Revenge of Analog*, aos fins de semana os 120 lugares do café enchiam-se facilmente, com a fila a estender-se pelo passeio. A espera por uma mesa podia chegar a três horas.

O segredo do Snakes & Lattes é que é um café de *jogos de tabuleiro*: entra com um grupo de amigos, é-lhes indicada uma mesa, e podem escolher qualquer jogo que queiram jogar da extensa biblioteca do café. Se precisar de ajuda, um especialista em jogos poderá fazer as suas recomendações. O sucesso deste café é algo intrigante, dado que os jogos analógicos, teoricamente, deveriam ter desaparecido no mundo digital. Porque haveria de empurrar piões de plástico sobre um pedaço de cartão quando pode lutar contra ogres fotorrealistas num jogo de vídeo para vários jogadores como *World of Warcraft*? Mas não desapareceram. As pessoas estão mais desejosas do que nunca de jogar Scrabble com os vizinhos, ou falar dos colegas enquanto jogam póquer, ou fazerem fila no frio de Toronto para conseguirem uma mesa no Snakes & Lattes. Os jogos clássicos, que eram populares na década de 1980 pré-digital – Monopólio, Scrabble –, permanecem populares hoje, ao passo que a

Internet vai alimentando inovações em novos designs para jogos (uma das categorias mais populares no Kickstarter são os jogos de tabuleiro), conduzindo a um renascimento de jogos de estratégia mais inteligentes de estilo europeu – um movimento mais bem exemplificado pelo megassucesso que foi *Settlers of Catan*,[23] que vendeu mais de 22 milhões de cópias por todo o mundo desde que foi lançado na Alemanha, em meados da década de 1990.

David Sax defende que esta popularidade se deve, em grande parte, à experiência social de jogar estes jogos. «Os jogos de mesa criam um espaço social único fora do mundo digital»[24], escreve. «São a antítese das cataratas lustrosas e fumegantes de informação e marketing que mascaram a relação nas redes sociais.» Quando se senta a uma mesa para jogar um jogo com outras pessoas, está a expor-se àquilo a que o teórico dos jogos Scott Nicholson chama «uma rica interação multimédia em 3D.[25] Analisa a linguagem corporal do seu adversário em busca de pistas acerca da sua estratégia e tenta projetar-se nas suas mentes para compreender o que poderão estar a planear nos seus passos seguintes, procurando aquilo a que Sax chama «foguetes luminosos das nossas emoções mais complexas»[26]. O ardor da derrota é tanto mais real quando está sentado em frente ao seu adversário sorridente enquanto guarda as peças, mas dado que a derrota se cinge ao espaço confinado de um jogo, desvanece-se, permitindo que pratique uma complexa dança intersocial exigida para desarmar a tensão. Estamos preparados para lidar com estes jogos de xadrez social de elevado nível e os jogos permitem-nos levar essas capacidades aos seus limites – uma experiência entusiasmante.

Jogar jogos também permite aquilo a que podemos chamar interações *socializantes supercarregadas* com níveis de intensidade mais elevados do que os comuns numa sociedade educada. Sax descreve as conversas excitadas e as sonoras gargalhadas que ouviu em Snakes & Lattes durante as noites mais movimentadas. Esta observação não me surpreende. A cada dois meses, um grupo de pais que conheço junta-se para jogar (mal) póquer. Estas sessões oferecem-nos uma desculpa para dizer piadas e conversar e desabafar durante três horas. Quando um dos nossos jogadores gasta todas as suas fichas cedo, mantém-se sempre até ao fim do jogo. A questão não é propriamente as cartas, tal como jogar Catan no Snakes & Lattes não é realmente acerca da construção de estradas.

Estes benefícios dos antiquados jogos em pessoa ajudam a explicar o porquê de mesmo os mais elegantes jogos de vídeo e os mais brilhantes divertimentos móveis não terem arruinado a indústria dos jogos de tabuleiro. Como Sax escreve: «A um nível social, os jogos de vídeo são, decididamente, de banda curta quando comparados com a experiência de jogar um jogo num quadrado plano de cartão com outro ser humano.»[27]

Os jogos de tabuleiro, claro, não são o único tipo de lazer que promove experiências sociais intensas. Uma outra interceção interessante entre o lazer e a interação está a emergir no mundo da saúde e do exercício. Sem dúvida, uma das maiores tendências deste sector é o fenómeno do «*fitness* social», em que, como um analista da indústria dos desportos descreve, «o *fitness* passou de uma atividade privada realizada num ginásio para uma interação social num estúdio ou na rua.»[28]

Se viver na cidade, provavelmente já viu grupos que se reúnem nos parques onde são sujeitos a exercícios calisténicos ao estilo de campo de treino por um instrutor vociferante. O grupo que costumava ver reunido num pedaço relvado perto do meu Whole Foods local consiste em recém-mães que se organizam em círculo em redor dos seus carrinhos. Não sei se este grupo oferece melhores resultados em termos de *fitness* do que o ginásio Planet Fitness que funciona a poucos quarteirões, mas a experiência social é, quase de certeza, mais enriquecedora. Encontrar-se com o mesmo grupo de mulheres, todas elas a enfrentar iguais desafios de recém-maternidade, permite um nível de interação e apoio que não existe quando entramos num ginásio de luzes fluorescentes com os auscultadores aos berros.

Uma outra organização popular de *fitness* de grupo é a F3, que é a abreviatura de Fitness, Felowship and Faith (*fitness*, amizade e fé). A F3 é apenas para homens e todos os envolvidos são voluntários, nunca sendo trocado qualquer valor monetário. O conceito é que se junte ou inicie um grupo local que se encontra várias vezes por semana para um treino no exterior – faça chuva ou faça sol. Tendo em consideração que a pessoa que orienta os exercícios é uma posição que roda entre os membros do grupo, os homens não são atraídos pelo F3 pelas especializadas orientações de *fitness*. São atraídos pela experiência social. Esta realidade é evidente pelo nível quase cómico de camaradagem masculina que os membros abraçam (com um aceno de cabeça cúmplice). Como explica o website da F3:

> Para os FNG [novos membros], o turbilhão de linguagem em jargão de basebol utilizado no nosso treino de F3 comum pode ser algo confuso. Da mesma maneira, por exemplo, o que é um FNG e porque é que as pessoas não param de me chamar isso?

O website oferece, então, um «léxico» do jargão do F3[29] que inclui mais de cem entradas por ordem alfabética, muitas das quais remetem para outras entradas, criando um pântano recursivo complexo. Para o demonstrar, eis uma definição desse léxico:

> BOBBY CREMINS (como em dar uma de): quando um homem publica para um treino, mas parte depois do Startex para ir a um AO diferente. Também, um não-treino LIFO iniciado pelo M ou CBD.

Para um FNG como eu, esta definição não faz sentido. Por outro lado, a ideia é essa. Quando, por fim, *conseguir* compreender o que significa dar uma de Bobby Cremins, terá conquistado um sentido satisfatório de ter sido aceite por uma tribo. Esta busca de inclusão é, talvez, mais exemplificada pelo ritual de círculo de confiança com que termina cada treino. Durante o ritual, cada um dos participantes indica o seu próprio nome e a alcunha F3 antes de proferir algumas palavras de sabedoria ou gratidão. Quem é novo no grupo recebe na hora uma alcunha – uma iniciação.

Para alguns, estas regras artificiais e este jargão podem parecer um bocadinho exagerados, mas a sua eficácia é inegável. O primeiro treino F3 gratuito foi conduzido pelos cofundadores David Redding (cuja alcunha é «Dredd») e Tim Whitmire (de alcunha «OBT) nas instalações de uma escola preparatória da zona de Charlotte em janeiro de 2011. Sete anos depois, existem mais de 1200 grupos a operar por todo o país.[30]

A maior história de sucesso do fenómeno do *fitness* social, contudo, é sem dúvida o CrossFit. O primeiro ginásio CrossFit («box», no jargão do CrossFit) abriu em 1996. Existem agora mais de 13 mil boxes em mais de 120 países. Nos Estados Unidos existe uma box de CrossFit por cada dois Starbucks[31] – um alcance incrível para uma marca de *fitness*.

Quando surgiu, a popularidade do CrossFit confundiu os conhecedores da indústria que, ao longo dos anos, se haviam concentrado implacavelmente no preço e nos serviços dos seus ginásios. O típico ginásio de CrossFit é um armazém algo sujo e, em grande parte, vazio. O equipamento de *fitness* – frequentemente afastado para os cantos – adequar-se-ia bem a um ginásio de boxe do virar do século: *kettlebells*, bolas medicinais, cordas, caixas de madeira, barras de elevações e traves metálicas para agachamentos. Não encontrará passadeiras, elegantes aparelhos de cargas guiadas, balneários com bom aspeto, luzes fortes ou, Deus nos livre, ecrãs de televisão. Também são muito caros. O Planet Fitness perto da minha casa custa 10 dólares por mês – um preço que inclui Wi-Fi. O CrossFit perto da minha casa custa 210 dólares por mês, e se lhes perguntar se têm Wi-Fi, correrão consigo porta fora com um *kettlebell*.

O segredo do sucesso do CrossFit é, provavelmente, mais bem compreendido por uma das mais significativas diferenças entre um ginásio de CrossFit e um ginásio comum: ninguém está a usar auscultadores. O modelo do CrossFit é construído em redor do treino do dia (ou WOD) – tipicamente uma combinação de alta intensidade de exercícios funcionais que tenta executar tão depressa quanto possível. Eis uma amostra de um WOD[32] mais ou menos da altura em que comecei a escrever este capítulo:

Três séries, no menor tempo possível, de:

- 60 agachamentos;
- 30 joelhos aos cotovelos;
- 30 elevações nas argolas.

Não lhe é permitido fazer o WOD sozinho. Existem, antes, diversas horas predefinidas no dia durante as quais pode aparecer na sua box local e executar o WOD juntamente com um grupo de outros membros e um supervisor. O aspeto social do treino é fundamental: o leitor puxa pelo grupo enquanto este, por sua vez, puxa por si. Este apoio ajuda a levar as pessoas para lá dos seus limites naturais, o que é importante; uma crença fundamental no CrossFit é a de que a extrema intensidade durante um curto período é superior a um grande volume de exercícios durante um longo período. O aspeto social do WOD também ajuda a criar uma forte sensação de comunidade. Eis como um antigo *personal trainer* transformado em devoto do CrossFit descreveu a experiência: «A camaradagem dos outros membros que me incitavam a terminar em força enquanto eu me esforçava por fazer mais algumas repetições durante um WOD na minha [box de CrossFit] foi uma sensação entusiasmante que nunca tinha sentido em qualquer outra instalação de *fitness*.»[33] Greg Glassman, o extrovertido fundador do CrossFit, capta a sensação de rude, mas intensa, camaradagem criada por este movimento de *fitness* tendo, supostamente, descrito o CrossFit como uma «religião dirigida por um gangue de *motards*.»[34]

O campo de treino para quem foi mãe recentemente, o F3 e o CrossFit têm sucesso pela mesma razão do Snakes & Lattes com os seus jogos de tabuleiro: são atividades de lazer que permitem o tipo de socialidade repleta de energia e complexa que, de outro modo, é rara na vida normal. Os jogos de tabuleiro e o *fitness* social não são as únicas atividades de lazer que podem gerar estes benefícios sociais. Outros exemplos incluem dias de desportos recreativos, a maior parte das atividades de voluntariado ou trabalhar com uma equipa num projeto de grupo, como arranjar um barco velho ou construir um ringue de patinagem para o bairro.

As atividades de lazer social de maior sucesso partilham dois traços. Primeiro, exigem que passe tempo com outras pessoas pessoalmente. Como realcei, existe uma riqueza sensorial e social nos encontros do mundo real que está, em grande parte, perdida nas ligações virtuais, pelo que passar tempo com o seu clã do *World of Warcraft* não conta. O segundo traço é o de que a atividade garante algum tipo de estrutura perante a interação social, incluindo regras que tem de seguir, terminologia interna ou rituais, e frequentemente um objetivo partilhado. Como já disse, estas restrições permitem, paradoxalmente, uma maior liberdade de expressão. Os seus amigos do CrossFit podem gritar e apoiar, e dar-lhe enfáticos *high fives* e abraços suados com o entusiasmo alegre que pareceria absurdo na maior parte dos outros contextos.

Podemos concluir esta análise apresentando a nossa terceira lição acerca do cultivar de um estilo de lazer de elevada qualidade.

Lição de lazer n.º 3: procure atividades que exijam interações sociais estruturadas no mundo real.

O renascimento do lazer

O Mouse Book Club[35] oferece um bom exemplo da complexa relação entre o lazer de elevada qualidade e a tecnologia digital. Se se juntar a este clube, irá receber, quatro vezes por ano, uma coleção temática de livros clássicos e contos. A coleção, lançada no verão de 2017, por exemplo, seguia um tema «de dádiva» e incluía «O Presente dos Magos», de O. Henry, «O Príncipe Feliz», de Oscar Wilde, e uma coleção de três histórias de Natal russas escritas por Tolstói, Dostoiévski e Tchékhov.

O que separa este clube de outras organizações semelhantes é que os livros em si, feitos por encomenda num opúsculo compacto, são, mais ou menos, da mesma altura e largura de um *smartphone*. A dimensão é intencional. A filosofia por detrás de um Mouse Book é a de que pode colocá-lo no bolso ao lado do telemóvel. Sempre que sentir o desejo de tirar o telemóvel para se distrair por breves instantes, pode, antes, retirar o Mouse Book e ler algumas páginas de algo mais profundo. A empresa descreve o seu objetivo como «mobilizar a literatura»[36], e gosta de realçar que os seus aparelhos de entretenimento portáteis «nunca ficam sem bateria, os seus "ecrãs" nunca estalam e não tocam, zumbem ou vibram».

Como outros exemplos de lazer de elevada qualidade realçados neste capítulo, o Mouse Book é analógico de forma desafiante. É um objeto físico que exige um esforço «cognitivo» antes de começar a devolver valor – mas ao fazê-lo, o valor é muito mais substancial e duradouro do que o pico oferecido pela distração digital ligeira. Estes exemplos podem parecer colocar o lazer de elevada qualidade numa relação antagónica com as tecnologias mais recentes, mas, como dá a entender acima, a realidade é mais complicada. Um olhar mais próximo ao Mouse Book Club torna claro que a sua existência depende de diversas inovações tecnológicas.

Imprimir livros exige capital. Os cofundadores do projeto, David Dewane e Brian Chappell, angariaram dinheiro com uma campanha online no Kickstarter que reuniu mais de 50 mil dólares de financiamento de mais de mil apoiantes. Estes financiadores descobriram esta campanha, em parte, porque *bloggers* como eu direcionaram os seus seguidores online para o projeto. Um outro aspeto fundamental do modelo do Mouse Book Club é ajudar os leitores a compreender e debater os livros que lhes foram enviados, permitindo-os maximizar o valor que recebem com a sua experiência de leitura. Para o fazer, a empresa lançou um blogue que permite que os seus editores debatam os temas das mais recentes coleções e iniciaram um *podcast* de entrevistas para mergulhar em determinadas ideias. (O episódio mais recente é uma entrevista acerca de Montaigne com Philippe Desan, um respeitado professor de Literatura da Universidade de Chicago.) Como escrevo neste capítulo, a empresa está, igualmente, a construir um sistema online para ajudar os subscritores próximos a encontrarem-se uns aos outros e organizarem encontros do clube do livro no mundo real.

O Mouse Book Club entrega uma experiência analógica de elevada qualidade, mas não poderia existir sem muitas inovações tecnológicas da última década. Realço isto para afastar a ideia de que o lazer de elevada qualidade exige um nostálgico voltar atrás no tempo para uma era pré-Internet. Pelo contrário, a Internet está a alimentar uma espécie de *renascimento do lazer* ao oferecer ao cidadão comum mais opções de lazer do que nunca na história humana. Fá-lo de duas formas principais: ajudando as pessoas a encontrar comunidades relacionadas com os seus interesses e oferecendo um fácil acesso a informações por vezes obscuras necessárias a apoiar determinadas atividades de qualidade. Se se mudar para uma nova cidade e quiser encontrar outras pessoas que partilhem o seu interesse em debater literatura, o Mouse Book Club pode ajudar a pô-lo em contacto com alguns bibliófilos próximos. Se, inspirado pelo blogue Frugalwoods, quiser começar a juntar a sua própria madeira para a lareira, existem diversos vídeos no YouTube que lhe podem ensinar o mais básico. Não consigo pensar em melhor altura do que o presente para cultivar uma vida de lazer de elevada qualidade.

Chegámos, agora, a uma aparente circularidade. Este capítulo defende que, para escapar à perda promovida pelos hábitos digitais de baixo valor, é importante que prepare de antemão atividades de lazer de elevada qualidade. Estas atividades de qualidade preenchem o vazio que os seus ecrãs estavam anteriormente incumbidos de o ajudar a ignorar.

Mas acabei de argumentar que deveria utilizar ferramentas digitais para o ajudar a cultivar este lazer. Parece, assim, que lhe estou a pedir que abrace a nova tecnologia para o ajudar a evitar a nova tecnologia.

Felizmente, esta circularidade é facilmente quebrada. O estado de que o estou a ajudar a escapar é um em que a interação passiva com os seus ecrãs representa o seu tempo de lazer principal. Quero que substitua este por um estado em que o seu tempo de lazer é, agora, preenchido com atividades melhores, muitas das quais existirão, acima de tudo, no mundo físico. Neste novo estado, a tecnologia digital ainda está presente, mas agora subordinada a um papel de apoio: ajudá-lo a estabelecer ou manter as suas atividades de lazer, mas sem agir como a principal fonte de lazer em si. Passar uma hora a percorrer vídeos do YouTube divertidos pode cortar-lhe a vitalidade, ao passo que – e estou a falar por experiência recente aqui – utilizar o YouTube para o ensinar a substituir o motor do sistema de ventilação da casa de banho pode garantir a base de uma tarde recompensadora de pequenas reparações.

Um tema básico do minimalismo digital é que as novas tecnologias, quando utilizadas com cuidado e intenção, criam uma vida melhor do que o ludismo ou a adoção acéfala. Não nos deveria surpreender, como tal, que esta ideia geral se aplique aqui à nossa discussão específica acerca do cultivo do lazer.

Aristóteles defendeu que o lazer da qualidade é essencial a uma vida bem vivida. Com isto em mente, neste capítulo ofereci três lições acerca de como cultivar estas atividades de elevada qualidade. Concluí, depois, com a ressalva de que, embora estas atividades sejam, acima de tudo, analógicas na sua natureza, a sua execução com sucesso depende, frequentemente, do uso estratégico das novas tecnologias.

Como acontece nos outros capítulos da Parte 2 deste livro, concluirei essa discussão acerca do lazer com um conjunto de práticas concretas que o podem ajudar a agir com base nestes conhecimentos. Estas práticas não constituem um plano passo a passo para atualizar a sua vida de lazer, mas antes oferecem uma amostra do *tipo* de ação que pode ajudar a operacionalizar o mapa da felicidade de Aristóteles.

Prática: arranje ou construa algo todas as semanas

No início deste capítulo, apresentei Pete Adeney (a.k.a. Mr. Money Mustache), o antigo engenheiro que alcançou a independência financeira em tenra idade. Se percorrer o arquivo do blogue de Pete, poderá conseguir encontrar uma entrada espantosa de abril de 2012, que descreve as experiências de Pete com a soldadura de metais.

Como Pete explica, a sua odisseia com soldadura teve início em 2005. Na altura, estava a construir uma casa personalizada. (Como qualquer fiel seguidor de Mr. Money Mustache sabe, Pete passou alguns anos a gerir uma empresa de construção de má memória depois de ter desistido do trabalho como engenheiro.) A casa era moderna, pelo que Pete integrou algum trabalho de metal no seu plano de design, incluindo um corrimão de aço personalizado nas escadas.

O design parecia uma excelente ideia, até Pete ter recebido o orçamento da pessoa que contratou para fazer o trabalho: era de 15 800 dólares, e Pete só tinha previsto 4000. «Maldição!... Se este tipo me vai cobrar o tempo despendido a trabalhar no metal a 75 dólares por hora, é sinal de que preciso de aprender a fazê-lo»[37], lembra-se Pete de pensar na altura. «Quão difícil poderá ser?» Nas mãos de Pete, a resposta revelou ser: *não foi assim tão difícil.*

Como descreve na sua publicação, Pete comprou um amolador, uma serra para metais, uma máscara, umas luvas grossas e uma máquina de soldar de 120 volts alimentada por arames – que, como Pete explica, é, de longe, o aparelho de soldadura mais fácil de aprender a usar. Em seguida, dedicou-se a alguns projetos simples, carregou uns tantos vídeos do YouTube, e meteu mãos à obra. Em pouco tempo, Pete tornou-se um soldador competente – não um mestre artífice, mas suficientemente hábil para poupar dezenas de milhares de dólares em mão de obra e peças. (Como Pete explica, não é capaz de fazer um «supercarro curvilíneo», mas podia, sem dúvida, preparar um «belo *buggy* das dunas ao estilo Mad-Max».) Além de completar o corrimão para o projeto personalizado que realizara para a casa em que estava a trabalhar (por muito menos do que os 15 800 dólares que lhe queriam cobrar), Pete acabaria por construir um corrimão semelhante para um pátio no telhado de uma casa próxima. Em seguida, começou a criar portões de jardim de aço e suportes para plantas incomuns. Construiu uma estrutura para carregar a madeira para a sua *pick-up* e construiu uma série de partes estruturais para fortalecer velhas fundações e o chão de casas históricas do seu bairro. Enquanto Pete estava a redigir a sua publicação sobre a soldadura, um suporte de metal da porta da garagem partiu-se; arranjou-o com facilidade.

Pete é o exemplo de alguém que é *hábil*, no sentido de que se sente confortável a iniciar uma nova capacidade física quando necessário. Houve um tempo, nos Estados Unidos, em que a maior parte das pessoas eram hábeis. Quem vivia numa zona rural, por exemplo, tinha de se sentir confortável a arranjar e construir coisas – não havia a Amazon Prime para entregar uma peça de substituição ou um empreiteiro aprovado pela Yelp que por lá passasse com as suas ferramentas. Matthew Crawford realça que o catálogo Sears costumava incluir diagramas de algumas das partes dos seus eletrodomésticos e objetos mecânicos. «Era simplesmente considerado um dado garantido que essa informação seria solicitada pelo consumidor»[38], escreve.

Atualmente, este tipo de habilidade é mais raro pelo simples facto de, para a maior parte das pessoas, já não ser essencial para que a sua profissão ou a sua vida doméstica funcionem normalmente. Esta transição tem os seus prós e contras. O principal pró, claro, é que liberta o enorme número de horas que podemos aplicar em atividades mais produtivas. É emocionante arranjar algo partido, mas se estiver *constantemente* a arranjar coisas, pode tornar-se cansativo. Os economistas argumentarão, igualmente, que a especialização é mais eficaz. Se for advogado, será melhor, sob um ponto de vista financeiro, se dedicar o seu tempo a tornar-se um melhor advogado, e depois trocar algum dinheiro extra que ganhou com pessoas especializadas em arranjar algo que se possa partir.

Mas maximizar a eficácia pessoal e financeira não é o único objetivo relevante. Como argumentei antes neste capítulo, aprender e aplicar novas capacidades é uma fonte importante de lazer de elevada qualidade. Se conseguir alcançar um certo grau de habilidade, como tal, pode facilmente assistir a este tipo de atividade satisfatória. Esta prática não pedirá que se torne no Pete Adeney – que, como referimos antes, tem um tempo quase interminável para tais demandas –, mas irá levá-lo a seguir o caminho das reparações simples, aprendendo ou construindo projetos como parte regular da sua rotina.

A maneira mais simples de se tornar mais hábil é aprendendo uma nova aptidão, aplicando-a a reparações, à aprendizagem ou à construção de algo, e depois repetindo. Comece com projetos fáceis em que possa seguir instruções passo a passo de um modo mais ou menos direto. Depois de se sentir confortável, avance para esforços mais complicados que lhe exijam que preencha alguns espaços vazios ou adapte o que lhe foi sugerido. Para ser mais concreto, eis uma lista do tipo de projetos diretos que tinha em mente para alguém novo a utilizar as mãos de um modo útil. Todos os exemplos abaixo são algo que tanto eu como alguém que conheço somos capazes de aprender a executar num só fim de semana.

- Mudar o óleo do carro;
- Instalar um candeeiro de teto;
- Aprender o básico de uma nova técnica num instrumento que já toque (por exemplo, um guitarrista aprender o famoso *Travis picking*, técnica inventada por Merle Travis);
- Descobrir como calibrar o braço do gira-discos;
- Construir uma cabeceira personalizada com madeira de elevada qualidade;
- Começar um jardim.

Repare que nenhum destes projetos é digital. Embora exista algum orgulho em aprender o novo programa de computador ou em descobrir como funciona uma nova engenhoca complicada, a maior parte de nós já passa tempo suficiente a deslocar símbolos em ecrãs. O lazer que aqui abordamos deverá aceder ao seu forte instinto pela manipulação de objetos no mundo físico.

Se se estiver a perguntar *onde* aprender as aptidões necessárias a projetos simples como aqueles indicados acima, a resposta é fácil. Quase todas as pessoas hábeis dos tempos modernos com quem falei recomendam a mesma fonte para as rápidas lições do como fazer: YouTube. Para qualquer tipo de projeto, existem numerosos vídeos no YouTube que o poderão ajudar a percorrer os passos de todo o processo. Alguns são mais informativos do que outros, mas à medida que se for tornando mais confiante, não necessitará de instruções precisas – os passos que o apontam na direção geral serão suficientes.

A minha sugestão é que tente aprender e aplicar uma nova aptidão todas as semanas, ao longo de seis semanas. Comece com projetos fáceis, como os que sugeri acima, mas, à medida que for sentindo que o desafio se desvanece, aumente o grau de complexidade das aptidões e passos envolvidos.

Quando chegar ao final da sexta semana desta experiência, não estará propriamente pronto para reconstruir o motor da sua *Honda*, mas terá alcançado um estatuto de habilidoso iniciado. Ou seja, competências suficientes para perceber que é capaz de aprender coisas novas e para perceber que gosta de o fazer. Se for como a maioria, este curso intensivo de seis semanas irá desencadear uma inclinação persistente e recompensadora em sujar as mãos.

Prática: agende o seu lazer de baixa qualidade

Há alguns anos, o pioneiro dos negócios em Silicon Valley Jim Clark foi entrevistado num evento realizado pela Universidade de Stanford. A certa altura da entrevista, o tópico girou para as redes sociais. A reação de Clark foi inesperada, tendo em consideração o seu passado altamente tecnológico: «Simplesmente não aprecio as redes sociais.»[39] Como depois clarificou, o seu desagrado é resumido numa experiência em particular que teve quando se sentou num painel com um executivo das redes sociais:

> [O executivo estava] simplesmente maravilhado com estas pessoas que passavam 12 horas por dia no Facebook... por isso fiz-lhe uma pergunta: «O tipo que está a passar 12 horas por dia no Facebook acha que será capaz de fazer aquilo que você fez?»[40]

Nesta questão, Clark coloca o dedo no principal problema que aflige a visão utópica promovida pelos maiores propulsores da Web 2.0. Ferramentas como o Facebook e o Twitter são vendidas em termos das coisas positivas que podem permitir, como a conexão e a expressão. Mas como o entusiasmo do companheiro de Clark como membro do painel revelou, para os grandes conglomerados da economia da atenção, estes benefícios são como os brindes nos pacotes de cereais – algo apelativo para que continue a entrar na aplicação, altura em que podem seguir com o seu principal objetivo de extrair tantos minutos do seu tempo e atenção quanto possível, para as suas máquinas de lucro. (Veja a Parte 1 para uma análise mais pormenorizada acerca das vulnerabilidades psicológicas que estes serviços exploram para alcançar este objetivo com sucesso.)

Como Clark realçava incredulamente, independentemente dos benefícios imediatos que estes serviços pudessem garantir aos utilizadores, o impacto líquido da sua produtividade e satisfação de vida tinha de ser profundamente negativo se *tudo* o que estes utilizadores fazem é envolver-se com o serviço. Não se pode, por outras palavras, construir um império de milhares de milhões de dólares, como o Facebook, se se estiver a desperdiçar horas diárias a utilizar um serviço como o Facebook.

Esta tensão entre os benefícios oferecidos pela economia da atenção e a missão principal do sector de devorar o seu tempo revela-se particularmente problemática para o nosso atual objetivo de cultivar um lazer de elevada qualidade. É demasiado fácil ter boas intenções acerca de acrescentar algumas atividades de qualidade nas suas tardes, e depois, passadas várias horas enfiado na toca a clicar e a observar vídeos em catadupa, apercebe-se de que a oportunidade se dissipou de novo.

Uma solução mais direta para este problema seria parar de utilizar a maior parte destas distrações fabricadas. À medida que for mergulhando na filosofia minimalista ensinada neste livro, isso poderá ser precisamente aquilo que acabará por fazer. Mas este passo drástico representa pôr a carroça à frente dos bois. A premissa deste capítulo é que, ao cultivar *primeiro* uma vida de lazer de elevada qualidade, se tornará mais fácil minimizar *depois* as diversões digitais de baixa qualidade. Com isto em mente, quero apresentar uma solução simples, uma que não exige, ainda, que corte pela raiz os serviços e websites que frequenta, mas que irá, ainda assim, tornar mais fácil para si colocar de parte tempo para o lazer de qualidade. Tem, igualmente, a vantagem, como em breve elaborarei, de ser uma ideia que aterroriza as empresas das redes sociais.

Eis a minha sugestão: *agende, de antemão, o tempo que irá passar com o seu lazer de baixa qualidade*. Ou seja, decida períodos específicos ao longo do dia durante os quais se irá dedicar a navegar na Internet, a verificar as suas redes sociais e transmissões de entretenimento. Quando chegar a estes períodos, vale tudo. Se quiser assistir de enfiada a séries da Netflix enquanto se transmite ao vivo a percorrer o Twitter, força. Mas, fora desses períodos, mantenha-se offline.

Há duas razões para o funcionamento desta estratégia. Primeiro, ao confinar a sua utilização de serviços que captam a atenção a períodos bem definidos, o seu tempo de lazer restante fica protegido por atividades mais substanciais. Sem acesso aos seus ecrãs normais, a melhor opção que lhe resta para preencher este tempo será com atividades de qualidade.

A segunda razão pela qual esta estratégia funciona bem é que não lhe pede que abandone por completo as diversões de baixa qualidade. A abstenção ativa psicologias subtis. Se decidir, por exemplo, evitar todas as atividades online durante o seu tempo de lazer, este poderá gerar demasiadas questões menores e exceções. A parte da sua mente que é cética em relação ao recém-encontrado entusiasmo pela desconexão utilizará essas objeções para minar a sua determinação. Uma vez minado, o compromisso com a restrição irá esboroar-se e será lançado para um estado de utilização sem restrições e compulsiva.

Por outro lado, se se limitar a encurralar estes comportamentos em períodos específicos, tornar-se-á mais difícil para a parte cética do seu cérebro estabelecer um caso forte. Não está a desistir de nada nem a perder acesso a qualquer informação, está simplesmente a ser mais consciencioso acerca de quanto se envolve com esta parte da sua vida de lazer. É difícil pintar uma restrição tão razoável como inalcançável, o que torna mais fácil mantê-la.

Quando implementar inicialmente esta estratégia, não se preocupe sobre *quanto tempo* reserva para este lazer de baixa qualidade. Não faz mal, por exemplo, se começar com grandes partes das suas tardes e fins de semana dedicados a tais demandas. A agressividade das suas restrições irá aumentar naturalmente à medida que lhe for permitido integrar mais e mais atividades de elevada qualidade na sua vida.

O elemento desta prática que aterroriza as empresas das redes sociais é que irá aprender, através da experiência, que mesmo depois de ter reduzido significativamente o tempo que passa nestes serviços, não sentirá que está a perder quaisquer benefícios. Conjeture que a maioria dos utilizadores regulares das redes sociais pode retirar a maior parte do valor que estes serviços oferecem na sua vida em apenas 20 a 40 minutos de utilização *por semana*. É por isso que até as restrições sérias na sua agenda não o deixarão a sentir que lhe falta alguma coisa de importante. Esta observação aterroriza as empresas das redes sociais porque o seu modelo de negócios depende de se envolver com os seus produtos durante tantos minutos quanto possível. É por isso que, quando defendem os seus produtos, preferem concentrar-se na questão do *porquê* utilizá-los, não o *como* os utiliza. A partir do momento em que as pessoas começam a pensar seriamente acerca desta última questão, tendem a reconhecer que estão a passar demasiado tempo online. (Analisarei esta questão mais profundamente no próximo capítulo.)

Estas razões ajudam a explicar a surpreendente eficácia desta simples estratégia. A partir do momento em que começa a estabelecer restrições quanto às suas distrações de baixa qualidade (sem qualquer sensação de valor perdido) e a preencher o tempo recém-liberto com alternativas de elevada qualidade (que geram níveis de satisfação significativamente mais altos), começará em breve a perguntar-se como é que alguma vez tolerou passar tantas das suas horas de lazer a fitar passivamente os ecrãs cintilantes.

Prática: junte-se a alguma coisa

Benjamin Franklin, que era naturalmente gregário, compreendeu instintivamente o argumento que apresentei antes acerca da importância das interações sociais estruturadas. Agindo com base no seu instinto, contudo, exigia trabalho árduo para este futuro pai fundador. Quando Franklin regressou de Londres a Filadélfia em 1726, deparou-se com uma vida social estéril. Tendo crescido em Boston, não tinha raízes familiares na sua terra adotiva, e o seu ceticismo pelo dogma religioso eliminava a opção de se juntar a uma comunidade já pronta através da Igreja. Sem se deixar deter, decidiu que se limitaria a começar as organizações sociais que desejasse do nada.

Em 1727, Franklin criou um clube social chamado o Junto, que descreve como se segue na sua autobiografia:

> Eu tinha reunido quase todos os meus conhecidos mais engenhosos num clube de melhoramento mútuo, a que chamámos Junto; encontrávamo-nos nas tardes de sexta-feira. As regras que delineei exigiam que todos os membros, cada um por sua vez, apresentassem uma ou mais interrogações sobre uma qualquer questão de moral, política ou filosofia natural, que seriam debatidas pelos reunidos; e uma vez em cada três meses, produzissem e lessem um ensaio escrito por eles próprios, sobre um qualquer tema que lhes agradasse.[41]

Inspirado por estes encontros, Franklin criou um esquema em que os membros do Junto contribuíam com fundos para a aquisição de livros que todos os membros podiam usar. Este modelo rapidamente cresceu para lá das reuniões semanais de Franklin às sextas-feiras, levando-o, em 1731, a redigir os estatutos da Library Company de Filadélfia, uma das primeiras bibliotecas por subscrição da América.

Em 1736, Franklin organizou a Union Fire Company, uma das primeiras empresas de bombeiros voluntários da América e um serviço muito necessário, tendo em consideração o carácter inflamável das cidades da era colonial. Em 1743, à medida que o seu interesse pela ciência ia crescendo, Franklin organizou a American Philosophical Society (que ainda hoje existe) como uma forma mais eficiente de ligar as mentes científicas mais inteligentes do país.

Estes esforços na criação de novas organizações sociais tiveram, igualmente, sucesso em garantir-lhe os contactos necessários a aceder aos clubes já existentes. Para dar um famoso exemplo, Franklin foi convidado, em 1731, para se juntar à loja maçónica local. Em 1734, tinha ascendido ao grau de Grão-Mestre – uma rápida ascensão que realça a sua dedicação ao grupo.

Talvez o mais impressionante: toda esta atividade social desenrolou-se antes de ter abandonado o seu negócio na imprensa em 1747, que, nos relatos de Franklin, foi o ponto de viragem após o qual se envolveria seriamente, *por fim*, no seu tempo de lazer.

Franklin é um dos grandes influenciadores da história da América. O seu compromisso com as atividades e interações estruturadas com outras pessoas garantiu ao irrequieto fundador uma grande satisfação e, em termos mais pragmáticos, construiu as fundações para os seus sucessos nos negócios e, mais tarde, na política. Poucos podem imitar a energia que Franklin investiu no seu lazer social, mas todos podemos retirar uma importante lição acerca da sua abordagem ao cultivo de uma vida de lazer gratificante: *junte-se a coisas*.

Franklin sentia um impulso implacável para fazer parte de grupos, associações, lojas e organizações de voluntariado – qualquer organização que unisse pessoas interessantes em prol de fins úteis captava a sua atenção enquanto empreendimento merecedor do seu esforço. Como já vimos, quando não foi capaz de encontrar essas reuniões, criou-as do nada. A sua estratégia funcionou. Chegou a Filadélfia um desconhecido. Duas décadas depois, tinha ascendido de modo a tornar-se um dos seus cidadãos mais bem relacionados e respeitados, bem como um dos mais envolvidos. A apatia e o aborrecimento não faziam parte da vida frenética de Franklin.

Faríamos bem em ter em mente a lição de Franklin acerca da participação. É fácil ficarmos presos nas irritações e dificuldades inerentes a uma qualquer reunião de indivíduos que se esforcem por trabalhar em prol de um objetivo comum. Estes obstáculos garantem uma desculpa conveniente para evitar abandonar o conforto da família e dos amigos próximos, mas Franklin ensina-nos que vale a pena ignorar estas preocupações. Juntem-se primeiro, aconselharia, e debatam as questões depois. Não importa se é uma liga de desporto local, um comité do seu templo religioso, um grupo de voluntários local, a associação de pais, um grupo de *fitness* social ou um clube de fãs de jogos de fantasia: poucas coisas podem replicar os benefícios de se ligar aos seus concidadãos, por isso levante-se, saia e comece a colher os benefícios na sua própria comunidade.

Prática: siga planos de lazer

No mundo profissional, muitos daqueles que mais alcançam são estrategas meticulosos. Delineiam uma visão para o que estão a tentar alcançar em múltiplas escalas de tempo diferentes, ligando a ambição de alto nível com decisões acerca das suas ações quotidianas. Já pratiquei e escrevi acerca destes tipos de estratégias profissionais durante muitos anos.* Aqui quero sugerir que aplique esta mesma abordagem à sua vida de lazer. Quero, por outras palavras, que delineie uma estratégia no seu tempo livre.

Se o seu lazer é dominado por atividades de baixa qualidade, então a ideia de que necessita de uma estratégia poderá parecer absurda – não tem propriamente de pensar muito para apoiar o navegar na Internet ou para ver de enfiada séries da Netflix? Mas para aqueles que abraçam o lazer de elevada qualidade, os benefícios de uma abordagem estratégica são mais óbvios, dado que este tipo de atividades exige, frequentemente, agendas mais complicadas e organização. Sem uma abordagem bem pensada do seu lazer de elevada qualidade, será fácil que o seu compromisso com estas demandas se degrade devido à fricção da vida quotidiana.

Com isto em mente, sugiro que aplique a estratégia a esta parte da sua vida com uma abordagem de dois níveis, que consiste tanto num plano de lazer *sazonal* quanto *semanal*. Explico os dois mais abaixo.

Plano de lazer sazonal

O plano de lazer sazonal é algo que pode preparar três vezes por ano: no início do outono (no início de setembro), no início do inverno (janeiro) e no início do verão (início de maio). Prefiro os calendários sazonais, uma vez que sou académico e estes se adequam ao meu calendário universitário. Os que têm trabalhos mais atarefados poderão preferir o planeamento

* Para uma amostra representativa do meu pensamento acerca deste tópico, percorra o meu arquivo do blogue em calnewport.com/blogue, onde encontrará numerosos artigos acerca do planeamento semanal e diário. Abordo, igualmente, estas questões em pormenor no meu livro anterior, *Deep Work – A concentração máxima num mundo de distrações*.

trimestral, que também funciona bem. Pode utilizar um qualquer calendário semianual que lhe pareça mais natural, mas, por uma questão de simplicidade, seguirei com a sugestão sazonal ao longo desta discussão.

Um bom plano sazonal contém dois tipos de pontos: *objetivos* e *hábitos* que pretende honrar na estação que se aproxima. Os objetivos descrevem coisas específicas que espera alcançar, com as estratégias para como as irá alcançar. Os hábitos descrevem regras de comportamento que espera manter durante a estação. Num plano de *lazer* sazonal, estes objetivos e hábitos irão estar relacionados com o cultivo de uma vida de lazer de elevada qualidade.

Eis um exemplo de um objetivo bem elaborado que poderá encontrar num plano de lazer sazonal:

> **Objetivo:** aprender na guitarra todas as canções do lado A de *Meet the Beatles!*

Estratégias:

- Colocar cordas novas e voltar a afinar a guitarra, encontrar as pautas das canções, imprimi-las e colocá-las numas boas micas de plástico;
- Regressar ao meu velho hábito de praticar regularmente na minha guitarra;
- Como incentivo, marcar uma festa dos Beatles em novembro;
- Tocar as músicas (conseguir que a Linda concorde em cantar).

Repare na utilização de especificidade na descrição dos objetivos. Se o nosso planeador de lazer hipotético tivesse escrito antes: «tocar guitarra com mais regularidade», teria menos sucesso e seria menos provável que alcançasse o sucesso, dado que o objetivo é vago e fácil de ignorar. Pelo contrário, identificou um feito concreto que tem critérios claros e que pode, com razoabilidade, ser terminado numa estação. Ao realizar esta atividade, claro, será obrigado a agir em relação ao seu compromisso mais vago de tocar a guitarra com mais regularidade.

Além disso, repare que as estratégias para alcançar o objetivo incluem o incentivo de marcar uma festa que irá exigir que aprenda as canções.

Isto não é obrigatório, mas ajuda sempre definir um prazo, quando possível. Por fim, repare que não há nada de específico acerca dos pormenores de calendarização das estratégias correntes. Indica se é necessário praticar com regularidade, mas não especifica quando será realizada a prática a cada semana, ou por quanto tempo se estenderão as sessões. Os pormenores deste agendamento deverão ser deixados para o processo de planeamento semanal descrito abaixo.

Prosseguindo, eis os vários exemplos de outros tipos de itens que poderá encontrar nos seus planos de lazer sazonais, os hábitos:

> **Hábito:** durante a semana, restringir o lazer de baixa qualidade para apenas 60 minutos por noite;
>
> **Hábito:** ler algo na cama todas as noites;
>
> **Hábito:** assistir a um evento cultural por semana.

Cada um dos hábitos descreve uma regra de comportamento a seguir. Não se dedicam a um objetivo em particular, são atos concebidos para manter um compromisso de fundo com um lazer de elevada qualidade regular na vida do planeador.

A fronteira entre hábitos e objetivos é porosa. Nos exemplos acima apresentados, o nosso planeador hipotético podia ter acrescentado «praticar guitarra duas vezes por semana» à lista de hábitos em vez de incluir no objetivo com o tema dos Beatles. Da mesma maneira, poderia ter transformado o seu «ler todas as noites» num objetivo acerca de ler um determinado grupo de livros durante a estação, um objetivo que acabaria por exigir que lesse diariamente para o completar.

Esta porosidade é inevitável neste exercício e não deverá ser uma fonte de preocupação. Um bom plano sazonal terá um pequeno número de objetivos interessantes e motivadores, acompanhado de um pequeno número de hábitos manejáveis concebidos para garantir uma aparência de qualidade regular. Como muda ideias de lazer específicas entre estas duas categorias, é menos importante do que mantê-las razoáveis e equilibradas durante a estação que se avizinha.

Plano de lazer semanal

No início de cada semana reserve algum tempo para rever o seu plano de lazer sazonal atual. Depois de ter processado essa informação, conceba um plano para como as atividades de lazer se enquadrarão na sua agenda durante a semana seguinte. Para cada um dos objetivos do plano sazonal, calcule quais as ações que pode realizar durante a semana para ter progressos nesses objetivos, e depois, muito importante, agende exatamente *quando* irá fazer essas coisas.

Regressemos ao exemplo acima acerca do objetivo de tocar guitarra relacionado com os Beatles. O plano de lazer semanal é quando calcula como esta prática se irá enquadrar na sua agenda. Digamos que o nosso planeador hipotético agenda o ginásio das 7h30 às 8h30 antes do trabalho à segunda, quarta e sexta. Poderia então decidir que na semana seguinte utilizará este horário das 7h30 às 8h30 para praticar a guitarra à terça e quinta. Talvez numa outra semana, contudo, uma série de reuniões matinais torne este período indisponível. Poderá, então, identificar algumas tardes livres para a sua prática semanal.

Se já tiver o hábito de criar planos detalhados para a sua semana (algo que recomendo vivamente), poderá limitar-se a integrar o seu plano de lazer semanal no sistema que já esteja a utilizar para o planeamento. Quanto mais vir estes planos de lazer simplesmente como parte da sua agenda normal – e não como um comportamento separado e potencialmente opcional –, mais provável será alcançar o sucesso em segui-los.

Por fim, quando tiver despachado esta agenda, reserve algum tempo para a rever e para se recordar dos hábitos incluídos no seu plano sazonal. Estas recordações irão impedi-lo de esquecer os compromissos que definiu para a semana que se avizinha. Também podem ser úteis para refletir, por breves instantes, acerca da experiência com os hábitos por si definidos na semana que acaba de terminar. Algumas pessoas gostam de manter um registo simples, durante a semana, de quantas vezes seguiram as regras delineadas por estes hábitos e reveem esses apontamentos como parte desta reflexão. O objetivo aqui é duplo. Primeiro, saber que em breve analisará o seu desempenho torna mais provável, no momento, que mantenha os seus hábitos. Segundo, esta reflexão permite-lhe identificar questões que poderão necessitar de resolução. Se não for consistentemente capaz de executar um determinado hábito, independentemente dos seus esforços para se pôr em movimento, poderá haver um problema com o hábito em si que o torne difícil de satisfazer.

Poderá preocupar-se com o facto de injetar mais pensamentos sistemáticos na sua vida de lazer lhe roube a espontaneidade e o relaxamento que anseia no tempo que lhe resta depois das suas obrigações profissionais e familiares. Espero convencê-lo de que esta preocupação é exagerada. O processo de planeamento semanal em si mesmo exige apenas uma mão-cheia de minutos, e agendar de antemão algumas atividades de lazer de elevada qualidade dificilmente retira qualquer espontaneidade ao seu tempo livre. Além disso, apercebi-me de que, a partir do momento em que alguém se torne mais intencional acerca do seu lazer, tende a encontrar mais na sua vida. O ritual de planeamento semanal pode conduzi-lo a começar a lutar por mais oportunidades de lazer. Dado, por exemplo, que a quinta-feira é um dia de agenda leve, poderá decidir sair do trabalho às 15h30 nesse dia, para dar um passeio a pé antes do jantar. Este tipo de oportunidades inventadas é mais raro quando não se planeia com antecedência. Tornar-se mais sistemático acerca do seu lazer, por outras palavras, pode aumentar significativamente o relaxamento que goze durante a sua semana.

Por fim, ao justificar esta abordagem ao planeamento, quero realçar o argumento base apresentado durante este capítulo: não fazer nada é sobrevalorizado. No meio de um dia de trabalho atarefado, e depois de uma manhã particularmente desafiante a cuidar dos filhos, é tentador ansiar pela libertação de não ter *nada* para fazer – blocos inteiros de tempo sem qualquer definição, sem expectativas e sem outra atividade além daquela que parece chamar-lhe a atenção no momento. Estas sessões de descompressão têm o seu lugar, mas as recompensas são abafadas, dado que tendem a desenvolver-se na órbita de atividades de baixa qualidade, como lançar olhares acéfalos para o seu telemóvel e assistir com pouca atenção a séries em catadupa. Por muitas razões diferentes apresentadas nas páginas anteriores, investir a energia em algo difícil, mas que valha a pena, oferece-lhe, em resposta, recompensas quase sempre muito mais ricas.

CAPÍTULO 7

JUNTE-SE À RESISTÊNCIA DA ATENÇÃO

David e Golias 2.0

Em junho de 2017, a Facebook lançou uma série intitulada «Hard Questions» (Perguntas difíceis). A apresentação, escrita pelo vice-presidente para a política pública e para as comunicações, admitiu que, à medida que «as tecnologias digitais transformam o modo como vivemos, todos enfrentamos questões desafiantes.»[1] A série, explicou, seria uma oportunidade para o Facebook explicar como estão a lidar com estas questões.

No período entre o anúncio inicial e o inverno de 2018, a Facebook publicou 15 artigos que abordam uma variedade de tópicos. Em junho, exploraram questões em torno da identificação do discurso de ódio numa comunidade global. Em setembro e outubro debateram os anúncios de Facebook russos que desempenharam um papel nas eleições presidenciais americanas de 2016. Em dezembro, responderam aos receios gerais sobre a tecnologia de reconhecimento facial, que o Facebook utiliza para a identificação automática de fotografias. «A sociedade dá, frequentemente, as boas-vindas aos benefícios gerados por uma inovação, ao mesmo tempo que se esforça por dominar o seu potencial»[2], escreveram, antes de comentarem que, em 1888, algumas pessoas sentiam receio em relação às câmaras Kodak.

Na altura, aplaudi de forma pouco entusiasta a Facebook por ser mais aberta sobre o que pensava acerca destas questões, mas não fiquei muito interessado neste exercício de comunicação empresarial. Isso, até terem publicado um artigo que lidava com uma questão mais significativa: «Is Spending Time on Social Media Bad for Us?» (Passar tempo nas redes sociais faz-nos mal?) Escrito por dois investigadores da Facebook, de seu nome David Ginsber e Moira Burke, este artigo, que abordámos brevemente no capítulo anterior, quando debatemos o que a ciência nos ensina acerca dos malefícios e benefícios das redes sociais, abre com a observação de que «muitas pessoas inteligentes têm vindo a olhar para aspetos diferentes desta importante questão»[3]. Aproveitando-se desta realidade, os autores analisam a literatura académica de modo a clarificar quais são as maneiras «boas» e «más» de se envolverem nas redes sociais, concluindo: «De acordo com os estudos, o importante é como utiliza a tecnologia.»[4]

Como argumentarei, esta publicação representa uma alteração monumental no modo como o Facebook fala de si mesmo – uma mudança que se poderá revelar uma enorme insensatez para o gigante das redes sociais, e talvez até marque o início do fim do seu atual momento de ubiquidade cultural. Mais importante, mostrarei como revela, inadvertidamente, uma estratégia eficaz para manter a nossa autonomia num período em que numerosas forças digitais a querem reduzir.

Para compreender a minha teoria acerca do desvario do Facebook, primeiro temos de recuar de modo a compreender a economia da atenção em que este opera. É importante saber que a «economia da atenção»[5] descreve o sector de negócios que ganha dinheiro atraindo a atenção dos consumidores e depois vendendo-a aos anunciantes. Esta ideia não é nova. O professor e estudioso da tecnologia da Columbia Law, Tim Wu (que escreveu um livro acerca deste tópico intitulado *The Attention Merchants*) faz remontar o início deste modelo económico a 1830,[6] quando o editor de jornais Benjamin Day lançou o *New York Sun*, o primeiro jornal impresso barato.

Até essa altura, os editores consideravam que os leitores eram os clientes, e tinham como objetivo oferecer um produto suficientemente bom para convencer as pessoas a pagar para o ler. A inovação de Day foi aperceber-se de que os leitores se podiam transformar no seu produto e os anunciantes nos seus consumidores. O seu objetivo tornou-se vender o máximo de minutos da atenção dos seus leitores aos anunciantes. Para o fazer, baixou o preço do *Sun* para um *penny* e procurou histórias que atraíssem mais o interesse das massas. «Foi a primeira pessoa a valorizar realmente a ideia – reúne-se uma multidão, mas o interesse nessa multidão nada tem que ver com dinheiro», explicou Wu num discurso, «mas com a possibilidade de a revender a outra pessoa que pagará pela sua atenção.»[7]

Este modelo de negócios ganhou tração, gerando as guerras de tabloides do século XIX. Foi, em seguida, adotado pelas indústrias da rádio e da televisão do século XX, tendo sido levado a novos extremos à medida que estas tecnologias de comunicação de massas emergentes se mostraram capazes de reunir multidões de dimensão sem precedentes.

Não é de surpreender que, a partir do momento em que o uso da Internet pelos consumidores se começou a generalizar, no final da década de 1990, tenha ocorrido uma corrida para tentar perceber como adaptar este modelo ao mundo online. As primeiras tentativas não alcançaram grande sucesso (pense: anúncios *pop-up*). Em meados da década de 2000, quando a Google se tornou pública, o seu valor eram uns modestos 23 mil milhões de dólares. A empresa de Internet mais cara da altura era o eBay,[8] que fazia dinheiro a partir de comissões e valia apenas o dobro. O Facebook já existia, mas ainda se chamava thefacebook.com e estava aberto apenas a alunos universitários.

Uma década depois, tudo isto mudou. Na semana em que escrevo estas palavras, a Google é a segunda empresa mais valiosa dos Estados Unidos, com um valor de mercado de mais de 800 mil milhões de dólares.[9] O Facebook, que tinha pouco mais de um milhão de utilizadores há dez anos, tem agora mais de dois mil milhões e é a quinta empresa mais valiosa dos EUA, com um valor de mercado de mais de 500 mil milhões de dólares. A ExxonMobil, pelo contrário, vale agora cerca de 370 mil milhões de dólares. Extrair *minutos de visualização*, o principal recurso de empresas como a Google e a Facebook, tornou-se significativamente mais lucrativo do que extrair petróleo.

Para compreender como ocorreu esta alteração gigantesca, basta olhar para a maior empresa do país: a Apple. O *iPhone*, e os imitadores que depressa o seguiram, permitiram que a economia da atenção saltasse da sua posição histórica como sector lucrativo, mas de nicho, para um das forças mais poderosas da nossa economia. No centro desta alteração estava a capacidade do *smartphone* em apresentar os seus anúncios aos utilizadores em qualquer altura do dia, além de ajudar os serviços a reunirem os dados destes utilizadores de modo a orientarem esses anúncios com uma precisão sem precedentes. Afinal ainda existiam vastos reservatórios da atenção humana a que as ferramentas tradicionais como os jornais, as revistas, os programas de televisão e os *placards* publicitários não tinham conseguido aceder. O *smartphone* ajudou as empresas como a Google e a Facebook a tomarem de assalto esses últimos redutos de concentração intacta e começarem o seu saque – gerando novas fortunas enormes.

Imaginar como transformar os *smartphones* em *placards* ubíquos não foi simples. Como referi no Capítulo 1, a motivação original para o *iPhone* era impedir que as pessoas tivessem de levar um *iPod* e um telemóvel no bolso. Construir um novo sector da economia nas costas de um aparelho exigia que as pessoas fossem convencidas a começar a olhar para o telemóvel... *muito*. Foi esta diretiva que levou as empresas como a Facebook a inovarem no campo da engenharia da atenção, descobrindo como explorar as vulnerabilidades fisiológicas para levar os utilizadores a gastar mais tempo nestes serviços do que era sua intenção. O utilizador médio gasta, agora, 50 minutos *por dia* apenas em produtos Facebook.[10] Juntem-se os outros serviços e páginas das redes sociais mais populares e este número sobe consideravelmente. Este tipo de utilização compulsiva não é acidental, é, antes, uma jogada fundamental do manual da economia da atenção digital.

Para sustentar este tipo de utilização compulsiva, contudo, não pode permitir que as pessoas pensem demasiado criticamente acerca de como utilizam o telemóvel. Com isto em mente, o Facebook tem, em anos recentes, sido apresentado como uma *tecnologia fundamental,* como a eletricidade ou as telefonias móveis – algo que todos devem usar, simplesmente porque seria estranho se não o fizessem. Este estatuto de ubiquidade cultural é ideal para o Facebook porque pressiona as pessoas a continuarem seus utilizadores sem ter de lhes vender quaisquer benefícios concretos.* Uma atmosfera de imprecisão leva as pessoas a aderir

---

* Como um dos raros *millennials* que nunca usou o Facebook, observei a realidade desta vaga pressão cultural através da experiência pessoal. Como referi noutro ponto, de

ao serviço sem um objetivo especial em mente, o que, claro, os torna alvos mais fáceis para os inteligentes iscos e abusos dos engenheiros da atenção – que conduzem às doses surpreendentes de tempo de utilização que o Facebook necessita para sustentar a sua igualmente surpreendente avaliação de 500 mil milhões de dólares.

O que nos traz de volta ao desvario do Facebook. A razão pela qual o artigo de Ginsberg e Burke deve preocupar o seu patrão é o facto de afetar o mito do Facebook enquanto tecnologia fundamental que todos deveriam simplesmente «usar» de um modo genérico. Ao avaliar as diferentes maneiras de se envolver com o Facebook, uma a uma, identificando as que parecem mais positivas, Ginsberg e Burke estão a encorajar as pessoas a pensar criticamente acerca do que pretendem, exatamente, retirar deste serviço.

Esta mentalidade é potencialmente desastrosa para a empresa. Para saber porquê, realize esta pequena experiência. Presumindo que usa o Facebook, liste as coisas mais importantes que este lhe oferece – as atividades particulares de que sentiria de facto falta se fosse obrigado a deixar de usar o serviço por completo. Agora imagine que o Facebook começou a cobrar-lhe ao minuto. Quanto tempo teria, realmente, de passar numa semana típica para cumprir com a sua lista de atividades importantes no Facebook? Para a maioria das pessoas, a resposta é surpreendentemente pequena: entre 20 a 30 minutos.

Os utilizadores do Facebook, pelo contrário, passam em média 350 minutos por semana nos serviços da empresa (se pegarmos nos 50 minutos por dia citados acima e os multiplicarmos pelos sete dias por semana). Isto significa que, se tiver cuidado, utilizará estes serviços entre 11 e 17 vezes menos do que a média. Se alguém começar a pensar acerca da sua utilização em termos igualmente utilitários – os termos promovidos por Ginsberg e Burke –, a quantidade de minutos de visualização que o Facebook tem disponíveis para vender aos publicitários cairia por mais do que uma ordem de magnitude, criando uma mossa gigantesca nos lucros.

---

longe o mais comum dos argumentos que me eram apresentados acerca da necessidade de ter uma conta no Facebook era o de que poderia retirar um *qualquer* benefício que eu nem sequer sabia que podia estar a perder. «Nunca se sabe, talvez o aches útil», deve ser um dos piores argumentos de venda alguma vez imaginado. Mas no contexto peculiar da economia da atenção digital, faz imenso sentido para as pessoas.

Os investidores revoltar-se-iam (em anos recentes, até as reduções de um só dígito nos ganhos trimestrais da Facebook acicataram a ansiedade de Wall Street), e a empresa provavelmente não iria sobreviver com uma forma que se aproximasse, mesmo que remotamente, da atual. A utilização crítica é um problema enorme para a economia da atenção digital.

Compreender a frágil economia da atenção que sustenta empresas como a Facebook ajuda a revelar uma estratégia importante para alcançar o sucesso no minimalismo digital. O artigo de Ginsberg e Burke realça duas maneiras radicalmente diferentes de pensar a *utilização* de um serviço como o Facebook. As grandes empresas querem que a «utilização» seja uma condição meramente binária – ou nos envolvemos com a sua tecnologia fundamental ou somos esquisitos. Pelo contrário, o tipo de «utilização» que estas empresas talvez mais receiem é a definição de Ginsberg e Burke, que vê estes produtos como oferecendo uma variedade de serviços livres diferentes que pode percorrer cuidadosamente e utilizar de um modo que otimize o valor que retira.

Este último tipo de «utilização» é o minimalismo digital puro, mas é igualmente difícil colocá-lo em ação com sucesso. Uma das razões pelas quais detalhei os valores financeiros específicos envolvidos na economia da atenção digital é realçar o simples volume de recursos que estas empresas usam para nos afastar da utilização orientada de Ginsberg e Burke, e orientar para o vaguear mais aberto de que depende o seu modelo de negócios.

A assimetria desta batalha é uma parte considerável da razão pela qual nunca me meto com estes serviços. Para repetir uma frase do autor do *New Yorker* George Packer: «[O Twitter] assusta-me, não porque lhe seja moralmente superior, mas porque acho que seria incapaz de lidar com ele. Temo que acabasse por deixar que o meu filho passasse fome.»[11] Se tem de usar estes serviços, contudo, e se espera fazê-lo sem ceder autonomia sobre o seu tempo e atenção, é fundamental que compreenda que não se trata de uma decisão casual. Está, antes, a travar uma batalha de David e Golias contra as instituições que, ao mesmo tempo, são incrivelmente ricas e estão determinadas a usar a sua riqueza para o impedir de ganhar.

Dito de outra maneira, a abordagem aos serviços da economia da atenção com a intencionalidade proposta por Ginsberg e Burke não é um ajuste dos nossos hábitos digitais dependente do bom senso, sendo antes mais bem compreendido como um ato de arrojada resistência. Felizmente, se seguir por este caminho, não ficará sozinho. A minha investigação acerca do minimalismo digital tem revelado a existência de um movimento lassamente organizado de *resistência da atenção*, composto por indivíduos que combinam ferramentas de elevada tecnologia com procedimentos operacionais disciplinados para realizar greves cirúrgicas a populares serviços da economia da atenção – passando para extrair valor e depois partindo antes que as armadilhas para a atenção colocadas por estas empresas se possam encerrar.

O restante deste capítulo, que é inteiramente dedicado a conselhos concretos, dar-lhe-á a conhecer as técnicas inovadas por este movimento de resistência. Cada uma das práticas que se seguem concentram-se numa categoria diferente destas táticas. Todas se revelaram bem-sucedidas no esquivar a estes esforços implacáveis para captar a nossa atenção.

Talvez mais importante do que os pormenores destas práticas seja a mentalidade que encarnam. Se a sua marca pessoal de minimalismo digital exige envolvimento com serviços como as redes sociais, ou páginas de notícias de última hora, é importante abordar estas atividades com uma sensação de antagonismo de soma zero. Deseja algo de valioso das suas redes, e eles querem minar a sua autonomia – ficar do lado vencedor desta batalha exige tanto preparação como um compromisso implacável para evitar a exploração.

Vive la résistance!

Prática: apague as aplicações de redes sociais do telemóvel

Por volta de 2012, aconteceu algo ao Facebook. Em março desse ano, começaram, pela primeira vez, a apresentar anúncios na versão móvel do serviço. Chegados a outubro, 14 por cento da receita da empresa provinha de anúncios móveis[12], transformando-o num pequeno mas agradavelmente rentável pedaço do crescente império de Mark Zuckerberg. Depois disparou. Na primavera de 2014, a Facebook relatou que

62 por cento da sua receita provinha do serviço móvel[13], levando o website de tecnologia *The Verge* a declarar: «A Facebook é agora uma empresa móvel.» Esta afirmação continuou a revelar-se correta: em 2017, as receitas com os anúncios móveis subiram para 88 por cento[14] dos seus ganhos, e continuam a subir.

Esta estatística do Facebook realça uma tendência verdadeira para as redes sociais em geral: o móvel paga as contas.[15] Esta realidade tem importantes implicações no que diz respeito à resistência da atenção. Realça que as versões *smartphone* destes serviços são muito mais hábeis a desviar a nossa atenção do que as versões a que acedemos através dos navegadores de Internet nos nossos computadores portáteis ou de secretária. Esta diferença deve-se, em parte, à natureza ubíqua dos *smartphones*. Porque trazemos o telemóvel sempre connosco, todas as ocasiões se tornam uma oportunidade para consultar os nossos *feeds*. Antes da revolução móvel, os serviços como o Facebook só podiam monetizar a sua atenção durante os períodos em que estivesse sentado ao computador.

Contudo, existe também uma espiral de *feedback* mais nocivo em jogo. À medida que mais pessoas começam a aceder aos serviços das redes sociais nos telemóveis, os engenheiros da atenção destas empresas vão investindo mais recursos para tornar as aplicações móveis mais pegajosas. Como debatemos na primeira parte deste livro, algumas das mais ardilosas armadilhas para a atenção destes engenheiros – incluindo o movimento típico de uma *slot machine* de deslizar para baixo com o dedo para refrescar o *feed*, ou os emblemas vermelhos nas notificações – são «inovações» criadas apenas para os telemóveis.

Reunir estas provas aponta para uma conclusão clara: se vai utilizar as redes sociais, fique longe das versões móveis destes serviços, dado que representam um risco significativamente maior para o seu tempo e atenção. Esta prática, por outras palavras, sugere que remova do telemóvel todas as aplicações das redes sociais. Não tem de desistir destes serviços; só tem de deixar de lhes aceder em movimento.

Esta estratégia é clássica do minimalismo digital. Ao remover a sua capacidade para aceder às redes sociais em qualquer momento, reduz a capacidade para se tornar uma muleta utilizada para o distrair dos maiores vazios na sua vida. Ao mesmo tempo, não está, necessariamente, a abandonar estes serviços. Ao permitir-se acesso (embora menos conveniente) através de um navegador de Internet, preserva a sua capacidade de utilizar aspetos específicos que identifica como importantes para a sua própria vida – mas nos seus próprios termos.

Comecei por oferecer informalmente este conselho pouco depois de o meu último livro, *Deep Work – A concentração máxima num mundo de distrações*, ter sido lançado, ou seja, no início de 2016. Na altura, muitos dos leitores ficaram nervosos acerca da minha sugestão minimalista para abdicarem dos serviços das redes sociais que não lhes garantissem mais benefícios do que malefícios. Assim, comecei a sugerir que retirassem as aplicações dos telemóveis como primeiro passo. Houve duas coisas que me espantaram em relação ao *feedback* que lentamente comecei a receber. Primeiro, uma percentagem considerável das pessoas que apagaram as aplicações descobriu que, no fundo, tinham deixado de usar por completo as redes sociais. Mesmo a pequena barreira exterior de ter de ligar o computador era suficiente para as impedir de realizarem esse esforço – revelando, frequentemente, para sua surpresa confessa, que os serviços que diziam ser indispensáveis não estavam, na realidade, a fornecer mais nada além de doses convenientes de distração.

A segunda coisa de que me apercebi foi que, para as pessoas que continuavam a usar as redes sociais nos computadores, a relação com estes serviços se transformou. Começaram a utilizá-las com objetivos específicos de elevado valor, e apenas de quando em vez. A utilização do Facebook, por exemplo, caiu para uma ou duas vezes por semana para muitos dos meus leitores que retiraram a aplicação dos telemóveis. Para eles, as redes sociais tornaram-se uma ferramenta entre muitas que utilizam por vezes, e deixou de ser um sorvedouro omnipresente da sua atenção.

Por estas razões, este conselho deve assustar as empresas das redes sociais. Estas poderão argumentar a importância dos seus serviços ou dar exemplos das coisas boas que deram à sociedade. Mas a única coisa em que não queriam, de todo, que reparasse era que a única boa razão para aceder a estes serviços *no seu telemóvel* é garantir que as empresas como a Facebook continuam a gozar de um crescimento trimestral constante.

Prática: transforme os seus aparelhos em computadores de finalidade única

Em 2008, Fred Stutzman era estudante de doutoramento da Universidade da Carolina do Norte, que estava a trabalhar numa dissertação acerca do papel de novas ferramentas como as redes sociais para ajudar às transições da vida, como a ida para a faculdade. Talvez ironicamente, tendo em consideração o tópico da sua investigação, Stutzman debatia-se com o seu trabalho porque o seu portátil com ligação à Internet lhe oferecia demasiadas distrações aliciantes. A solução foi começar a escrever num café local. O plano funcionou bem até o edifício contíguo ao café ter colocado Wi-Fi. Frustrado pela sua incapacidade em escapar às atrações da Internet, Stutzman programou a sua própria ferramenta para bloquear as ligações à Internet no computador durante determinados períodos. Chamava-lhe, adequadamente, Freedom (Liberdade).[16]

Stutzman publicou a ferramenta online, onde esta depressa começou a reunir um culto de seguidores. Apercebendo-se de que tinha descoberto qualquer coisa, fez uma pausa na carreira académica para se concentrar a tempo inteiro no seu software. Nos anos que se seguiram, a ferramenta tornou-se mais sofisticada. Em vez de se limitar a desativar a Internet, pode agora usá-la para bloquear uma lista personalizada de páginas e aplicações que o distraiam, e agendar o momento em que este bloqueio é automaticamente ativado. Funciona, igualmente, em todos os seus aparelhos, permitindo que um só clique no seu painel do Freedom ative um bloqueio de todos os computadores, telemóveis e *tablets*.

A ferramenta foi, desde então, adotada por mais de 500 mil utilizadores, incluindo a romancista Zadie Smith,[17] que agradeceu a Freedom pelo nome nos agradecimentos do seu *bestseller* aclamado pela crítica em 2012, *NW*, considerando que o software foi responsável por ter «criado o tempo» necessário para terminar o manuscrito. Smith não está só. Uma análise interna do Freedom revelou que os utilizadores ganham, em média, 2,5 horas de tempo produtivo por dia.

Apesar da eficácia do Freedom – e de outras ferramentas de bloqueio populares como o SelfControl –, o seu papel na interação entre seres humanos e computadores é, frequentemente, mal-entendido. Pense, por exemplo, na citação que se segue retirada de um perfil de Stutzman que surgiu na revista *Science*: «Existe uma ironia ainda mais profunda, e também um elemento retro, a ideia de pegar numa poderosa máquina de produtividade como o computador portátil moderno e desligar algumas das suas funções nucleares de modo a aumentar a produtividade.»[18]

Este sentimento, de que o bloqueio temporário de determinadas funcionalidades de um computador de finalidade genérica reduz o seu potencial, é comum nos céticos de ferramentas como o Freedom. É igualmente imperfeito: representa um mal-entendido quanto ao que é a computação e a produtividade que beneficia os grandes conglomerados da atenção digital muito mais do que os utilizadores individuais que eles exploram.

Para compreender a teoria acima apresentada, é necessário algum enquadramento. As máquinas eletromagnéticas que realizam tarefas úteis já existiam antes dos computadores eletrónicos. Muitas pessoas esquecem-se, por exemplo, que a IBM vendia máquinas de tabulação automática ao Gabinete dos Censos dos EUA na década de 1890.[19] Parte do que tornou os computadores tão revolucionários foi a sua *finalidade genérica* – a mesma máquina podia ser programada para realizar muitas tarefas diferentes. Esta abordagem representou uma melhoria gigantesca em relação à construção de máquinas separadas para cada aplicação computacional, razão pela qual a tecnologia informática acabou por transformar a economia do século XX.

A revolução dos computadores pessoais, que começou na década de 1980, transportou esta mensagem de produtividade genérica para os indivíduos. Um antigo anúncio impresso para o Apple II,[20] por exemplo, conta a história de um proprietário de uma loja na Califórnia que utiliza o computador durante a semana para traçar gráficos das vendas, depois, durante os fins de semana, leva-o para casa para analisar as finanças da família com a esposa. A ideia de uma máquina capaz de desempenhar muitas tarefas diferentes foi um argumento de venda fundamental.

É esta mentalidade, de que a «finalidade genérica» equivale a «produtividade», que leva as pessoas a olharem de um modo cético para ferramentas como o Freedom, que retira opções à sua experiência informática. O problema com esta mentalidade, contudo, é que confunde o papel do tempo neste tipo de produtividade. O que torna a computação de finalidade geral é o facto de não precisar de aparelhos diferentes para utilizações diferentes, *não* que lhe permita fazer várias coisas ao mesmo tempo. O proprietário da loja na Califórnia do antigo anúncio da Apple usava o computador para traçar gráficos de vendas durante a semana e analisar as contas aos fins de semana. Não estava a tentar fazer as duas coisas ao mesmo tempo.

Até recentemente, na história da computação eletrónica, não havia qualquer razão para uma distinção dessas, dado que os computadores pessoais só conseguiam utilizar um programa visto pelo utilizador de cada vez, e o custo para o utilizador de saltar de uma aplicação para outra era oneroso, envolvendo frequentemente disquetes e comandos arcanos. Hoje em dia, claro, tudo isto mudou. Como Stutzman descobriu enquanto tentava escrever a sua dissertação de doutoramento, saltar de um processador Word para um navegador de Internet exige apenas um clique rápido. Como muitos descobriram, saltar rapidamente entre diferentes aplicações tende a tornar a interação humana com o computador menos produtiva em termos de qualidade e de quantidade do que é produzido.

Com isto em mente, não há nada de profundamente irónico acerca de «pegar numa poderosa máquina de produtividade como um computador portátil moderno e encerrar algumas das suas funções básicas de modo a aumentar a produtividade.» É, antes, bastante natural a partir do momento em que se reconhece que o poder de um computador de finalidade genérica está no número de coisas que permite que o utilizador faça, não no número total de coisas que permite que o utilizador faça ao mesmo tempo.

Como sugeri antes, um importante beneficiário do relutante encerramento de funcionalidades no nosso computador é a economia da atenção digital. Quando nos permitimos, em todos os pontos, acesso a tudo o que os nossos computadores de finalidade geral podem oferecer, esta lista irá incluir aplicações e páginas preparadas para desviarem a sua atenção. Se se quiser juntar à resistência da atenção, uma das coisas mais importantes que pode fazer é seguir o exemplo de Fred Stutzman e transformar os seus aparelhos – computadores portáteis, *tablets*, telefones – em computadores de finalidade genérica a longo prazo, mas que, de facto, servem uma finalidade única num qualquer momento. Esta prática sugere que utilize ferramentas como o Freedom para controlar agressivamente quando se permite aceder a um qualquer website ou aplicação suportados por uma empresa que lucra com a sua atenção. Não estou a falar de bloquear ocasionalmente algumas páginas quando está a trabalhar num projeto particularmente difícil. Quero, antes, que pense nestes serviços como estando *bloqueados por defeito*, e os torne disponíveis num horário predefinido.

Por exemplo, se não necessitar das redes sociais no âmbito do seu trabalho, defina um horário que bloqueie por completo estas páginas e aplicações com exceção de algumas horas ao fim do dia. Se necessitar de uma determinada rede social no âmbito do seu trabalho (o Twitter, por exemplo), então reserve alguns períodos, durante o dia, em que possa consultá-lo, e de resto deixe-o bloqueado. Se existem determinadas páginas de infoentretenimento que lhe puxam a atenção (para mim, por exemplo, as notícias de basebol dos Washington Nationals tornam-se, por vezes, incontornavelmente apelativas), siga este hábito de deixar essas páginas bloqueadas por defeito fora de determinadas janelas.

Esta prática de bloquear por defeito pode parecer excessivamente agressiva, a princípio, mas o que está a fazer, na realidade, é a trazê-lo para mais perto do ideal de computação de finalidade única, que é muito mais compatível com os sistemas de atenção humanos. Como acontece com todos os conselhos deste capítulo acerca da resistência da atenção, o bloqueio por defeito não exige que se abstenha completamente dos frutos da economia da atenção digital, mas obriga-o a abordá-los com mais atenção. Trata-se de uma maneira diferente de pensar acerca da sua relação com o seu computador, uma maneira cada vez mais necessária para permanecer minimalista na nossa atual era da distração.

Prática: utilize as redes sociais como um profissional

Jennifer Grygiel é uma profissional das redes sociais. Não o digo no sentido coloquial de que eles (Jennifer prefere o pronome «eles/deles» a «ela/dela») são bons a utilizar as redes sociais. Digo antes que Jennifer ganha a vida por compreender particularmente bem como extrair o máximo valor destas ferramentas.

Durante a ascensão da revolução Web 2.0, Jennifer era a gestora de negócios sociais e *media* emergentes da State Street, uma empresa de serviços financeiros global sediada em Boston. Jennifer ajudou a empresa a construir uma rede social interna que permitia aos funcionários de todo o mundo colaborarem de um modo mais eficaz, e estabeleceu um programa de escuta social The State Street – permitindo-lhes monitorizar com maior atenção referências ao «State Street» entre o ruído das conversas típicas das redes sociais (uma tarefa que se torna particularmente desafiante, dado que o nome da empresa surge em milhares de placas de sinalização de ruas por todo o país, disse-me).

De State Street, Jennifer mudou-se para o corpo académico, tornando-se professora assistente de comunicação, especializada em redes sociais, na prestigiada S. I. Newhouse School of Public Communications, na Universidade de Siracusa. Ensina a uma nova geração como maximizar o poder das redes sociais.

Como seria de esperar, tendo em consideração este percurso profissional, Jennifer passa uma parte de tempo considerável a utilizar as redes sociais. O que me interessa mais do que o número total de horas que Jennifer passa nas redes sociais são os pormenores sobre *como* as utiliza. Se perguntar a Jennifer acerca destes hábitos, como fiz enquanto investigava para este capítulo, descobrirá que os profissionais das redes sociais como Jennifer abordam estas ferramentas de um modo diferente do utilizador médio. Procuram extrair grandes quantidades de valor para as suas vidas profissionais e (em menos medida) pessoais, enquanto evitam grande parte das distrações de baixo valor que estes serviços utilizam para atrair os utilizadores para comportamentos compulsivos. O seu profissionalismo disciplinar, por outras palavras, oferece um maior exemplo para qualquer minimalista digital que procure juntar-se à resistência da atenção.

Com isto em mente, o restante desta prática descreve os hábitos de redes sociais de Jennifer. Não tem de imitar exatamente esta mistura de estratégias em particular, mas esta prática pede-lhe que considere a aplicação de um nível semelhante de intenção e estrutura no seu próprio envolvimento com estes serviços.

Ao resumir os hábitos de redes sociais de Jennifer Grygiel talvez seja mais fácil começar com aquilo que Jennifer *não* faz. Por um lado, Jennifer não vê as redes sociais como uma fonte particularmente boa de entretenimento: «Se olhar para o meu *feed* do Twitter, não verá muitas contas que divulgam memes de cães... já vejo imensos memes de cães sem precisar de seguir essas contas.»[21]

Jennifer utiliza o Instagram para seguir contas de um reduzido número de comunidades relacionadas com os seus interesses – um enfoque suficientemente restrito para que, por norma, lhe bastem alguns minutos para percorrer todas as novas publicações desde a última vez que ali esteve. Contudo, desconfia mais da crescente popularidade da funcionalidade do Instagram Stories, que lhe permite transmitir momentos da sua vida. Jennifer descreve-o como «*reality* TV em que os seus amigos são as estrelas». Esta funcionalidade foi introduzida para aumentar a quantidade de conteúdos gerada pelos utilizadores e, consequentemente, a quantidade de tempo que passam a consumir este conteúdo. Jennifer não está a cair na esparrela: «Não sei se haverá grande valor acrescentado nessa [funcionalidade].»

Jennifer também utiliza o Facebook significativamente menos do que o utilizador médio, mantendo uma regra simples em relação ao serviço: serve apenas para amigos próximos e parentes, e para se ligar ocasionalmente com *influencers*. «Nos primeiros anos, costumava aceitar os pedidos de amizade de toda a gente», disse. «Mas não acredito que seja suposto estarmos ligados a tantas pessoas com tanta frequência.» Jennifer tenta, agora, manter o envolvimento de amigos[*] abaixo do Número de Dunbar de 150 – um limite teórico para o número de pessoas que um ser humano consegue seguir com sucesso nos seus círculos sociais. Jennifer não interage, na sua maioria, com colegas de profissão através do Facebook: «Se precisar de abordar um colega, passo pelo seu gabinete ou converso com ele depois do trabalho.» Jennifer também considera que esta não é a plataforma certa para ir acompanhando as notícias

[*] Jennifer ainda tem mais de mil contactos no Facebook (é um ato social difícil anular a «amizade» com alguém de um modo formal), mas tenta limitar o envolvimento ativo a uma contagem abaixo do Número de Dunbar. Jennifer utiliza a funcionalidade «ver primeiro» do *feed* de notícias e restrições sobre quem recebe mensagens, para ajudar a realizar este objetivo de envolvimento.

(em breve referirei o que Jennifer prefere para este efeito) ou para debater questões, realçando que «as questões de civilidade nessa plataforma tornaram-se difíceis».

Em vez disso, Jennifer entra no Facebook talvez uma vez a cada quatro dias, para ver o que se está a passar com os amigos mais próximos e com os familiares, e nada mais. O utilizador médio dedica 35 minutos por dia às funções nucleares do Facebook (um período que se expande até cerca de 50 minutos quando incluímos os restantes serviços de redes sociais detidos pela Facebook). Por norma, Jennifer passa menos de uma hora por semana no serviço. Verificar como estão os círculos sociais mais próximos é uma funcionalidade útil, mas não exige muito tempo (uma realidade que o Facebook espera que ignore).

Jennifer dedica a maior parte da sua atenção às redes sociais nos dias que correm ao Twitter, que acredita, neste momento, ser o serviço mais importante para os profissionais. O raciocínio de Jennifer no que a isto diz respeito é o de que, na maior parte dos campos, muitas pessoas proeminentes *tweetam*. Ao aceder à sua sabedoria coletiva, poderá manter-se atualizado nas notícias de última hora e nas ideias mais recentes. O Twitter também o expõe a pessoas que poderão ser valiosas para as suas redes profissionais. (Por diversas vezes, durante a sua carreira, Jennifer beneficiou de ter abordado por e-mail indivíduos que descobriram através das redes sociais.*)

Recorrendo à experiência no desenvolvimento de programas de escuta social empresarial, Jennifer reconhece o ruído esmagador da maior parte dos fluxos das redes sociais, e o cuidado e disciplina exigidos para encontrar sinais úteis no meio do ruído. Com isto em mente, Jennifer mantém contas de Twitter separadas para os seus interesses académicos e para o seu outro interesse, a música (Jennifer tocou numa banda durante anos). Em cada conta, investe um esforço significativo na seleção de quem segue – concentrando-se em pensadores de elevada qualidade, ou *influencers* semelhantes na sua área. Na conta académica, por exemplo, segue uma

* Foi assim que estabelecemos um contacto inicial: Jennifer encontrou o meu livro através de uma recomendação e, depois, utilizou as redes sociais para investigar o meu passado, tendo descoberto o facto de que quase nos tínhamos cruzado no MIT. Jennifer enviou-me um *e-mail* com base nesta informação – suscitando uma conversa amigável acerca das redes sociais.

cuidada lista de jornalistas, tecnólogos académicos e delineadores de políticas.

Utiliza o Twitter como um radar de primeira deteção para notícias ou ideias que estão na moda. Isto é especialmente importante para o trabalho de Jennifer, dado que lhe solicitam frequentemente que cite ou reaja a notícias de última hora nas suas áreas de especialização. Quando algo capta a atenção de Jennifer numa *timeline* de uma rede social, isolam-na e vão mais fundo. Em alguns casos, Jennifer utilizará uma ferramenta de *desktop* chamada TweetDeck para a auxiliar neste processo. O TweetDeck permite-lhes realizar buscas sofisticadas para melhor compreender as tendências do Twitter. Uma importante função de busca oferecida por esta ferramenta, por exemplo, é o *thresholding*. Eis como Jennifer o explica:

> Posso realizar uma busca por um determinado tópico, por exemplo, Black Lives Matter, e depois estabelecer um limiar no TweetDeck que me permita prestar atenção a este tópico, mas ver apenas *tweets* com 50 «gostos» ou *retweets*. Posso, depois, refinar esta busca e pedir que me mostre apenas as contas verificadas.

O *thresholding* é apenas um tipo de busca avançada permitida pelo TweetDeck, e o TweetDeck é apenas uma ferramenta entre muitas que permitem este tipo de filtragem mais avançada (para este objetivo, as grandes empresas dependem, frequentemente, de dispendiosos softwares que integram com os seus sistemas de gestão de relações de clientes). A mensagem mais importante a retirar é a de que a sofisticação com a qual os profissionais como Jennifer afastam o ruído das redes sociais de modo a identificar que informação em relação a uma tendência merece a sua atenção.

«Existe uma verdadeira oportunidade nas redes sociais para beneficiar e crescer, e também alguns lados realmente negativos», disse-me Jennifer. «Na realidade, é como uma corda bamba... a maioria de nós tem de encontrar um equilíbrio». Profissionais como Jennifer realçam uma forma eficaz de alcançar este equilíbrio: abordar as redes sociais como se fosse o diretor de *media* emergentes da sua própria vida. Delineie um plano cuidadoso para como utiliza as diferentes plataformas, com o objetivo de «maximizar a boa informação e ignorar os desperdícios.» Para um profissional das redes sociais, a ideia de percorrer infinitamente o seu *feed* em busca de entretenimento é uma armadilha (estas plataformas foram concebidas para consumir cada vez mais da sua atenção) – um ato que o leva a ser usado pelos serviços em vez de os estar a usar em benefício próprio. Se interiorizar uma parte desta atitude, a sua relação com as redes sociais tornar-se-á menos tempestuosa e mais benéfica.

Prática: abrace os *media* lentos

No início de 2010, um trio de alemães com conhecimentos de sociologia, tecnologia e investigação de mercado publicou online um documento intitulado «Das Slow Media Manifest.»[22] A tradução para português seria: «O Manifesto dos *Media* Lentos.»[23]

O manifesto abre comentando que a primeira década do século XXI «trouxe consigo profundas alterações[24] às bases tecnológicas da paisagem dos *media.*» A segunda década, propõe então o manifesto, deverá ser dedicada a perceber a «reação adequada»[25] a estas alterações em massa. A sua sugestão: abrace o conceito de «lento»[26]. Seguindo o exemplo do movimento Slow Food – que promove os alimentos locais e a cozinha tradicional como alternativa ao *fast food*, e que se tornou uma importante força cultural na Europa desde a sua criação, em Roma, na década de 1980 –, o Manifesto dos *Media* Lentos defende que numa era em que a economia da atenção digital é dirigida cada vez mais para os *clickbaits,* fragmentando a nossa concentração, a resposta correta é tornar-se mais *consciente* do seu consumo de *media*:

> Os *Media* Lentos não podem ser consumidos de modo casual, antes provocando a plena concentração dos seus utilizadores. ... Os *Media* Lentos medem-se em produção, aparência e conteúdo contra um padrão elevado de qualidade e destacam-se dos seus equivalentes rápidos e de curta duração.[27]

Este movimento permanece predominantemente europeu. Nos Estados Unidos, por contraste, a nossa resposta a estas mesmas questões tem-se revelado mais puritana. Ao passo que os europeus sugerem a transformação do consumo dos *media* numa experiência de elevada qualidade (como a abordagem do movimento Slow Food à comida), os americanos tendem a abraçar a «dieta de baixa informação»[28]: um conceito primeiro popularizado por Tim Ferriss, e segundo o qual se deverá eliminar agressivamente as fontes de notícias e informação de modo a reclamar mais tempo para outras demandas. Esta abordagem americana à informação é muito semelhante à nossa abordagem à alimentação saudável, que se concentra mais agressivamente na eliminação do que é mau do que na celebração do que é bom.

Existem méritos em ambas as abordagens, mas no que diz respeito a navegar pelas notícias e informações relacionadas sem se tornar um escravo dos conglomerados da economia da atenção, desconfio que a concentração europeia na lentidão tem mais probabilidades de alcançar o sucesso a longo prazo. Abraçar o movimento dos *Media* Lentos, consequentemente, é precisamente aquilo que esta prática sugere.

O Manifesto dos *Media* Lentos original aborda tanto os produtores quanto os consumidores dos *media*. Quero concentrar-me, aqui, apenas no consumo, com uma ênfase particular nas notícias – dado que é um aspeto do consumo dos *media* que nos deixa particularmente vulneráveis à exploração da atenção.

Muitas pessoas consomem, agora, notícias percorrendo uma sequência definida de websites e *feeds* das redes sociais. Se estiver interessado em política, por exemplo, e pende para o lado esquerdo do espectro político, esta sequência poderá ir da CNN.com, à página principal do *New York Times*, ao *Politico*, ao *Atlantic*, e ao seu *feed* do Twitter, e, por fim, à sua *timeline* do Facebook. Se preferir tecnologia, Hacker News e Reddit poderão fazer parte dessa lista. Se gosta de desporto, irá incluir a ESPN.com e páginas de fãs específicas da sua equipa e por aí fora.

Fundamental para este hábito de consumo noticioso é a natureza ritualística da sequência. Não realiza uma decisão consciente acerca de cada uma das páginas e *feeds* que acaba por visitar; em vez disso, a partir do momento em que a sequência é ativada, desenrola-se em piloto automático. A mais pequena sugestão de aborrecimento torna-se um gatilho que ativa todo este aparato pesadão ao estilo Rube Goldberg.

Estamos habituados a este comportamento, pelo que é fácil esquecer que se trata, em grande medida, de um artefacto da recente ascensão da economia da atenção digital. Estas empresas adoram as suas verificações ritualistas, dado que cada passagem através do seu ciclo pessoal deposita mais alguns cêntimos nas suas contas bancárias. Verificar dez páginas da Internet diferentes dez vezes por dia fá-los ganhar dinheiro, mesmo que não o deixe mais informado do que verificar apenas uma boa página por dia. Este comportamento, por outras palavras, não é uma reação natural a uma era cada vez mais interligada, mas antes um tique lucrativo realçado por pressões económicas poderosas.

Os *Media* Lentos oferecem uma alternativa mais palatável.

Abraçar os *media* noticiosos a partir de uma mentalidade de lentidão exige, primeiro, que se concentre apenas nas fontes de mais elevada qualidade. As notícias de última hora, por exemplo, são quase sempre de qualidade muito inferior à reportagem possível a partir do momento em que o evento tenha ocorrido e os jornalistas tenham tido tempo para o processar. Um jornalista bem conhecido disse-me, recentemente, que seguir uma história de última hora no Twitter lhe dá uma *ideia* de que está a receber imensa informação, mas que, na sua experiência, esperar até à manhã seguinte para ler o artigo acerca da história no *Washington Post* deixa-o quase sempre mais informado. A menos que seja repórter de notícias de última hora, é normalmente contraproducente expor-se à torrente de informações incompletas, redundantes e frequentemente contraditórias que jorra através da Internet em resposta aos eventos dignos de nota. As reportagens cuidadas que surgem nos jornais estabelecidos e nas revistas online tendem a garantir mais qualidade do que as conversas das redes sociais e das páginas de notícias de última hora.

Da mesma maneira, considere limitar a sua atenção aos melhores dos melhores no que diz respeito a escolher os escritores individuais que quer seguir. A Internet é uma plataforma democratizante no sentido de que qualquer pessoa pode partilhar os seus pensamentos. Isto é louvável, mas no que diz respeito aos relatos e aos comentários, deveria restringir a sua atenção ao número mais pequeno de pessoas que revelaram ser conhecedoras de topo acerca dos tópicos que o preocupam. Isso não significa, necessariamente, que tenham de escrever para uma grande e estabelecida organização – uma voz poderosa que se expressa num blogue pessoal pode ter tão elevada qualidade quanto um repórter de longa data que escreve para o *Economist* –, mas, em vez disso, provaram ser fiavelmente inteligentes e conhecedores na sua escrita. Quando um tema chama a sua atenção, por outras palavras, será, por norma, mais bem servido se verificar o que as pessoas que mais respeita pensam acerca dele do que vaguear pelas águas turvas de um *hashtag* do Twitter ou pelos comentários dialogantes que invadem a sua *timeline* do Facebook. É uma regra geral dos movimentos lentos que uma pequena quantidade de ofertas de elevada qualidade é, normalmente, superior a uma grande quantidade das de baixa qualidade.

Um outro princípio do consumo de notícias lentas: se está interessado em comentários sobre questões políticas e culturais, esta experiência é quase sempre realçada pela busca dos melhores argumentos *contra* a sua posição preferida. Vivo em Washington, por isso conheço agentes políticos profissionais de ambos os lados do hemiciclo. Uma exigência dos seus empregos é que se mantenham atualizados em relação aos melhores argumentos da oposição. Um efeito secundário desta exigência é ter tendência para ser muito mais interessante para se conversar acerca de política. No entanto, em privado, não exibem o mesmo impulso ansioso para criticarem pontos de vista opostos exibidos pelos comentadores políticos amadores e, em vez disso, permitem-se isolar as principais questões subjacentes ou identificar os pormenores interessantes que complicam a questão presente. Desconfio que retiram muito mais prazer do consumo de comentários políticos do que aqueles que meramente procuram confirmação de que alguém que discorde é louco. Como sabemos desde o tempo de Sócrates, envolver-se em discussões oferece uma profunda fonte de satisfação independente do conteúdo do debate em si.

Outro aspeto importante do consumo de notícias lentas é que as decisões que tomou em relação ao *como* e *quando* este consumo ocorre. O ciclo de cliques compulsivos descrito anteriormente é o equivalente das notícias de comer *Doritos* de enfiada, e não é compatível com os princípios do movimento lento. Recomendo, antes, que isole o consumo de notícias em períodos definidos durante a semana. Para alimentar o estado de «plena concentração» promovido pelo Manifesto dos *Media* Lentos, recomendo ainda que ritualize este consumo escolhendo uma localização que o apoie, permitindo-lhe prestar plena atenção à leitura. Recomendo igualmente que tenha cuidado em relação ao formato em especial em que realiza as leituras.

Por exemplo, talvez passe os olhos por um jornal obsoleto a cada manhã, enquanto toma o pequeno-almoço. Isto permite-lhe atualizar-se em relação às principais histórias e oferece-lhe uma mistura mais interessante de histórias do que a que poderia reunir pessoalmente online. Então, aos sábados de manhã, talvez consulte um conjunto cuidadosamente selecionado de páginas noticiosas online, bem como colunistas, marcando os artigos que quer conhecer mais a fundo, antes de se dirigir ao café local com o seu *tablet* para ler os artigos da semana mais profundos e com os respetivos comentários. Se puder descarregar estes artigos de antemão, permitindo-lhe lê-los sem as distrações oferecidas por uma ligação à Internet, ainda melhor. Os consumidores noticiosos sérios também tendem a utilizar *plug-ins* nos navegadores ou ferramentas de agregação que podem apresentar-lhes artigos sem publicidades e *clickbaits*.

Se seguir a abordagem acima ao conjunto de notícias (ou algo com um enfoque semelhante na lentidão e qualidade), permanecerá informado em relação aos eventos atuais e atualizado em relação às grandes ideias nos espaços que mais o preocupam. Mas também conseguirá alcançar isto sem sacrificar o seu tempo e saúde emocional perante o ciclo frenético de cliques que define a experiência de tantas pessoas com as notícias.

Existem diversas outras regras e rituais que podem oferecer benefícios semelhantes. O fundamental para abraçar os *media* lentos é o compromisso geral com a maximização da qualidade do que consome e das condições sob as quais o consome. Se estiver a falar a sério acerca de juntar-se à resistência da atenção, deverá falar a sério acerca destas ideias quando confronta o modo como interage com a informação na Internet.

Prática: embruteça o seu *smartphone*

Paul trabalha para uma empresa do ramo industrial de dimensão média no Reino Unido. Não é um cidadão idoso. De facto, é relativamente jovem.

Estou a dizer-lhe isto para realçar o passo inusitado que Paul deu no outono de 2015, quando trocou o *smartphone* por um Doro PhoneEasy – um telemóvel em formato de concha com botões exageradamente grandes e um ecrã com uma fonte enorme, vendido sobretudo para pessoas idosas.*

Perguntei a Paul acerca da experiência. «É disparatado, eu sei, as primeiras semanas foram difíceis»[29], disse-me. «Não sabia o que fazer comigo mesmo». Mas depois chegaram os benefícios. Uma das principais alterações positivas foi o facto de já não sentir que tinha a sua atenção dividida quando estava com a esposa e os filhos. «Nem me tinha apercebido do quão distraído estava perto deles.» Enquanto estava no trabalho, a sua produtividade disparou em flecha. Entretanto, depois daquelas primeiras semanas mais difíceis, sentiu que o aborrecimento e o nervosismo se dissipavam. «Sinto-me menos ansioso. Nem me tinha apercebido do quão ansioso me tornara.» A esposa comentou com ele que estava chocada pelo quão feliz parecia agora.

Quando o executivo do ramo tecnológico Daniel Clough decidiu realizar a experiência de embrutecer o seu telefone, não destruiu o seu *iPhone*, colocou-o antes no armário da cozinha. Ele gosta de o utilizar quando faz exercício, para ouvir música e correr com a aplicação de *fitness* Nike+. Na maioria das outras ocasiões, contudo, leva o seu Nokia 130, uma versão mais elegante do Doro, que partilha a sua simplicidade: sem câmara, sem aplicações, sem Internet. Apenas chamadas e mensagens de texto. Como Paul, Clough demorou cerca de uma semana a vencer o impulso para estar constantemente a verificar qualquer coisa, mas depressa ultrapassou esse obstáculo. Como relata no seu blogue pessoal: «Sinto-me muito melhor. Estou mais presente e a minha mente sente-se menos atulhada.»[30] De acordo com Clough, o principal inconveniente de viver sem um *smartphone* é a sua incapacidade para procurar algo no Google enquanto se desloca: «Mas quão bem me sinto sem um *smartphone* ultrapassa em muito isso.»

---

* Curiosamente, Paul descobriu mais tarde que existe um movimento *underground* de executivos que utilizam telemóveis burros como o Doro. São, na sua maioria, do ramo da finança – por norma, gestores de *hedge funds*. Ao que parece, para as pessoas que movimentam centenas de milhões de dólares em ações de alto risco todos os dias, existe uma grande vantagem em protegerem-se de informações de mercado perturbadoras que possam influenciar as suas decisões e que lhes possam custar enormes somas de dinheiro.

Até o *The Verge*, um fiel bastião dos elogios à tecnologia, admitiu o valor potencial de um regresso a aparelhos de comunicação mais simples. Exaurido pela constante verificação do Twitter induzida pela eleição presidencial de 2016, o repórter Vlad Savov escreveu um artigo intitulado «It's Time to Bring Back the Dumb Phone» (É tempo de trazer de volta o telefone burro), em que alega que um regresso a telefones mais simples «não é uma regressão drástica como poderá pensar – ou como poderia ter sido há alguns anos»[31]. O seu principal argumento é que os *tablets* e os computadores portáteis se tornaram tão leves e transportáveis que já não há necessidade de tentar enfiar funcionalidades de produtividade em *smartphones* cada vez mais poderosos (e, consequentemente, cada vez mais capazes de nos distrair) – os telefones podem ser usados para fazer chamadas e enviar mensagens, e os restantes aparelhos portáteis podem ser utilizados para tudo o resto.

Algumas pessoas querem ter as duas opções – possibilidade de levarem consigo um *smartphone* em algumas ocasiões (viagens mais longas, ou quando necessitam de utilizar uma aplicação em especial), e um aparelho mais simples, sem distrações, para outras ocasiões – mas preocupam-se com o inconveniente de ter dois números diferentes. Já existe uma solução para este cenário: o telefone burro preso. Estes produtos, que incluem nomeadamente um projeto muito querido do Kickstarter chamado The Light Phone, não substituem o seu *smartphone*, mas ampliam-no para uma forma mais simples.[32]

Eis como funciona. Digamos que tem um Light Phone, que é uma elegante tira de plástico branco com o tamanho de dois ou três cartões de crédito empilhados. Este telefone tem um teclado e um pequeno ecrã com números. E é isso. Tudo o que consegue fazer é receber e fazer telefonemas – é tão longe quanto consegue ir em relação a um *smartphone* moderno, continuando a possuir, em termos técnicos, um aparelho de comunicação.

Imagine que está a sair de casa para fazer alguns recados, e quer a liberdade dos constantes ataques à sua atenção. Ativa o seu Light Phone através de alguns toques no seu *smartphone* normal. Neste momento, quaisquer chamadas para o seu número de telefone normal serão reenviadas para o seu Light Phone. Se telefonar a alguém a partir dele, a chamada surgirá como tendo vindo do seu número de *smartphone* normal. Quando estiver pronto para guardar o seu Light Phone, mais alguns toques desligam o desvio. Este não é um substituto para o seu *smartphone*, trata-se antes de uma saída de emergência que lhe permite realizar longas paragens.

Os criadores do Light Phone, Joe Hollier e Kaiwei Tang, conheceram-se numa incubadora Google, onde foram encorajados a preparar aplicações de software e onde lhes foi ensinado o que torna esses produtos desejáveis aos fundadores. Não ficaram impressionados. «Depressa se tornou óbvio que a última coisa de que o mundo necessitava era de mais uma aplicação»[33], escreveram no seu website. «Light nasceu como uma alternativa aos monopólios tecnológicos que combatem de modo cada vez mais agressivo pela nossa atenção.» Só não fosse dar-se o caso de as suas intenções enquanto membros da resistência da atenção não terem sido claras o suficiente, Hollier e Tang publicaram um manifesto que abre com um diagrama onde pode ler-se: «O seu [símbolo de um relógio] = [símbolo do dinheiro] deles.»[34]

No capítulo anterior acerca da solidão, sugeri que rejeite a mentalidade que afirma que tem *sempre* de ter o *smartphone* consigo. A esperança consistia em criar mais ocasiões para a solidão – algo de que nós, enquanto seres humanos, necessitamos para prosperar. Os exemplos debatidos aqui vão um pouco mais longe, dado que sugerem a possibilidade de encontrar um aparelho de comunicação alternativo que lhe permite passar mais (senão todo) o seu tempo livre de um *smartphone*.

Declarar a liberdade em relação ao seu *smartphone* é, provavelmente, o passo mais sério que poderá tomar para abraçar a resistência da atenção. Isto ocorre porque os smartphones são o cavalo de Troia preferido da economia da atenção digital. Como foi discutido na abertura deste capítulo, foi a disseminação destes *placards* interativos sempre ligados que permitiu que o sector de nichos se expandisse a ponto de agora gozarem o estatuto de jogadores dominantes na economia mundial. Tendo em conta esta realidade, se não levar consigo um *smartphone*, sai do radar destas organizações e, consequentemente, descobrirá que os seus esforços para reclamar a sua atenção são significativamente simplificados.

Embrutecer o seu telefone, claro, é uma grande decisão. A nossa atração por estes aparelhos vai muito além da sua capacidade para os garantir e uma distração. Para muitos, garantem uma rede de segurança para a vida moderna – proteção contra a perda, o sentirem-se sós ou a falta de algo melhor. Convencer-se de que um telefone burro pode satisfazer o suficiente estas necessidades para que os seus benefícios sejam superiores aos custos não é necessariamente fácil. De facto, pode exigir um salto de fé – um compromisso para testar a vida sem um *smartphone* de modo a ver como esta é na realidade. Para outros, esta prática pode permanecer demasiado extrema. Algumas pessoas estão presas aos *smartphones* por razões específicas que não podem ser ignoradas. Se for um prestador de serviços da área da saúde que realiza visitas ao domicílio, por exemplo, manter acesso ao Google Maps é fundamental. Da mesma maneira, por volta da altura em que estava a escrever este capítulo, recebi um comentário de um leitor de Curitiba, no Brasil, que referia que a capacidade de utilizar os serviços de partilha de viaturas como a Uber ou a 99 são fundamentais para se conseguir deslocar por uma cidade onde os táxis e o andar a pé nem sempre são opções disponíveis.

Para outras pessoas poderá passar-se o seguinte: os *smartphones* não representam um problema *suficiente* para que retirem grande benefício de os removerem das suas vidas. Conto-me nesta categoria. Não tenho quaisquer contas nas redes sociais, não jogo no telemóvel, sou terrível a enviar mensagens de texto e já passo longas horas longe do telefone todos os dias. Podia trocar o meu *iPhone* usado por um Nokia 130, mas não creio que fizesse grande diferença.

Por outro lado, se for alguém que, teoricamente, poderá passar sem um acesso ubíquo ao *smartphone*, e se o seu instinto lhe diz que isso poderá tornar a sua vida muito melhor, então deve sentir-se seguro de que esta decisão já não é tão radical quanto poderia ter parecido outrora. O movimento do telefone burro está a ganhar tração e as ferramentas disponíveis para apoiar esta mudança de estilo de vida estão a melhorar. Se se sente exausto devido ao seu vício do *smartphone*, não só é possível dizer: «Basta», como, na verdade, não é assim tão difícil. Lembre-se de como Hollier e Tang iniciaram o seu manifesto com a ideia de que «O seu tempo é igual ao dinheiro deles.» Deveria sentir-se habilitado a investir este valor em coisas que sejam mais importantes para si.

CONCLUSÃO

No outono de 1832, um paquete francês chamado *Sully* deixou Le Havre a caminho de Nova Iorque. A bordo seguia um pintor de 41 anos que regressava a casa depois de um périplo pela Europa, durante o qual o seu trabalho não gerara grande nota. Chamava-se Samuel Morse.

Como o historiador Simon Winchester conta, foi nesta viagem, algures no meio do Atlântico, que Morse «teve a epifania que o ajudaria a mudar o mundo»[1]. O catalisador para este momento foi um companheiro de viagem, Charles Jackson, um geólogo de Harvard que, por acaso, se mantinha atualizado em relação às recentes descobertas no estudo da eletricidade. Enquanto os dois debatiam as utilizações potenciais para este novo meio, depararam-se com uma ideia espantosa. De acordo com o próprio Morse, este terá pensado: «Se a presença da eletricidade se pode tornar *visível* em qualquer parte do circuito, não vejo razão para que a informação não possa ser transmitida através da eletricidade.»[2]

De acordo com a narrativa de Winchester, tratou-se de uma «revelação profética»[3] para o pintor falhado, que compreendeu de imediato as possibilidades da comunicação eletrónica. Ao chegar a Nova Iorque, correu para o seu ateliê e começou o longo processo de experimentação necessário a dar corpo à enganadoramente simples ideia incubada no *Sully*. Doze anos frenéticos depois, em maio de 1844, Morse dispôs a sua chave telegráfica numa mesa na câmara do Supremo Tribunal dos Estados Unidos, onde estava rodeado por um pequeno grupo de legisladores influentes e membros do governo. Um fio elétrico, aumentado a intervalos regulares com relés de intensificação de sinal, ligava Morse ao seu associado e colega inventor Alfred Vail, que se encontrava a cerca de 65 quilómetros de distância, numa estação de caminhos de ferro às portas de Baltimore.

Era chegada a hora de Morse realizar a primeira grande demonstração da sua invenção. Tudo o que necessitava era de uma mensagem inaugural. Seguindo uma sugestão da filha do comissário de patentes que apoiara a inovação de Morse, bateu uma conhecida frase do final do Livro dos Números: QUE MARAVILHAS FEZ DEUS!

Como refere Winchester, estas palavras, quando consideradas isoladamente, «formavam uma simples exclamação declarativa, uma afirmação da fé de Samuel Morse»[4]. Mas, no contexto da transformação que esta invenção e as suas sucessoras desencadeariam, é mais bem compreendida como uma «adequadamente portentosa epígrafe para uma área de mudança que teve agora o seu início com uma velocidade e consequências inimagináveis».

Os seres humanos têm vindo a melhorar o mundo com invenções muito antes de terem começado a registar a sua história. Mas há algo em relação às inovações que impulsionam a comunicação eletrónica que faz delas, como escreve Winchester, «tão desorientadoramente diferentes de tudo o que aconteceu antes»[5]. As maravilhas mecânicas adequam-se à compreensão física do mundo gravada nos nossos cérebros ao longo de milhões de anos de evolução. Uma locomotiva a vapor em movimento pode inspirar maravilhamento, mas também faz sentido, de um modo fundamental: o fogo cria vapor que empurra os pistões que fazem avançar o comboio.

Uma mensagem telegráfica, uma chamada telefónica, um e-mail ou uma publicação nas redes sociais é algo diferente. Falta-nos a intuição que nos permita seguir a eletricidade e os complexos componentes que a controlam, e o conceito de conversação recíproca fora do contexto de duas pessoas que dialogam perto uma da outra é completamente estranho à história da nossa espécie. O resultado é debatermo-nos sempre para imaginar as consequências da revolução da comunicação eletrónica iniciada por Samuel Morse, e vermo-nos frequentemente em apuros para darmos sentido, *ex post facto*, aos seus impactos sobre o nosso mundo.

Como referi anteriormente, a reação de Henry David Thoreau à explosão do telégrafo que se seguiu à demonstração de Morse em 1844 foi comentar que todos se mostravam tão ansiosos por construir uma linha entre o Maine e o Texas que ninguém parou para pensar por que necessitariam estes dois Estados de serem ligados. Embora datado nos seus pormenores, este mesmo sentimento pode ser maravilhosamente aplicado à nossa era de redes sociais e *smartphones*. Primeiro o Facebook, depois o *iPhone*: a comunicação e a ligação compulsiva – apoiada por inovações misteriosas, quase mágicas, na modulação de rádio e no direcionamento de fibra ótica – varreram a nossa cultura antes que alguém tivesse a presença de espírito para recuar e recolocar a questão fundamental de Thoreau: *Com que fim?*

O resultado é uma sociedade que fica a reverberar com as consequências não intencionais. Comprámos avidamente o que Silicon Valley estava a vender, mas depressa compreendemos que, ao fazê-lo, estávamos, acidentalmente, a degradar a nossa humanidade.

É nesta trajetória que podemos colocar o minimalismo digital. Esta filosofia pretende ser um baluarte contra a artificialidade da comunicação eletrónica, uma maneira de aproveitar as maravilhas que estas inovações podem, de facto, oferecer (o Maine e o Texas, afinal, sempre *tinham* coisas úteis a dizer um ao outro, depois de ligados), sem permitir que a sua natureza misteriosa subverta o nosso impulso moderno para construir uma vida significativa e satisfatória.

Esta história coloca o minimalismo digital numa posição algo grandiosa, mas, como explorámos nos capítulos anteriores, *implementar* esta filosofia é, em grande medida, um exercício de pragmatismo. Os minimalistas digitais veem as novas tecnologias como ferramentas que poderão ser usadas para apoiar coisas que valorizem profundamente – não como fontes de valor em si mesmas. Não aceitam a ideia de que oferecer um *qualquer* pequeno benefício é justificação bastante para permitirem a entrada nas suas vidas de um serviço que devora a sua atenção, e estão, antes, interessados em aplicar a nova tecnologia de maneiras altamente seletivas e intencionais que gerem grandes ganhos. Igualmente importante: não se importam de perder tudo o resto.

Ao mesmo tempo, quero realçar que a transição para este estilo de vida pode ser exigente – muitos destes minimalistas que entrevistei equilibram as suas histórias de triunfo com exemplos das vezes em que permitiram que uma ferramenta levasse a melhor sobre eles. Não faz mal.

Adotar o minimalismo digital não é um evento único que se completa um dia depois de se ter dedicado ao desatafulhar digital; exige, pelo contrário, ajustes constantes.

Pela minha experiência, a chave para o sucesso sustentado com esta filosofia exige que aceite que não se trata realmente de lidar com a tecnologia, mas antes com a qualidade da sua vida. Quanto mais se envolver com as ideias e práticas das páginas precedentes, mais se aperceberá de que o minimalismo digital é muito mais do que um conjunto de regras, é um cultivar de uma vida que vale a pena ser vivida na nossa era atual de aparelhos atraentes.

Os que se comprometem com o *statu quo* digital podem tentar apresentar esta filosofia como algo antitecnológico. Espero tê-lo conseguido convencer, com este livro, de que esta teoria é disparatada. O minimalismo digital não rejeita, sem dúvida, as inovações da era da Internet, mas rejeita a maneira como muitas pessoas se envolvem com estas ferramentas. Sendo um cientista informático, ganho a vida a ajudar a avançar as inovações do mundo digital. Como muitos no meu campo, sinto-me entusiasmado com as possibilidades do nosso futuro tecnológico. Mas também estou convencido de que não podemos desbloquear este potencial enquanto não aplicarmos o esforço exigido a assumir o controlo das nossas próprias vidas digitais – a decidirmos por nós mesmos, com confiança, que ferramentas queremos usar, por que motivos e em que condições. Isto não é ser reacionário, é senso comum.

Iniciei este livro com a preocupação de Andrew Sullivan acerca da perda da sua humanidade no mundo eletrónico gerado por Samuel Morse. «Eu costumava ser um ser humano», escreveu. A minha esperança é que o minimalismo digital possa ajudar a reverter este estado de coisas, oferecendo uma maneira construtiva de se envolver e de utilizar as mais recentes inovações a *seu* favor, não a favor dos conglomerados sem rosto da economia da atenção, para criar uma cultura onde aqueles que são tecnologicamente proficientes podem desmontar o lamento de Sullivan e, em vez disso, dizer com confiança: «Por causa da tecnologia, sou um ser humano melhor do que alguma vez fui.»

AGRADECIMENTOS

A ideia de escrever este livro nasceu numa praia deserta nas Bahamas, durante as últimas semanas de 2016. Na altura, ia já bem avançado na escrita de um livro com um tópico completamente diferente. Mas, como referi na introdução, tinha, por esta altura, começado a receber o *feedback* dos leitores acerca do meu último livro, *Deep Work – A concentração máxima num mundo de distrações*, que se digladiavam com o papel das novas tecnologias nas suas vidas pessoais. Não conseguia afastar a ideia de que este tópico era demasiado rico para ser ignorado – a urgência com que as pessoas o abordavam sugeria que fosse sobre algo muito mais sério do que dicas tecnológicas mais inteligentes, estando antes relacionado com algo que toca na aspiração humana universal de cultivar uma boa vida.

Com tempo de sobra durante as férias, e quilómetros de praia vazia para vaguear (chegámos antes da época alta), decidi refletir um pouco sobre uma questão simples: se eu *fosse* escrever um livro acerca deste tópico, como seria? Depois de alguns dias de deambulações contemplativas, uma designação empolgante surgiu na minha mente: *minimalismo digital*. A partir daqui, comecei a tirar notas sem parar e os contornos de uma filosofia emergiram delas.

O primeiro passo na validação desta ideia foi apresentá-la à minha esposa, Julie, que, além de ser a minha melhor amiga e a mãe incansável dos nossos três filhos, é a minha primeira caixa de ressonância para todas as coisas relacionadas com a minha carreira de escritor. A sua resposta entusiástica levou-me a continuar a avançar. Ao regressar a casa, enviei uma mensagem à minha agente literária de longa data e mentora do mundo da edição, Laurie Abkemeier, aflorando a ideia de colocarmos o projeto em que estava a trabalhar em *stand-by* para lidarmos primeiro com esta nova ideia. Ela concordou e ajudou-me imenso durante o difícil processo de dar forma às minhas ideias soltas de modo a concentrá-las numa proposta de livro, e depois apresentou a proposta ao mundo editorial de maneira a que partilhassem o meu entusiasmo. Sinto-me incrivelmente grato pelos seus esforços incansáveis durante este período exigente.

Estou, claro, igualmente grato à minha editora, Niki Papadopoulos, da Portfolio, bem como a Adrian Zackheim, o fundador da editora, por ter acolhido este projeto e acreditado no seu potencial. A orientação de Niki foi preciosa para me ajudar a transformar os rascunhos iniciais do meu manuscrito em algo forte e convincente. Tenho de agradecer também a Vivian Roberson, da Portfolio, pela sua ajuda perspicaz a polir o manuscrito e a orientá-lo através da produção, e Tara Gilbride, por ter liderado os esforços de publicidade para este livro. Trabalhar com toda a equipa da Portfolio foi um enorme prazer. Enquanto autor, não poderia ter pedido uma melhor experiência.

NOTAS

INTRODUÇÃO

[1] Andrew Sullivan, «I Used to Be a Human Being», Nova Iorque, 18 de setembro de 2016, http://nymag.com/selectall/2016/09/andrew-sullivan-my-distraction-sickness-and-yours.html.

[2] Para mais acerca dos pensamentos de Jaron Lanier sobre o primado da negatividade no mercado da atenção, veja no *podcast* Vox a entrevista com Ezra Klein de 16 de janeiro de 2018, https://www.vox.com/2018/1/16/16897738/jaron-lanier-interview.

[3] Henry David Thoreau, Walden; or, Life in the Woods (Nova Iorque: Dover Publications, 2012), 59. Dado que o texto de Walden pertence ao domínio público, existem diversas versões online, *e-book*, áudio, e impressas do livro. Utilizei a versão impressa de Dover na indicação do número das páginas. Todas as citações de Walden que refiro, contudo, correspondem exatamente à versão do texto que é do domínio público (por exemplo, ver: http://www.gutenberg.org/files/205/205-h/205-h.htm).

[4] Marcus Aurelius, *Meditations*, trad. Gregory Hays (Nova Iorque: Modern Library, 2003), 18.

[5] Thoreau, *Walden*, 4.

[6] Thoreau, *Walden*, 5.

CAPÍTULO 1: UMA CORRIDA ÀS ARMAS DESIGUAL

[1] «Steve Jobs iPhone 2007 Presentation (HD)», vídeo do YouTube, 51:18, gravado a 9 de janeiro de 2007, publicado por Jonathan Turetta, 13 de maio de 2013, https://www.youtube.com/watch?v=vN4U5FqrOdQ.

[2] «Steve Jobs iPhone 2007.»

[3] Andy Grignon, entrevista telefónica do autor, 7 de setembro de 2017.

[4] Laurence Scott, *The Four-Dimensional Human: Ways of Being in the Digital World* (Nova Iorque: W. W. Norton, 2016), xvi.

[5] «Social Media is the New Nicotine | Real Time with Bill Maher (HBO),», vídeo do YouTube, 4:54, publicado a 12 de maio de 2017, https://www.youtube.com/watch?v=KDqoTDM7tio.

[6] Tristan Harris, entrevista com Anderson Cooper, *60 Minutes*, https://www.cbsnews.com/video/brain-hacking.

[7] Bianca Bosker, «The Binge Breaker,» *Atlantic*, novembro de 2016, https://www.theatlantic.com/magazine/archive/2016/11/the-binge-breaker/501122.

[8] Esta citação surge numa versão anterior da página de Internet de Time Well Spent. A organização foi, entretanto, rebatizada como Center for Humane Technology, e tem uma nova página e um novo registo: http://humanetech.com.

[9] Adam Alter, entrevistado telefonicamente pelo autor, 23 de agosto de 2017.

[10] «Addiction», Substance Abuse, *Psychology Today*, https://www.psychologytoday.com/basics/addiction, acedido a 11 de julho de 2018.

[11] Jon E. Grant, Marc N. Potenza, Aviv Weinstein e David A. Gorelick, «Introduction to Behavioral Addictions», *American Journal of Drug and Alcohol Abuse* 36, n.º 5 (2010): 233–241, https://www.ncbi.nlm.nih.gov/pmc/articles/PMC3164585.

[12] Michael D. Zeiler e Aida E. Price, «Discrimination with Variable Interval and Continuous Reinforcement Schedules», *Psychonomic Science* 3, núm. 1–12 (1965): 299, https://doi.org/10.3758/BF03343147.

[13] Adam Alter, *Irresistible: The Rise of Addictive Technology and the Business of Keeping Us Hooked* (Penguin Press, 2017), 128.

[14] Paul Lewis, «Our Minds Can Be Hijacked': The Tech Insiders Who Fear a SmartphoneDystopia»,*Guardian*,6deoutubrode2017,https://www.theguardian.com/technology/2017/oct/05/smartphone-addiction-silicon-valley-dystopia.

[15] Tristan Harris, «How Technology Is Hijacking Your Mind-from a Magician and Google Design Ethicist», Thrive Global, 18 de maio de 2016, https://medium.com/thrive-global/how-technology-hijacks-peoples-minds-from-a-magician-and-google-s-design-ethicist-56d62ef5edf3.

[16] Lewis, «Our Minds Can Be Hijacked.»

[17] Mike Allen, Sean Parker Unloads on Facebook: «God Only Knows What It's Doing to Our Children's Brains», Axios, 9 de novembro de 2016, https://www.axios.com/sean-parker-unloads-on-facebook-2508036343.html.

[18] Alter, *Irresistible*, 217–218.

[19] Victor Luckerson, «The Rise of the Like Economy», *The Ringer*, 15 de fevereiro de 2017, https://www.theringer.com/2017/2/15/16038024/how-the-like-button-took-over-the-internet-ebe778be2459.

[20] Harris, «How Technology Is Hijacking».
[21] Allen, «Sean Parker Unloads».

CAPÍTULO 2: MINIMALISMO DIGITAL

[1] **«It's relatively easy to retake control»**, Leonid Bershidsky, «How I Kicked the Smartphone Addiction – and You Can Too», *New York Post*, 2 de setembro de 2017 http://nypost.com/2017/09/02/how-i-kicked-the-smartphone-addiction-and-you-can-too.

[2] Os estudos de caso dos minimalistas digitais citados ao longo deste capítulo provêm de interações por e-mail com o autor.

[3] Thoreau, *Walden*, 26–27.

[4] Thoreau, *Walden*, 59.

[5] Thoreau, *Walden*, 39.

[6] Frédéric Gros, trad. John Howe, *A Philosophy of Walking* (Londres: Verso, 2014), 90.

[7] Thoreau, *Walden*, 19.

[8] Thoreau, *Walden*, 2.

[9] Thoreau, *Walden*, 4.

[10] Thoreau, *Walden*, 2.

[11] Gros, *A Philosophy of Walking*, 90.

[12] Max Brooks, entrevista de Bill Maher, *Real Time with Bill Maher*, HBO, 17 de novembro de 2017.

[13] «What Is Facebook's Mission Statement?», FAQs, Facebook Investor Relations, https:// investor.fb.com/resources/default.aspx, último acesso em 11 de julho de 2018.

[14] John A. Hostetler, *Amish Society*, 4.ª ed. (Baltimore: Johns Hopkins University Press, 1993), ix.

[15] Kevin Kelly, *What Technology Wants* (Nova Iorque: Viking, 2010), 217.

[16] Kelly, *What Technology Wants*, 219.

[17] Kelly, *What Technology Wants*, 218.

[18] Kelly, *What Technology Wants*, 221. Kelly está a falar de uma família menonita e não Amish, mas a fronteira entre os menonitas estritos e os Amish é difusa, por isso o exemplo é relevante para os nossos propósitos.

[19] Jeff Brady, «Amish Community Not Anti-Technology, Just More Thoughtful», *All Things Considered*, NPR, 2 de setembro de 2013, https://www.npr.org/sections/alltechconsidered/2013/09/02/217287028/amish-community-not-anti-technology-just-more-thoughtful.

[20] Brady, «Amish Community Not Anti-Technology».

[21] Kelly, *What Technology Wants*, 218.

[22] Donald B. Kraybill, Karen M. Johnson-Weiner, e Steven M. Nolt, *The Amish* (Baltimore: Johns Hopkins University Press, 2013), 325.

[23] Kelly, *What Technology Wants*, 217.

[24] «Rumspringa: Amish Teens Venture into Modern Vices», *Talk of the Nation*, NPR, 7 de junho de 2006, https://www.npr.org/templates/story/story.php?storyId=5455572.

[25] Para mais pormenores acerca da sociedade Amish, incluindo o funcionamento do *Ordnung* e a impotência relativa das mulheres, veja o seguinte estudo realizado por David Friedman: http://www.daviddfriedman.com/Academic/Course_Pages/legal_systems_very_different_12/Book_Draft/Systems/AmishChapter.html.

[26] Laura, entrevista telefónica do autor a 16 de dezembro de 2017.

CAPÍTULO 3: O DESATAFULHAR DIGITAL

[1] Emily Cochrane, «A Call to Cut Back Online Addictions: Pitted Against Just One More Click,», *New York Times*, e de fevereiro de 2018, https://www.nytimes.com/2018/02/04/us/politics/online-addictions-cut-back-screen-time.html.

[2] Esta citação, bem como todas as outras citações neste capítulo dos participantes da experiência de desatafulhamento digital, provem da correspondência por *e-mail* com o autor, entre dezembro de 2017 e fevereiro de 2018.

[3] Cochrane, «Call to Cut Back».

CAPÍTULO 4: PASSE TEMPO SOZINHO

[1] Henry Lee Miller, *President Lincoln: The Duty of a Statesman* (Nova Iorque: Alfred A. Knopf, 2008), 48.

[2] Miller, *President Lincoln*, 49. Miller cita o diário do Senador Browning como sua fonte. Para mais pormenores, veja *The Diary of Orville Hickman Browning*, vol. 1, ed. Theodore Calvin Pease e James G. Randall (Springfield: Illinois State Historical Library, 1925–1933), 476.

[3] Harold Holzer, «Abraham Lincoln's White House», *White House History* 25 (Spring 2009), https://www.whitehousehistory.org/abraham-lincolns-white-house.

[4] Holzer, «Abraham Lincoln's White House», ver a 5.ª foto.

[5] Holzer, «Abraham Lincoln's White House».

[6] John French citado em Matthew Pinsker, *Lincoln's Sanctuary: Abraham Lincoln and the Soldiers' Home* (Nova Iorque: Oxford University Press, 2005), 52. Este livro oferece uma história moderna definitiva do tempo que Lincoln

passou na Casa do Soldado, e é de leitura recomendada a quem queira saber mais acerca deste tópico.

[7] Erin Carlson Mast, entrevista com o autor, 6 de outubro de 2017.

[8] Para mais acerca do hábito de Lincoln de registar as suas ideias em pedaços de papel, veja Jeanine Cali, «Lincoln's Emancipation Proclamation-Pic of the Week», *In Custodia Legis: Law Librarians of Congress* (blogue), Library of Congress, 3 de maio de 2013, https://blogs.loc.gov/law/2013/05/lincolns-emancipation-proclamation-pic-of-the-week.

[9] Raymond M. Kethledge, entrevista de David Lat, «Lead Yourself First: An Interview with Judge Raymond M. Kethledge», *Above the Law*, 19 de setembro de 2017, http://abovethelaw.com/2017/09/lead-yourself-first-an-interview-with-judge-raymond-m-kethledge/?rf=1.

[10] Raymond M. Kethledge e Michael S. Erwin, *Lead Yourself First: Inspiring Leadership through Solitude* (Nova Iorque: Bloomsbury USA, 2017).

[11] Kethledge and Erwin, *Lead Yourself First*, 155–156.

[12] Kethledge and Erwin, *Lead Yourself First,* reproduz esta citação na página 163; fonte primária: Martin Luther King Jr., *Stride Toward Freedom: The Montgomery Story* (Nova Iorque: Harper & Brothers, 1958).

[13] David Garrow, *Bearing the Cross* (Nova Iorque: William Morrow, 1986; reimpressão, Nova Iorque: William Morrow Paperbacks, 2004), 57.

[14] Blaise Pascal, *Pascal's Pensées,* Thought n.º 139. Esta é uma das mais comuns das muitas traduções inglesas desta frase.

[15] Benjamin Franklin, «Journal of a Voyage», 25 de agosto de 1726, documentos de Benjamin Franklin, edição digital, Yale University and Packard Humanities Institute, http://franklinpapers.org/franklin/framedVolumes.jsp?vol=1&page=072a.

[16] Anthony Storr, *Solitude: A Return to the Self* (1988; reimpressão, Nova Iorque: Free Press, 2005), IX.

[17] Storr, *Solitude*, IX.

[18] Michael Harris, *Solitude: In Pursuit of a Singular Life in a Crowded World* (Nova Iorque: Thomas Dunne Books, 2017), 40.

[19] Harris, *Solitude*, 40.

[20] Harris, *Solitude*, 39.

[21] May Sarton, *Journal of a Solitude* (Nova Iorque: W. W. Norton, 1992), 11. Encontrei pela primeira vez esta citação (e o comentário que a acompanha) em Maria Popova, «May Sarton on the Cure for Despair and Solitude as the Seedbed for Self-Discovery», *Brain Pickings* (blog), 17 de outubro de 2016, https://www.brainpickings.org/2016/10/17/may-sarton-journal-of-a-solitude-depression.

[22] Do ensaio «Healing, Wendell Berry, *What Are People For?: Essays*, 2.ª ed., (Berkeley: Counterpoint, 2010), 11.

[23] Storr, *Solitude*, 70.

[24] Thoreau, *Walden*, 34.

[25] Alter, *Irresistible*, 13–14.

[26] Alter, *Irresistible*, 14.

[27] «Facebook's Letter from Mark Zuckerberg – Full Text», *The Guardian*, https://www.theguardian.com/technology/2012/feb/01/facebook-letter-mark-zuckerberg-text.

[28] «Tweens, Teens, and Screens: What Our New Research Uncovers», Common Sense Media, 2 de novembro de 2015, https:// www.commonsensemedia.org/blog/tweens-teens-and-screens-what-our-new-research-uncovers.

[29] Jean M. Twenge, «Have Smartphones Destroyed a Generation?», *The Atlantic*, setembro de 2017, https://www.theatlantic.com/magazine/archive/2017/09/has-the-smartphone-destroyed-a-generation/534198.

[30] Twenge, «Have Smartphones.»

[31] Twenge, «Have Smartphones».

[32] Benoit Denizet-Lewis, «Why Are More American Teenagers Than Ever Suffering from Severe Anxiety?», *New York Times Magazine*, 11 de outubro de 2017, https://www.nytimes.com/ 2017/10/11/magazine/ why-are-more-american-teenagers-than-ever-suffering-from-severe-anxiety.html.

[33] Denizet-Lewis, «American Teenagers».

[34] Denizet-Lewis, «American Teenagers».

[35] Denizet-Lewis, «American Teenagers».

[36] W. Barksdale Maynard, «Emerson's "Wyman Lot": Forgotten Context for Thoreau's House at Walden», *The Concord Saunterer: A Journal of Thoreau Studies*, n.º 12/13 (2004/2005): 59–84, http://www.jstor.org/stable/23395273, citado in Erin Blakemore, «The Myth of Henry David Thoreau's Isolation», JSTOR Daily, October 8, 2015, https://daily.jstor.org/myth-henry-david-thoreaus-isolation.

[37] *Trinta e duas pequenas metragens sobre Glenn Gould*, realizadas por François Girard (Samuel Goldwyn Company, 1993), citado in Harris, *Solitude*, 217.

[38] «About», Alamo Drafthouse Cinema, https://drafthouse.com/about, acedido pela última vez em 14 de julho de 2018.

[39] Adam Aron entrevista a Brent Lang, «AMC Executives Open to Allowing Texting in Some Theaters», *Variety*, 13 de abril de 2016, http://variety.com/2016/film/news/amc-texting-theaters-phones-1201752978.

[40] Hope King, «I Lived without a Cell Phone for 135 Days», CNN Tech, 13 de fevereiro de 2015, http://money.cnn.com/2015/02/12/technology/living-without-cell-phone/index.html.

[41] Friedrich Nietzsche. *Twilight of the Idols* (1889), maxim 34, http://www.lexido.com/ebook_texts/twilight_of_the_idols_.aspx?S=2.

[42] Nietzsche, *Twilight*, maxim 34.

[43] Gros, *A Philosophy of Walking*, 16.

[44] Gros, *A Philosophy of Walking*, 39–47.

[45] Jean-Jacques Rousseau, como citado in Gros, *A Philosophy of Walking*, 65.

[46] Gros, *A Philosophy of Walking*, 65.

[47] Wendell Berry, «Wendell Berry: The Work of Local Culture», *The Contrary Farmer: Gene Logsdon Memorial Blogsite,* 10 de junho de 2011, https://thecontraryfarmer.wordpress.com/2011/06/10/wendell-berry-the-work-of-local-culture.

[48] Henry David Thoreau, «Walking», *Atlantic Monthly*, junho de 1862, https://www.theatlantic.com/magazine/archive/1862/06/walking/304674.

[49] Citado in Gros, *A Philosophy of Walking,* 18.

[50] Thoreau, «Walking».

[51] Kethledge e Erwin, *Lead Yourself First*, 35.

[52] Cali, «Lincoln's Emancipation Proclamation».

CAPÍTULO 5: NÃO FAÇA «GOSTO»

[1] «2007 USARPS Title Match», vídeo do YouTube, 3:58, gravado a 7 de julho de 2007, publicado por «usarpsleague», 8 de outubro de 2007, https://www.youtube.com/watch?v=_eanWnL3FtM.

[2] Para mais acerca da teoria de que os jogadores que ocupam as posições cimeiras do *ranking* conseguem resultados consistentemente melhores do que seria de esperar se o resultado do jogo fosse aleatório, veja Alex Mayyasi, «Inside the World of Professional Rock Paper Scissors», *Priceonomics*, 26 de abril de 2016, https://priceonomics.com/the-world-of-competitive-rock-paper-scissors.

[3] «Street rps», vídeo do YouTube, 1:24, publicado por "usrpsleague," 18 de janeiro de 2009, https://www.youtube.com/watch?v=6QWPbi3-nlc.

[4] Aristotle, *Politics: Books I., III., IV. (VII.)*, trad. W. E. Bolland (Londres, Longmans, Green, and Co., 1877), 112.

[5] Gordon L. Shulman, Maurizio Corbetta, Randy Lee Buckner, Julie A. Fiez, Francis M. Miezin, Marcus E. Raichle, e Steven E. Petersen, «Common Blood Flow Changes across Visual Tasks: I. Increases in Subcortical Structures and Cerebellum but Not in Nonvisual Cortex», *Journal of Cognitive Neuroscience* 9, n.º 5 (outubro 1997), 624–647, https://doi.org/10.1162/jocn.1997.9.5.624; Gordon L. Shulman, Julie A. Fiez, Maurizio Corbetta, Randy L. Buckner, Francis M. Miezin, Marcus E. Raichle, e Steven E. Petersen, «Common Blood

Flow Changes across Visual Tasks: II. Decreases in Cerebral Cortex», *Journal of Cognitive Neuroscience* 9, n.º 5 (outubro de 1997), 648–663, doi:10.1162/jocn.1997.9.5.648.

[6] Matthew D. Lieberman, *Social: Why Our Brains Are Wired to Connect* (nova Iorque, Crown, 2013), 16.

[7] Lieberman, *Social*, 16.

[8] Lieberman, *Social*, 18.

[9] Lieberman, *Social*, 18.

[10] Lieberman, *Social*, 19.

[11] Lieberman, *Social*, 20.

[12] Lieberman, *Social*, 15.

[13] Katherine Hobson, «Feeling Lonely?: Too Much Time on Social Media May Be Why», NPR, 6 de março de 2017, https://www.npr.org/sections/health-shots/2017/03/06/518362255/feeling-lonely-too-much-time-on-social-media-may-be-why.

[14] David Ginsberg and Moira Burke, «Hard Questions: Is Spending Time on Social Media Bad for Us?», Newsroom, Facebook, 15 de dezembro de 2017, https://newsroom.fb.com/news/2017/12/hard-questions-is-spending-time-on-social-media-bad-for-us.

[15] Ginsberg e Burke, «Spending Time on Social».

[16] Moira Burke e Robert E. Kraut, «The Relationship Between Facebook Use and Well-Being Depends on Communication Type and Tie Strength», *Journal of Computer Mediated Communication* 21, n.º 4 (julho de 2016), 265-281, https://doi.org/10.1111/jcc4.12162.

[17] Fenne groβe Deters e Matthias R. Mehl, «Does Posting Facebook Status Updates Increase or Decrease Loneliness? An Online Social Networking Experiment», *Social Psychological and Personality Science* 4, n.º 5 (setembro de 2013), 579-586, https://doi.org/10.1177/1948550612469233.

[18] Brian A. Primack, Ariel Shensa, Jaime E. Sidani, Erin O. Whaite, Liu yi Lin, Daniel Rosen, Jason B. Colditz, Ana Radovic, e Elizabeth Miller, «Social Media Use and Perceived Social Isolation among Young Adults in the U.S.», *American Journal of Preventive Medicine* 53, n.º 1 (julho de 2017): 1–8, https://doi.org/10.1016/j.amepre.2017.01.010.

[19] Hobson, «Feeling Lonely?».

[20] Holly B. Shakya e Nicholas A. Christakis, «Association of Facebook Use with Compromised Well-Being: A Longitudinal Study», *American Journal of Epidemiology* 185, n.º 3 (fevereiro de 2017), 203–211, https://doi.org/10.1093/aje/kww189.

[21] Shakya e Christakis, «Association of Facebook Use», 205–206.

[22] Hobson, «Feeling Lonely?».

[23] Hobson, «Feeling Lonely?».

[24] Sherry Turkle, *Reclaiming Conversation: The Power of Talk in a Digital Age,* rev. ed. (Nova Iorque, Penguin Books, 2016), 3.

[25] Turkle, *Reclaiming Conversation,* 4.

[26] Turkle, *Reclaiming Conversation,* 34. A presença no *The Colbert Report* que Turkle descreve nesta citação de *Reclaiming Conversation* foi transmitida originalmente a 17 de janeiro de 2011.

[27] Turkle, *Reclaiming Conversation,* 35.

[28] Turkle, *Reclaiming Conversation,* 25.

[29] Turkle, *Reclaiming Conversation,* 4.

[30] Turkle, *Reclaiming Conversation,* 11.

[31] «What's the History of the Awesome Button (That Eventually Became the Like Button) on Facebook?», Quora, respondido por Andrew «Boz» Bosworth, atualizado a 16 de outubro de 2014, https://www.quora.com/Whats-the-history-of-the-Awesome-Button-that-eventually-became-the-Like-button-on-Facebook.

[32] Kathy H. Chan, «I Like This», Notes, Facebook9 de fevereiro de 2009, https://www.facebook.com/notes/facebook/i-like-this/53024537130.

[33] Jennifer Grygiel, professora assistente, S.I. Newhouse School of Public Communication, entrevista por telefone com o autor, 26 de janeiro de 2018.

[34] Turkle, *Reclaiming Conversation,* 158.

[35] Turkle, *Reclaiming Conversation,* 148.

CAPÍTULO 6: RECUPERE O LAZER

[1] Aristóteles, *Ethics*, trad. J. A. K. Thomson, rev. ed. (Nova Iorque, Penguin Books, 2004), 273.

[2] Aristóteles, *Ethics*, 271.

[3] Kieran Setiya, *Midlife: A Philosophical Guide* (Princeton, NJ, Princeton University Press, 2017), 43.

[4] Setiya retira a frase «fonte de alegria interior» da recuperação da depressão relatada por John Stuart Mill depois de ter encontrado a beleza na atividade poética a que se dedicava unicamente pela sua beleza. Veja Setiya, *Midlife*, 40, 45.

[5] Harris, *Solitude*, 220

[6] Harris, *Solitude*, 219.

[7] «Seek Not to Be Entertained», *Mr. Money Mustache* (blogue), 20 de setembro de 2017, https://www.mrmoneymustache.com/2017/09/20/seek-not-to-be-entertained.

[8] «Introducing The MMM World Headquarters Building», *Mr. Money Mustache* (blogue), 2 de agosto de 2017, http://www.mrmoneymustache.com/2017/08/02/introducing-the-mmm-world-headquarters-building.

[9] «Seek Not», *Mr. Money Mustache.*

[10] Liz Thames, entrevista telefónica pelo autor, 20 de dezembro de 2017.

[11] «Seek Not», *Mr. Money Mustache.*

[12] Theodore Roosevelt, «The Strenuous Life» (discurso perante o Hamilton Club, 10 de abril de 1899), http://www.bartleby.com/58/1.html.

[13] Arnold Bennett, *How to Live on 24 Hours a Day* (Nova Iorque, WM. H. Wise & Co., 1910), 37.

[14] Bennett, *How to Live*, 37.

[15] Bennett, *How to Live*, 66.

[16] Bennett, *How to Live*, 67.

[17] Bennett, *How to Live*, 32–33.

[18] Gary Rogowski, *Handmade: Creative Focus in the Age of Distraction* (Fresno, Linden Publishing, 2017), 157.

[19] Rogowski, *Handmade*, 156.

[20] Rogowski, *Handmade*, 156.

[21] Matthew B. Crawford, «Shop Class as Soulcraft», *New Atlantis*, n.º 13 (verão de 2006): 7–24, https://www.thenewatlantis.com/publications/shop-class-as-soulcraft.

[22] Rogowski, *Handmade*, 177.

[23] Dave McNary, «"Settlers of Catan" Movie, TV Project in the Works», *Variety*, 19 de fevereiro de 2015, https://variety.com/2015/film/news/settlers-of-catan-movie-tv-project-gail-katz-1201437121.

[24] David Sax, *The Revenge of Analog: Real Things and Why They Matter,* edição brochada (Nova Iorque, PublicAffairs, 2017), 80.

[25] Sax, *Revenge of Analog,* 82.

[26] Sax, *Revenge of Analog*, 83.

[27] Sax, *Revenge of Analog*, 83.

[28] Matt Powell, «Sneakernomics: How "Social Fitness" Changed the Sports Industry», *Forbes*, 3 de fevereiro de 2016, https://www.forbes.com/sites/mattpowell/2016/02/03/sneakernomics-how-social-fitness-changed-the-sports-industry.

[29] «Lexicon», F3, http://f3nation.com/lexicon, acedido a 14 de julho de 2018.

[30] «Where Is F3», F3, https://f3nation.com/workouts, acedido a 14 de julho de 2018.

[31] «Find a Box», CrossFit, https://map.crossfit.com/; «Number of Starbucks Stores Worldwide from 2003 to 2017», Statista, https://www.statista.com/

statistics/266465/number-of-starbucks-stores-worldwide/; Christine Wang, «How a Health Nut Created the World's Biggest Fitness Trend», CNBC, 5 de abril de 2016, https://www.cnbc.com/2016/04/05/how-crossfit-rode-a-single-issue-to-world-fitness-domination.html.

[32] «Friday 171229»», Workout of the Day, CrossFit, https://www.crossfit.com/workout/2017/12/29#/comments.

[33] Steven Kuhn, «The Culture of CrossFit: A Lifestyle Prescription for Optimal Health and Fitness» (tese, Illinois State University, 2013), 12, https://ir.library.illinoisstate.edu/cgi/viewcontent.cgi?article=1004&context=sta.

[34] Glassman chamou ao CrossFit uma «religião liderada por um gangue de *motards*» em várias ocasiões públicas, por exemplo, Catherine Clifford, «How Turning CrossFit into a Religion Made Its Atheist Founder Greg Glassman Rich», CNBC, October 11, 2016, https://www.cnbc.com/2016/10/11/how-turning-crossfit-into-a-religion-made-its-founder-atheist-greg-glassman-rich.html.

[35] Para mais acerca do Mouse Book Club, veja https://mousebookclub.com.

[36] «About», campanha Kickstarter do Mouse Books, https://www.kickstarter.com/projects/mousebooks/mouse-books.

[37] «Unlock Your Inner Mr. T—by Mastering Metal», *Mr. Money Mustache* (blogue), 16 de abril de 2012, http://www.mrmoneymustache.com/2012/04/16/unlock-your-inner-mr-t-by-mastering-metal.

[38] Crawford, «Soulcraft».

[39] «Jim Clark in Conversation with John Hennessey», vídeo do YouTube, 1:04:07, gravado em 23 de maio de 2013, publicado por «stanfordonline» em 26 de junho de 2013, https://www.youtube.com/watch?v=gXuOH9B6kTM.

[40] «Jim Clark in Conversation», YouTube.

[41] Benjamin Franklin, *The Autobiography of Benjamin Franklin* (Nova Iorque, 1909; Projeto Gutenberg, 1995), pt. 1, http://www.gutenberg.org/files/148/148-h/148-h.htm.

CAPÍTULO 7: JUNTE-SE À RESISTÊNCIA DA ATENÇÃO

[1] Elliot Schrage, «Introducing Hard Questions», Newsroom, Facebook, 15 de junho de 2017, https://newsroom.fb.com/news/2017/06/hard-questions.

[2] Rob Sherman, «Hard Questions: Should I Be Afraid of Face Recognition Technology?», Newsroom, Facebook, 19 de dezembro de 2017, https://newsroom.fb.com/news/2017/12/hard-questions-should-i-be-afraid-of-face-recognition-technology.

[3] Ginsberg and Burke, «Spending Time on Social».

[4] Ginsberg and Burke, «Spending Time on Social».

[5] Sobre a «economia da atenção», veja Tim Wu, *The Attention Merchants: The Epic Scramble to Get Inside Our Heads* (Nova Iorque, Alfred A. Knopf, 2016).

[6] Tim Wu, «The Battle for Our Attention», 25 de outubro de 2016, Shorenstein Center, Harvard University, transcrição e sublinhados bem como Soundcloud audio, 1:04:04, https://shoren steincenter.org/tim-wu.

[7] Wu, «Battle for Our Attention».

[8] Alex Wilhelm, «A Look Back in IPO: Google, the Profit Machine», *Tech-Crunch*, 31 de julho de 2017, https://techcrunch.com/2017/07/31/a-look-back-in-ipo-google-the-profit-machine.

[9] «U.S. Commerce—Stock Market Capitalization of the 50 Largest American Companies», iWeblists, acedido a 31 de janeiro de 2018, http://www.iweb lists.com/us/commerce/MarketCapitalization.html.

[10] David Cohen, «How Much Time Will the Average Person Spend on Social Media During Their Life? (Infographic)», *Adweek*, 22 de março 2017, http:// www.adweek.com/digital/mediakix-time-spent-social-media-infographic.

[11] George Packer, «Stop the World», *New Yorker*, 29 de janeiro de 2010, https://www.newyorker.com/news/george-packer/stop-the-world.

[12] Josh Constine, «Study: 20% of Ad Spend on Facebook Now Goes to Mobile Ads», *Tech-Crunch*, 7 de janeiro de 2013, https://techcrunch.com/ 2013/01/07/facebook-mobile-ad-spend.

[13] Ellis Hamburger, «Facebook's New Stats», *The Verge*, 23 de julho de 2014, https://www.theverge.com/2014/7/23/5930743/facebooks-new-stats-1–3 2-billion-users-per-month-30-percent-only-use-it-on-their-phones.

[14] «Ad Revenue Growth Continues to Propel Facebook», *Great Speculations* (blogue), *Forbes*, 2 de novembro de 2017, https://www.forbes.com/ sites/greatspeculations/2017/11/02/ad-revenue-growth-continues-to-propel-facebook/#54b22b2865ed.

[15] Para um resumo mais detalhado das receitas do Facebook, veja na sua página este resumo do relatório trimestral mais recente (em relação ao momento da escrita), que coloca agora as receitas dos serviços móveis nos 89 por cento: https://investor.fb.com/investor-news/press-release-details/2018/Facebook-Rep orts-Fourth-Quarter-and-Full-Year-2017-Results/default.aspx.

[16] Para mais acerca do software Freedom, as suas funcionalidades, contabilização de utilizadores e investigação acerca do aumento da produtividade, veja https://freedom.to/about.

[17] Vijaysree Venkatraman, «Freedom Isn't Free», *Science*, 1 de fevereiro de 2013, http://www.sciencemag.org/careers/2013/02/freedom-isnt-free.

[18] Venkatraman, «Freedom Isn't Free».

[19] Para mais acerca da história inicial da IBM, veja http://www-03.ibm.com/ibm/history/history/year_1890.html. Note que a IBM não assumiu o nome International Business Machines até 1924.

[20] Buster Hein, «12 of the Best Apple Print Ads of All Time (Gallery)», Cult of Mac, 17 de março 2012, https://www.cultofmac.com/196454/12-of-the-best-apple-print-ads-of-all-time-gallery.

[21] Jennifer Grygiel, professora assistente, S. I. Newhouse School of Public Communication, entrevista telefónica com o autor 26 de janeiro de 2018.

[22] Das Slow Media Manifest, Slow Media Institut, http://slow-media-institut.net/manifest.

[23] The Slow Media Manifesto, tradução para inglês, Slow Media Institute, http://en.slow-media.net/manifesto.

[24] Slow Media Manifesto.

[25] Slow Media Manifesto.

[26] Slow Media Manifesto.

[27] Slow Media Manifesto.

[28] Timothy Ferriss popularizou o tema «dieta de baixa informação» em *The 4-Hour Workweek: Escape 9–5, Live Anywhere, and Join the New Rich* (Nova Iorque, Crown, 2007).

[29] Citações de Paul retiradas da correspondência por *e-mail* com o autor que foi trocada acima de tudo em dezembro de 2015.

[30] Daniel Clough, «Feature Phones Aren't Just for Hipsters», 20 de novembro de 2015, http://danielclough.com/feature-phones-arent-just-for-hipsters.

[31] Vlad Savov, «It's Time to Bring Back the Dumb Phone», *The Verge*, 31 de janeiro de 2017, https://www.theverge.com/2017/1/31/14450710/bring-back-the-dumb-phone.

[32] Para mais pormenores acerca do Light Phone, veja https://www.thelightphone.com.

[33] «About», Light Phone, https://www.the lightphone.com/about.

[34] «About», Light Phone.

CONCLUSÃO

[1] Simon Winchester, *The Men Who United the States: America's Explorers, Inventors, Eccentrics, and Mavericks, and the Creation of One Nation, Indivisible* (Nova Iorque, HarperCollins, 2013), 338. Para o leitor interessado num relato pormenorizado da invenção do telégrafo e subsequente impacto, veja Winchester, *The Men*, 335–357; Tom Standage, *The Victorian Internet: The*

Remarkable Story of the Telegraph and the Nineteenth Century's On-Line Pioneers (Nova Iorque, Walker & Co., 1998).

[2] Winchester, *The Men*, 339.

[3] Winchester, *The Men*, 339.

[4] Winchester, *The Men*, 347.

[5] Winchester, *The Men*, 336.

ÍNDICE REMISSIVO